Aspectos do masculino

Dados Internacionais de Catalogação na Publicação (CIP)
(Câmara Brasileira do Livro, SP, Brasil)

Jung, C.G., 1875-1961
  Aspectos do masculino / C.G. Jung; edição e introdução de John Beebe. – Petrópolis, RJ : Vozes, 2019.

Vários tradutores.
Título original : Aspects of the masculine.
Bibliografia.

4ª reimpressão, 2023.

ISBN 978-85-326-6269-9

1. Masculinidade I. Beebe, John. III. Título.

19-28663   CDD-150.1954

Índices para catálogo sistemático:
1. Psicanálise junguiana: Psicologia   150.1954

Cibele Maria Dias – Bibliotecária – CRB-8/9427

C.G. Jung

Aspectos do masculino

Com prefácio de **Walter Boechat**

Edição e introdução de John Beebe

Tradução de Dora Mariana Ribeiro Ferreira da Silva,
Eva Stern, Dom Mateus Ramalho Rocha, O.S.B.,
Maria Luiza Appy, Caio Liudvik, Lúcia Mathilde Endlich Orth,
Frei Valdemar do Amaral, O.F.M. e
Gentil Avelino Titton

EDITORA VOZES

Petrópolis

© 1989 Routledge & Kegan Paul
© 1989 Princeton University Press
© 2007 Foundation of the Works of C.G. Jung, Zürich

Tradução do original em inglês intitulado *Aspects of the masculine*, by C.G. Jung

Esta obra inclui textos dos seguintes volumes da obra completa de C.G. Jung: 4, 5, 7/1, 7/2, 8/2, 9/1, 10/3, 13, 14/1; das Cartas vol. 1 e 3; dos Seminários sobre análise de sonhos; "The Houston Films" (© 1964 and 1976 Richard I. Evans); "Esther Harding's Notebooks" (© 1975 C.G. Jung Foundation for Analytical Psychology, Inc.); e *C.G. Jung Speaking*, © 1977 Princeton University Press.

Direitos de publicação em língua portuguesa
2019, Editora Vozes Ltda.
Rua Frei Luís, 100
25689-900 Petrópolis, RJ
www.vozes.com.br
Brasil

Todos os direitos reservados. Nenhuma parte desta obra poderá ser reproduzida ou transmitida por qualquer forma e/ou quaisquer meios (eletrônico ou mecânico, incluindo fotocópia e gravação) ou arquivada em qualquer sistema ou banco de dados sem permissão escrita da editora.

CONSELHO EDITORIAL

Diretor
Volney J. Berkenbrock

Editores
Aline dos Santos Carneiro
Edrian Josué Pasini
Marilac Loraine Oleniki
Welder Lancieri Marchini

Conselheiros
Elói Dionísio Piva
Francisco Morás
Gilberto Gonçalves Garcia
Ludovico Garmus
Teobaldo Heidemann

Secretário executivo
Leonardo A.R.T. dos Santos

Diagramação: Sheilandre Desenv. Gráfico
Revisão gráfica: Nilton Braz da Rocha
Capa: WM design
Ilustração: Quadro 17, cad. icon. de *Os arquétipos e o inconsciente coletivo*. 11. ed. [OC 9/1]. Petrópolis: Vozes, 2014.

ISBN 978-85-326-6269-9 (Brasil)
ISBN 978-0-415-30769-7 (Estados Unidos)

Este livro foi composto e impresso pela Editora Vozes Ltda.

Sumário

Prefácio, 7
Walter Boechat

Introdução do editor, 23

1 O herói, 39
O nascimento do herói, 41
A luta pela libertação da mãe, 48

2 Iniciação e desenvolvimento da masculinidade, 67
As etapas da vida, 69
Sobre a psicologia do inconsciente, 85
Palestra VIII, 13 de março de 1929, Sonho [12], 95
O problema amoroso do estudante, 103

3 O pai, 115
A importância do pai no destino do indivíduo, 117
Inconsciente pessoal e o inconsciente coletivo, 128

4 Logos e Eros: Sol e Lua, 143
A personificação dos opostos: a natureza da Lua, 145
A personificação dos opostos, 148

5 O masculino nas mulheres, 181
Carta de 12 de novembro de 1957, 183
Os filmes de Houston, 185
Dos cadernos de anotações de Esther Harding, 187

6 A *anima*, 193
O arquétipo com referência especial ao conceito de *anima*, 195
A personificação dos opostos: Interpretação e significado do sal, 205
Carta de 26 de agosto de 1943, 209
Palestra V, 19 de fevereiro de 1930, Sonho [23], 211

7 O espírito, 229
A fenomenologia do espírito no conto de fadas, 231
O espírito Mercurius, 242

Prefácio

Walter Boechat

Quando o título desta obra diz *Aspectos do masculino,* devemos ter claro que não está se querendo especificamente significar o gênero masculino, mas o princípio masculino. É o que nos lembra de início o editor da edição original norte-americana. Pois a única obra de Jung que trata da psicologia dos homens especificamente em toda sua obra completa é *A importância do pai no destino do indivíduo* (1909), presente na parte 3 do presente volume, quando Jung ainda em intensa colaboração com Freud, realiza seus experimentos com o teste de associação de palavras. Procurava demonstrar, então, a ativação de complexos semelhantes tanto nos pais quanto nos filhos.

No mais, toda a referência ao masculino na obra junguiana se refere ao princípio masculino, com isso se querendo dizer o princípio da consciência com seu dinamismo heroico, tanto em homens quanto em mulheres, em oposição ao universo feminino do inconsciente, *o domínio das mães.* A polarização entre a consciência heroica e a Grande Mãe do inconsciente coletivo foi conceituada a partir do texto de Jung *Símbolos de transformação* (1911). O mitologema fundamental da luta do herói contra o dragão-baleia do inconsciente constitui a parte nuclear da obra e está presente na primeira parte desse volume. O analista junguiano Andrew Samuels procurou demonstrar que Jung nesse trabalho de grande originalidade antecipou descobertas de autores psicanalíticos que viriam muito depois. O que Jung chamaria aqui de *mãe dual*, usando referenciais da mitologia, Melaine Klein viria a denominar o *seio mau e o seio bom*, dentro de uma perspectiva mais personalista da psicologia das relações objetais. Mas tanto do ponto de vista mitológico-arquetípico quanto do ponto de vista pessoal, o fenômeno descrito é o mesmo: o desenvolvimento da consciência em fases primordiais, quando a figura da mãe é dominante e o pai ainda não é significativo, como na relação triangular edípica.

A relação dialética do herói com o inconsciente levou a percepção de que a construção da consciência seria sempre um ato de confronto e de heroísmo. Realmente a figura do herói ocupa posição ímpar na construção da cultura e, portanto, da construção da consciência coletiva. Quando mais tarde Jung elaborou o conceito de si-mesmo como o arquétipo central da totalidade da personalidade, Edinger[1] e Neumann[2], por caminhos independentes, sugeriram o conceito de *eixo ego-self* ou *ego-si-mesmo* para se operacionalizar as relações do ego, como centro da consciência, como o si-mesmo, núcleo central da totalidade. A figura simbólica do herói personificaria a energia psíquica que flui no eixo ego-si-mesmo dentro do processo contínuo de construção da consciência.

Dentro do mitologema do herói haveria uma correspondência interessante com esse estado *intermediário* do herói, pois no mito ele é sempre filho de um deus (os aspectos transpessoais e arquetípicos do si-mesmo) com uma figura mortal (o ego e suas limitações dentro do espaço-tempo.) Essa origem é uma especificidade do herói mitológico,

---

1. EDINGER, E. Ego e arquétipo. São Paulo: Cultrix, 1989.
2. NEUMANN, E. *The Child*. Londres: Hoger & Stouton, 1971.

contrastando com os diversos deuses, todos filhos de outros deuses olimpianos[3].

Entretanto, diversos autores têm denunciado um esgotamento do mito do herói tanto como metáfora da construção da consciência como da própria cultura e da consciência coletiva. O herói teria entrado em um processo que os gregos clássicos descreveram como um processo de ηυβρισ (hubris, *pecado do orgulho*). Zoja lembra o excesso de heroísmo na cultura contemporânea, citando o excesso populacional, a construção das megalópoles, a escassez de alimentos e a grave crise ecológica que nos ameaça com um holocausto. O título de seu livro a esse respeito é significativo: *A história da arrogância*[4].

Do ponto de vista da psicologia pessoal, pode-se também questionar o modelo do herói como o único possível e mesmo o mais favorável para se descrever a construção da consciência. Winnicott[5] já havia trazido o *jogo* como elemento essencial e espontâneo da construção da consciência infantil. Hillman, em diversos textos, questiona o modelo heroico dicotômico e de enfrentamento dos instintos como o ideal para descrição do desenvolvimento da consciência. O herói dentro do modelo alquímico tem os olhos do monstro, é o próprio vaso das transformações e não se separa da totalidade instintiva como no modelo clássico ocidental do herói São Jorge que mata o dragão dos instintos. Hillman propõe o processo de transformação da consciência com a presença do devaneio e da imaginação[6].

---

3. BRANDAO, J. *Mitologia grega* – Vol. III. Petrópolis: Vozes.

4. ZOJA, L. *A história da arrogância*: Psicologia e limites do desenvolvimento humano. São Paulo: Axis Mundi, 2000.

5. WINNICOTT, D. *O brincar e a realidade*. Rio de Janeiro: Imago, 1975.

6. Um dos textos clássicos de Hillman sobre o assunto é: A grande mãe, seu filho, seu herói e o *puer*. In: *Pais e mães*. São Paulo: Símbolo, 1979.

Na cosmogonia oriental indiana uma das fantasias para a criação do universo por Brahma é *Lila*, o jogo divino da criação. Aqui também, tomando a cosmogonia como uma analogia para a criação da consciência, estão presentes o jogo e a brincadeira e não o enfrentamento heroico e a dissociação dos instintos como elementos criadores da realidade.

Há um outro questionamento que julgo importante para o modelo heroico do eixo ego-si-mesmo: *o distanciamento e a falta de intimidade*. Embora os símbolos do si-mesmo sejam de natureza *numinosa*, isto é, tem associação com o divino transcendente, devemos nunca esquecer que a tradução para o português para a palavra inglesa *self* e do original alemão *Selbst* empregado por Jung é: o *si-mesmo*. Entendo por essa palavra como aquilo que é mais íntimo e essencial ao ser humano, seu núcleo de personalidade mais íntimo e pessoal. O si-mesmo difere do complexo egoico, no sentido de que o último rege os processos mais conscientes, com enraizamentos no corpo e na *persona* social. Mas ainda assim o si-mesmo permanece como o núcleo mais íntimo e essencial da identidade. Um modelo de relacionamento do ego com o si-mesmo deve procurar preservar essa intimidade. Se observarmos as questões trazidas por nossos pacientes e mesmo o comportamento das pessoas no seu dia a dia, há momentos que a psicologia transpessoal chama de *experiências de culminância* (*peak experiencies*) nos quais o numinoso do si-mesmo se faz vivamente presente: em momentos de intensa criatividade na produção de um texto ou de uma obra de arte, na fala de improviso em uma palestra ou comunicação, numa ação instintiva sem controle da consciência na qual rápidas ações são efetuadas com incríveis efeitos benéficos, quando por exemplo uma mãe age em salvaguarda de seu filho. Nesses momentos o si-mesmo domina quase que completamente o campo da consciência e o ego por instantes passa a ter uma importância diminuta na esfera da consciência.

Para a descrição adequada de uma relação flexível de um complexo egoico com o si-mesmo, sugiro lançarmos mão e uma perspectiva baseada na *Psicologia da Gestalt* (Psicologia das configurações)[7]. Por vezes, na maioria dos estados conscientes, o ego domina o estado consciente e é *figura*, o si-mesmo é *fundo*. Em algumas poucas ocasiões momentâneas, o si-mesmo, ao contrário, é *figura*, dominando o campo da consciência, e o ego é *fundo*, desempenhando uma posição secundária. Essa perspectiva me parece muito interessante por devolver ao si-mesmo seu caráter de experiência íntima, cotidiana e pessoal, perdida com a visão puramente heroica do eixo ego-self, ou ego-si-mesmo.

Outro aspecto importante a ser considerado no estudo das diversas configurações do masculino na obra de Jung é a recente publicação do livro de suas experiências íntimas, *O Livro Vermelho*[8]. Como se sabe, embora escrito em sua maior parte no período de 1913-1917, a obra só teve sua publicação autorizada pela família de Jung no ano 2000, tendo sua primeira edição anglo-americana em 2009. Em seu livro de memórias, Jung escreveu que o *Livro Vermelho* foi o pano de fundo de toda sua obra posterior. Realmente, o *Livro Vermelho* ou *Liber Novus,* como o chamou Jung, é constituído por uma série de encontros com diversos personagens subjetivos, configurações do inconsciente, com os quais o autor desenvolve devaneios e diálogos imaginativos

---

7. O autor junguiano, médico-psiquiatra e analista de Zurich, contemporâneo de Jung, Kenover Bash, foi o primeiro a lançar mão de uma visão da psicologia das configurações associando à psicopatologia uma abordagem junguiana em: *Psicopatologia General*. Madri: Morata, 1961.

8. O *Livro Vermelho*, edição original anglo-americana de 2009; edição brasileira da Editora Vozes de 2010.

de uma forma literária. Esses diversos personagens são na verdade personificações de conteúdos subjetivos do próprio Jung. O autor relata que por ocasião da escrita do livro, durante a primeira grande guerra, emoções primitivas inconscientes ameaçavam tomá-lo de roldão[9]. Somente quando essas emoções se tornaram personificadas em diversas figuras em sonhos e fantasias, elas puderam ser integradas em nível consciente, durante a escrita desse livro de múltiplas vozes.

Desde então, a psicologia junguiana passou a ser uma psicologia essencialmente *personificada*, ao contrário de suas fases anteriores, quando Jung se dedicou ao estudo dos complexos afetivos, basicamente. Jung procurou então classificar esses múltiplos personagens distintos em categorias específicas, próprias do processo de desenvolvimento da personalidade que ele viria a chamar posteriormente de *processo de individuação*. Entre essas categorias estão algumas próprias do desenvolvimento do masculino presentes nesse volume: o herói, o pai, a *anima* e o *animus*, o espírito, o velho sábio e o si-mesmo.

A parte 2 deste volume aborda a importante questão da *iniciação* para o desenvolvimento da consciência. Em sociedades tribais, a iniciação marca o desenvolvimento da consciência grupal e individual. São muito citados os rituais de puberdade para meninos e meninas, que marcam uma importante transição no desenvolvimento da consciência. Mas desde a imposição do nome na criança, ritual cercado de poder, como por exemplo entre os índios Guarani, se assinala fortemente a individualidade constituindo-se um importante ritual[10].

---

9. JUNG, G. *Memórias, sonhos, reflexões*. Rio de Janeiro: Nova Fronteira, 2006 [Cap.: A confrontação com o inconsciente].

10. Cf. sobre a imposição do nome entre os Guarani, MENEZES, A.L.T. & BERGAMASCHI, M. *Educação ameríndia*. Santa Cruz do Sul: EDUNISC, 2009.

Jung costumava lembrar que as sociedades tribais sempre têm seus rituais de passagem muito definidos, vivenciados em forma de rituais coletivos bem marcados. Esse processo se perdeu de certa forma na sociedade complexa contemporânea. No ponto de vista do equilíbrio social coletivo, essa perda do ritual teve reflexos bastante negativos. Luigi Zoja procurou associar o grave problema da dependência de drogas na sociedade contemporânea à ausência de rituais[11].

Como os rituais estão diluídos na cultura, eles irão aparecer individualmente em sonhos e fantasias, nas importantes transições de vida do homem contemporâneo. Essas crises de passagem para a maturidade e suas possíveis soluções estão abordadas nos textos *As etapas da vida* (1930) e *Sobre a psicologia do inconsciente* (1911). No texto seguinte, *Palestra VIII, 13 de março de 1929, Sonho*[12], Jung elabora a importante questão do complexo do *puer aeternus,* entre os homens. A designação de *puer aeternus* (criança eterna) foi usada para Ovídio referir-se ao menino Eros, acompanhante de Afrodite, a deusa do amor. Jung e Von Franz descreveram um mitologema[13] do *puer aeternus* em diversos mitos da Magna Grécia e países do Oriente Médio na Antiguidade. Os *Pueri* são deuses da vegetação, estão ligados sempre a uma grande deusa e morrem cedo. Assim, o mitologema está presente no ciclo mitológico de Afrodite-Adonis, Narciso-Liríope, Cibele-Atis, Ishtar-Tammuz, Apolo-Jacinto (nesse caso uma relação homoerótica iniciática) e diversos outros.

---

11. ZOJA, L. *Nascer não basta.* São Paulo: Axis Mundi, 1992.
12. Publicado pela Editora Vozes como: JUNG, C.G. *Seminário sobre análise de sonhos* – Notas do seminário dado em 1928-1930 por C.G. Jung, 2014.
13. Mitologema: núcleo mitológico comum a vários mitos.

Como exemplo, tomemos o ciclo de Adonis, deus da vegetação. Adonis, o jovem mais belo da Fenícia, era objeto de amor de Afrodite. Um javali, para alguns enviado pelo ciumento Ares, para outros um aspecto terrível da própria deusa Afrodite, o mata e ele se transforma numa anêmona. As cores da flor anêmona são o vermelho, o sangue de Adonis, e o branco, as lágrimas de Afrodite que chora sobre seu cadáver.

Todos os mitos ligados a esse ciclo mitológico do filho-amante têm em comum a presença de uma mãe forte e a morte prematura. O mitologema fala da imaturidade do *homem-puer*, suas ligações com a mãe terra, suas tendências regressivas ao mundo vegetal. Todos esses aspectos expressam lados infantis, dificuldade em entrar no tempo social e nas relações de trabalho independente. Isto é, a não integração dos rituais de iniciação masculinos e a regressão, desafios no caminho para a maturidade do indivíduo.

Em *O problema amoroso do estudante* (1928), Jung discute as relações amorosas entre os jovens estudantes europeus e suas implicações como ritmo de passagem e a maturidade sexual. Problemas sociais da época, influências do inconsciente cultural europeu e as questões de interferências familiares são aqui discutidas. Questões ainda muito presentes na clínica do psicólogo contemporâneo.

A parte 3 deste volume trata do importante elemento no desenvolvimento da identidade masculina, *o pai*. O ensaio *A importância do pai no destino do indivíduo* (1909) é do período de intensa colaboração com Freud, no mesmo ano que Jung viaja com Freud e Ferenczi para dar conferências na Universidade de Clark, nos Estados Unidos. Jung pesquisava então, com seu teste de associação de palavras, a emergência de complexos semelhantes ou afins em pais e filhos. Como lembra o editor da edição norte-americana, John Beebe, esse texto foi revisto 40 anos depois de sua publicação, quando Jung procurou articular seu conceito de complexo ao de arquétipo. Assim o complexo paterno, ou *imago* paterna, fruto das experiências desde a infância com o pai pessoal, está também associado a ambivalente figura do arquétipo do pai no inconsciente coletivo.

Para exemplificar as relações do arquétipo do pai com o complexo, Jung lança mão de uma passagem do Livro de Tobias do Antigo Testamento:

Sara, filha de Raguel, queria se casar. Mas seus maridos morriam na primeira noite de núpcias, sucessivamente. Assim foi durante sete casamentos. É que Sara estava amaldiçoada pelo demônio Asmodeu. Sara orou a Javé pedindo a morte, já que preferia a morte a tal vergonha. O oitavo marido foi Tobias, enviado de Deus. Quando Tobias foi conduzido ao quarto de núpcias, Raguel, fingindo ir ao leito para dormir, na verdade foi cavar um túmulo para Tobias. Quando no dia seguinte, envia um criado para constatar a morte do genro, Tobias, entretanto, aparece vivo e Asmodeu perde seu poder. Jung ressalta a ambivalência do arquétipo paterno, presente no núcleo do complexo. Se por um lado Raguel é um pai amoroso, por outro o seu lado destrutivo aparece como o demônio arquetípico Asmodeu, que impossibilita relações amorosas criativas da filha.

O texto seguinte, *Inconsciente pessoal e inconsciente coletivo,* é parte do primeiro capítulo do livro *O eu e o inconsciente* (1928). É bastante instrutivo, ao trazer a mesma questão da relação entre o arquétipo paterno e o complexo, mas na situação transferencial na clínica. Jung cita um interessante exemplo de projeção de complexo paterno no analista, no qual a chamada *resolução da transferência* se faz a partir do inconsciente, pelos sonhos. O pai arquetípico se manifesta em sonho com um deus pagão de enorme estatura, sustentando a sonhadora nos braços, em campo de trigo onde o vento sopra. A partir de uma série de sonhos desse tipo a sonhadora, com auxílio do analista, pode elaborar seu complexo paterno e as projeções de idealização no analista, ganhando mais independência.

Os textos da parte 4, *Logos e Eros, Sol e Lua,* são extraídos do *opus magnum* de Jung, a obra tardia *Mysterium Coniunctionis* (1954). Esses extratos relativamente curtos revelam a forte influência que a alquimia exerceu na última fase dos trabalhos de Jung, que percebeu na alquimia uma metáfora do processo de individuação. A alquimia, sendo uma filosofia *hilosoísta* (do grego *Hyle* = matéria) abole qualquer forma de criacionismo, como aquele presente nas religiões monoteístas. Segundo a visão alquimista do mundo, o espírito está presente na matéria, e o *opus alchymicum* consiste na libertação do *mercurius phylosophorum* de sua prisão na matéria. Assim, também o analista e paciente deverão libertar o mercúrio, personificação do inconsciente, de sua prisão e conhecer seus segredos. Toda a obra da alquimia é expressa no par *puer* (a substância arcana, o conteúdo, o inconsciente) e *senex* (o continente, o *Vas-* vaso alquímico, o consultório da análise, ou qualquer continente necessário para conter uma transformação psicológica). O *Vas bene closum,* (o Vaso bem fechado) é *hermeticamente* fechado, lacrado com o selo de Hermes, para que o calor não se perca e a transmutação das substâncias se dê a contento. Da mesma forma, no processo terapêutico, o segredo da análise é fundamental para que o processo analítico ocorra e o si-mesmo ou Pedra Filosofal seja descoberto. As múltiplas operações alquímicas são analogias interessantes para os diversos estágios da análise psicológica, quando a substância psíquica é transformada, calcinada, sublimada, coagulada, com a finalidade do desenvolvimento da personalidade. Assim, ocorrem as operações de calcinação -*calcinatio*- (a queima de complexos reprimidos pela interpretação e confrontação), a dissolução -*solutio*- (a solução de conteúdos nas águas do inconsciente, ou o oposto, quando há um processo de *afogamento* nos conteúdos não elaborados), a sublimação -*sublimatio*- (a elevação da prima matéria, conteúdos psíquicos básicos na forma de ideias, conceitos, planificação de objetivos), a coagulação -*coagulatio*- (a realização no mundo concreto desses ideias e metas[14]).

Entretanto, entre as diversas operações alquímicas, a última de todo o processo e talvez a mais importante é a conjunção dos opostos, a *coniunctio*. Toda a estrutura psíquica se organiza em pares de opostos, consciente-inconsciente, persona-sombra, persona-*anima*, ego-si-mesmo, *anima-animus*. A realização da totalidade psíquica, meta da individuação, se dá pela conjunção gradual desses opostos através de símbolos.

A problemática da conjunção psicológica dos opostos é tratada nesses textos por Jung através de diversas imagens, como o Sol e a Lua, para o autor representações alquímicas dos princípios do Logos e do Eros. O simbolismo das *núpcias alquímicas* encontra uma analogia importante no taoismo, com suas representações do *yin* e do *yang* como manifestações complementares do *Tao* (caminho, sentido). O complexo estudo alquímico do simbolismo do Sol e da Lua à luz da psicologia do inconsciente visa abordar as complementariedades da psicologia do homem e da mulher, tanto no plano do psiquismo consciente quanto ao nível das fantasias e projeções inconscientes.

---

14. Edward Edinger abordou a psicologia da alquimia através do estudo das operações alquímicas in: *Anatomia da psique*: O simbolismo alquímico na Psicoterapia. São Paulo: Cultrix, 1990.

Na parte 5, *O masculino nas mulheres*, são abordados textos que tratam do princípio do *animus* no inconsciente feminino. Esses textos são extraídos de cartas a algumas mulheres, extratos dos cadernos de anotações da analista e colaboradora de Jung, Esther Harding, e também trechos de entrevistas filmadas de Jung ao psicólogo Richard Evans do departamento de Psicologia da Universidade de Houston, em 1957.

Jung encontrou dificuldades em formular o conceito de *animus*, como o princípio do Logos inconsciente na mulher, visto que essas abordagens foram sempre feitas de maneira complementar ao conceito de *anima*, sem a experiência própria pessoal. A conceituação de *anima* emergiu dentro intensa experiência pessoal de Jung, durante a escrita do *Livro Negro* 2, quando pensamentos subjetivos emergiram com autonomia, como se fossem a voz de *uma mulher interior*[15]. Já em diversas ocasiões nas quais Jung fala do *animus*, percebemos uma forte influência da cultura da época. Já quando a polaridade feminino-masculino é abordada dentro da perspectiva tardia dos estudos alquímicos, podemos obter um referencial mais interessante, quando o simbolismo do Sol e da Lua são vistos como fazendo parte do processo de individuação a partir de uma perspectiva mais profunda.

A parte 6, *A anima,* é constituída por textos de fase tardia da obra de Jung. O ensaio "O arquétipo", *com especial referência ao conceito de anima* foi originalmente escrito em 1936, mas revisto e expandido em 1954. Nessa fase da

---

15. *Livros Negros* foram livros de anotações de sonhos e fantasias de Jung que precederam a escrita do *Livro Vermelho*. Cf. Sonu Shamdasani: *Liber Novus*: O Livro Vermelho de C.G. Jung in: JUNG, C.G. *O Livro Vermelho.* Petrópolis: Vozes, 2010.

obra junguiana a *anima* já é referida ao conceito de *sizígia*, o par de opostos no inconsciente. Jung trabalha as relações da *anima* com a *imago* materna e a androginia original de todo ser humano. Ilustra esse desenvolvimento da consciência através de desenhos de pacientes bastante ilustrativos.

O texto *A personificação dos opostos: interpretação e significado do sal*, assim como os textos da parte 4, também pertencem a obra *Mysterium Coniunctionis*. Aqui, todo o complexo simbolismo do sal como substância alquímica é trabalhado em relação à Lua. O sal, trazendo o amargor, é impregnado de qualidades psicológicas pela alquimia medieval, como o sofrimento lacrimoso e estoico da espiritualidade. Talvez o dito da tradição cristã "Vós sois o sal da terra" tenha vínculos com a espiritualidade do sal. A Lua, úmida e terrestre, guarda conexões com o sal espiritual, enquanto que o Sol luminoso, durmo e seco está longe desses valores introvertidos. O sofrimento espiritual do sal está associado ao feminino lunar, tanto no culto de Maria no cristianismo como no da Sofia gnóstica.

O texto *Palestra V, 19 de fevereiro de 1930, Sonho [23]* é parte dos *Seminários sobre análise de sonhos: Notas do Seminário dado em 1928-1930 por C.G. Jung*[16]. Nesse Seminário, Jung analisa um sonho de paciente onde a *anima* desempenha papel central. A atividade da *anima* em sonhos e sua importância na psique do homem é discutida em profundidade.

A última seção desta obra, a parte 7, *O espírito*, seleciona textos de Jung onde são discutidos os aspectos mais diferenciados do masculino, *o arquétipo do espírito*. Alguns podem estranhar como Jung, dentro de sua abordagem da psicologia complexa, possa propor o espírito como um ar-

---

16. Publicado pela Editora Vozes em 2014.

quétipo e queira discuti-lo como uma manifestação psicológica. Para muitos, o fenômeno do espírito só pode pertencer aos domínios da teologia ou da filosofia. Mas, na conferência *Determinantes psicológicos do comportamento humano* (1937), Jung listou entre os cinco tipos de instinto possíveis do ser humano a *capacidade de reflexão*, além da fome, a sexualidade, o impulso, a ação e a criatividade[17]. Como lembra Jung, a reflexão (Lat.: *reflexio, inclinar-se para trás*) é o instinto produtor da cultura por excelência. Podemos considerar que esse instinto tem íntimas associações com a figura arquetípica do espírito, ou do velho sábio.

No primeiro ensaio dessa seção, *A fenomenologia do espírito nos contos de fada* (1945), é estudado o aparecimento do arquétipo do espírito sob a *figura do velho sábio* em contos de várias culturas e épocas. Esse texto, assim como o texto seguinte de Jung, *O espírito Mercurius*, é fruto de conferências suas nas reuniões culturais de Eranos[18]. A figura do velho sábio aparece nos contos orientando o herói da história na melhor maneira de cumprir sua tarefa, as armas a empregar para enfrentar o monstro ou como libertar a princesa. Relatei em publicação anterior[19] a observação em minha clínica da aparição constante da figura do velho sábio em sonhos iniciais da análise. Minha sugestão é que a figura do velho sábio nessas circunstâncias simbolize o momento em que o paciente, antes preso à chamada *com-*

---

17. Obra Completa, Vol. 8/2, parágrafo. 241 e ss. Petrópolis: Vozes.

18. Os encontros culturais Eranos, que começaram a ocorrer em 1933 e continuam até a atualidade na bela cidade de Ascona, às margens do lago Maggiore, na fronteira da Suíça com a Itália, reuniu sábios de diversos ramos do saber nas ciências humanas numa verdadeira perspectiva transdisciplinar. Jung foi presença carismática nesses encontros, desde 1933 até 1951, quando se afastou por motivos de saúde.

19. BOECHAT, W. (2009): *A mitopoese da psique*. 2. ed. Petrópolis: Vozes [cap. 3: Mitos e arquétipos do masculino].

pulsão de repetição da neurose, *reflete*, e procura uma mudança geral em sua vida através da análise. O velho sábio é também personificado em figuras carismáticas, exemplos de realização moral e profissional na macrofamília. Com a morte dessas personalidades de referência espiritual, o sistema familiar entra em colapso, com separações, cisões internas e crises de vários tipos. O arquétipo do espírito atua no inconsciente familiar como um elemento de coesão e referência de valores.

Com relação ao velho sábio como personificação do espírito, devemos lembrar o que acima mencionamos sobre o *Livro Vermelho* de Jung. Comentamos que essa obra seminal para o *opus* junguiano é uma polifonia de múltiplas vozes interiores, um constante processo de personificação de emoções no processo pessoal de Jung de confronto com o inconsciente. O arquétipo do espírito constitui uma dessas personificações principais. Ele aparece na primeira parte do livro chamada de *Liber Primus*, inicialmente de forma abstrata como uma *voz*, um pensamento espontâneo autônomo que Jung denomina o *Espírito das profundezas*, que o aconselha a seguir sua alma numa busca interior que terá lugar a seguir. Posteriormente, ainda no final do *Liber Primus*, a voz interior é personificada no *Profeta Elias* do Antigo Testamento, com que Jung interage nos processos de devaneio aos quais chamou posteriormente de *imaginação ativa*. Na segunda parte do livro, o *Liber Secundus*, e na terceira parte, *Aprofundamentos*, o Profeta Elias perde gradualmente a importância sendo substituído pela figura do velho sábio *Filemon*, a expressão final do simbolismo do espírito no processo de individuação de Jung.

O livro se encerra com um longo trecho do importante ensaio de Jung "O espírito Mercurius" (edição ampliada de 1948). O ensaio começa com o estudo do conto dos irmãos Grimm *O espírito na garrafa*, onde um rapaz liberta o espírito Mercurius do interior de uma garrafa onde está aprisionado debaixo das raízes de um carvalho. Essa temática, na verdade, é muito mais antiga, tendo origem oriental nos contos árabes *As mil e uma noites,* onde o gênio de enorme poder está aprisionado em uma lâmpada ou jarro é libertado e ameaça o herói da história. Esse, com esperteza, poderá enganar o gênio poderoso e obter o seu poder e suas maravilhas. O Gênio, Mercurius ou *Daimon* é uma personificação do inconsciente com toda sua ambivalência, tendo sido identificado pelo cristianismo como o demônio devido a sua própria natureza onde bem e mal se completam na totalidade da psique.

Mercurius na verdade representa a essência da alquimia, referência básica para a abordagem junguiana. Eliade[20] refere que a alquimia foi precedida pelos mistérios iniciáticos dos ferreiros, quando pelo poder do fogo, as armas e instrumentos eram forjados. Por volta do ano 300 a.C. com a descoberta do mercúrio, o misterioso metal que é sólido, mas ao mesmo tempo se assemelha a água, surge a alquimia tanto no Oriente quanto no Ocidente, no período alexandrino. Textos indianos e chineses do mesmo período falam da *ciência do mercúrio*, demonstrando o poder desse metal de atrair as projeções do inconsciente coletivo. Tudo isso justifica a ampla atenção dada por Jung ao Mercurius, que tem entre seus vários epítetos o nome de *duplex*, o macho e a fêmea, apontando para a androginia essencial do inconsciente.

Rio de Janeiro, outubro de 2019
Walter Boechat

---

20. ELIADE, M. (1979) *Ferreiros e alquimistas*. Rio de Janeiro: Jorge Zahar.

Introdução do editor[1]

Compreender o que C.G. Jung entende por "o masculino" é ter acesso ao fundamento de toda a sua abordagem da psicologia, porque sua psicologia, como ele gostava de admitir, era sua "confissão pessoal" – a confissão de um homem que procura compreender a psicologia humana no contexto patriarcal de uma prática clínica particular num país europeu ocidental na primeira metade do século XX. Nem mesmo a demonstrável universalidade do mundo arquetípico que ele descobriu neste empreendimento pôde eliminar a perspectiva humana do pioneiro, que continuou sendo um homem que nos conta qual foi sua experiência. Por isso, a presente coleção de extratos de seus escritos fornece uma oportunidade de descobrir o que o próprio Jung entendeu a respeito da contribuição que o gênero deu à sua "equação pessoal", uma oportunidade de examinar a lente do telescópio através da qual ele fez suas observações famosas e de longo alcance sobre as principais constelações psicológicas.

Surpreendentemente, com exceção do bem antigo ensaio "A importância do pai no destino do indivíduo", escrito quando Jung era ainda um psicanalista freudiano, não existe nenhum trabalho publicado em que ele se dedica exclusivamente à psicologia dos homens ou à mais ampla psicologia do inconsciente do masculino. Não existe nenhuma

---

1. Tradução de Gentil Avelino Titton.

monografia detalhando um processo do desenvolvimento psicológico do homem nem tampouco um ensaio dedicado ao *animus*, o arquétipo masculino que Jung interpretou para as mulheres como sua imagem da alma. É preciso percorrer cuidadosamente muitos ensaios para descobrir o fio de significado que transmite o caminho masculino do próprio Jung através do labirinto do inconsciente. A presente seleção, embora longe de ser a única possível, é uma tentativa de revelar este fio ao leitor que deseja seguir os passos de Jung.

O caminho se desdobra a partir das experiências da infância do próprio Jung no vicariato, na qualidade de filho de um pastor que estava perdendo sua fé e a confiança de sua mulher e do filho. Paul Jung estava bloqueado e ao mesmo tempo era incapaz do tipo de autorreflexão que poderia ter desbloqueado seu espírito; para o Jung criança, com seu enorme potencial de desenvolvimento psicológico, este pai era insatisfatório como figura a se identificar. Em sua extraordinária autobiografia imaginal, *Memórias, Sonhos, Reflexões*, Jung nos permite vislumbrar até que ponto ele precisou fundamentar sua própria identidade numa visão particular da força numinosa do masculino. Esta visão da masculinidade arquetípica era do tipo que vem a uma criança que não tem à mão nenhum modelo humano para encarnar a imagem arquetípica e mediar sua força e sentido:

> [...]Eu tive o primeiro sonho de que me lembro e que, por assim dizer, me ocupou durante toda a minha vida. Eu tinha entre três e quatro anos.
> O vicariato ficava isolado, perto do castelo de Laufen, e atrás da quinta do sacristão estende-se uma ampla campina. No sonho, eu estava nessa campina. Subitamente descobri uma cova sombria, retangular, revestida de alvenaria. Nunca a vira antes. Curioso, me aproximei e olhei seu interior.

Vi uma escada que conduzia ao fundo. Hesitante e amedrontado, desci. Embaixo deparei com uma porta em arco, fechada por uma cortina verde. Era grande e pesada, de um tecido adamascado ou de brocado, cuja riqueza me impressionou. Curioso de saber o que se escondia atrás, afastei-a e deparei com um espaço retangular de cerca de dez metros de comprimento, sob uma tênue luz crepuscular. A abóbada do teto era de pedra e o chão de azulejos. No meio, da entrada até um estrado baixo, estendia-se um tapete vermelho. A poltrona era esplêndida, um verdadeiro trono real, como nos contos de fada. Sobre ele uma forma gigantesca quase alcançava o teto. Pareceu-me primeiro um grande tronco de árvore: seu diâmetro era mais ou menos de cinquenta ou sessenta centímetros e sua altura aproximadamente de uns quatro ou cinco metros. O objeto era estranhamente construído: feito de pele e carne viva, sua parte superior terminava numa espécie de cabeça cônica e arredondada, sem rosto nem cabelos. No topo, um olho único, imóvel, fitava o alto.
O aposento era relativamente claro, se bem que não houvesse qualquer janela ou luz. Mas sobre a cabeça brilhava uma certa claridade. O objeto não se movia, mas eu tinha a impressão de que a qualquer momento poderia descer do seu trono e rastejar em minha direção, qual um verme. Fiquei paralisado de angústia. Nesse momento insuportável ouvi repentinamente a voz de minha mãe, como que vinda do interior e do alto, gritando: – "Sim, olhe-o bem, isto é o devorador de homens!" Senti um medo infernal e despertei, transpirando de angústia. Durante noites seguidas não queria dormir, pois receava a repetição de um sonho semelhante.
Este sonho preocupou-me através dos anos. Só muito mais tarde descobri que a forma estranha era um falo e, dezenas de anos depois, compreendi que se tratava de um falo ritual...

A significação abstrata do falo é assinalada pelo fato de que o membro em si mesmo é entronizado de maneira itifálica (Ἰθύς, ereto). A cova na campina representava sem dúvida um túmulo. O próprio túmulo é um templo subterrâneo, cuja cortina verde lembra a campina e representa aqui o mistério da terra coberta de vegetação verdejante. O tapete era vermelho-sangue. De onde provinha a abóbada? Ter-me-iam levado a Munot, o torreão de Schaffhausen? É pouco provável, pois eu tinha apenas três anos. Assim, pois, ao que parece, não se tratava de um resíduo de lembranças. A origem da representação fálica, anatomicamente exata, também é problemática. A interpretação do *orificium urethrae* (orifício uretral) como o olho, com uma aparente fonte de luz sobre ele, indica a etimologia do falo (Φαλλος, luminoso, brilhante).
O falo desse sonho parece, em todo caso, um deus subterrâneo que é melhor não mencionar. Como tal, morou em mim através de toda a minha juventude e reaparecendo cada vez que se falava com demasiada ênfase no Senhor Jesus Cristo. O "Senhor Jesus" nunca foi para mim completamente real, aceitável e digno de amor, pois eu sempre pensava em sua equivalência subterrânea como numa revelação que eu não buscara e que era pavorosa[2].

Como a atmosfera do vicariato suíço do século XIX surge do relato de Jung sobre seu sonho e suas muito posteriores associações com ele! Somos remetidos a um mundo da Reforma tardia hoje desaparecido, no qual os corpos dos pais nunca eram vistos e o fato anatômico do pênis ereto com seu orifício uretral era um segredo religioso, uma matéria delicada a ser abordada somente nas línguas grega e la-

---

2. C.G. JUNG. *Memórias, Sonhos, Reflexões*. Tradução de Dora Mariana Ribeiro Ferreira da Silva. Nova Fronteira 1986, p. 12-14.

tina da Igreja, com suas conotações mitológicas. Crescendo nesta atmosfera repressiva, Jung estava destinado a conhecer sua masculinidade arquetipicamente e a energia com que o arquétipo se apresentou levou-o a uma compreensão saudável do que significa ser um homem sem paralelo na literatura psicológica. Mas, já que a abordagem do masculino feita por Jung foi tão arquetípica (tão subterrânea, na linguagem deste sonho), é fácil sua relevância para a psicologia dos homens e mulheres comuns permanecer sepultada. Por isso, é necessária alguma introdução ao conteúdo deste volume para tornar mais acessíveis as importantes intuições de Jung.

A mais importante destas intuições é a associação da masculinidade ao processo de tornar-se consciente, no sentido socrático de ver a existência de uma pessoa pelo que ela é. A equação da masculinidade com a consciência está implícita na conexão etimológica do falo com a luminosidade e na associação criativa que a criança faz da abertura fálica com um olho. Esta primeira intuição foi unilateral no sentido de omitir a contribuição feminina para a consciência; mas sua intuição peculiarmente monocular da natureza fálica da psique foi essencial para o desenvolvimento do pensamento de Jung. Tornou-se a base da primeira tentativa de Jung de encontrar para o drama da psique uma metáfora diferente do mitologema de Édipo oferecido por Freud. Édipo implicava a doutrina da repressão, um eventual autocegamento do humano em face do intolerável imposto a ele pelos deuses. Da história de Édipo surgiram noções do sonho como uma revelação necessariamente disfarçada e da psique como algo a ser desmascarado por um analista tecnicamente qualificado contra formidáveis resistências. Este mitologema omitiu a pressão interna para tornar-se consciente, que para Jung era o mais forte impulso da psique, mais forte do que o sexo ou a vontade de poder. A imagem do eu em desenvolvimento, exposta por Jung em *Transformações e símbolos da libido* (*Símbolos da transformação*), não era a de um executivo repleto de culpa dedicado a reprimir seu conhecimento de uma vergonhosa experiência libidinal, mas antes a imagem de um herói solar determinado, cuja busca através do mar noturno consistia em manter e aumentar sua luz contra as profundas forças instintivas que ameaçam extinguir sua consciência. (Ironicamente, Jung encontrou esta imagem masculina no material inconsciente de uma mulher à beira de uma psicose.) O fato de seu herói ser, como Édipo, inflado, com uma perigosa arrogância masculina diante do feminino escuro e lunar, não era nada evidente para o Jung de trinta e seis anos que ousara desafiar Freud com sua própria visão mais otimista das possibilidades evolutivas da consciência do eu.

A rejeição destas ideias por Freud (e a maneira arrogante como Jung resolveu apresentá-las ao mundo psicanalítico) e a concomitante incerteza de uma crise marital fizeram Jung sair de sua identificação juvenil com o arquétipo do libertador heroico. O problema de seu casamento só foi resolvido (com custos para todos os envolvidos) após ter chegado a uma difícil decisão de submeter-se concretamente e literalmente ao poder do feminino aceitando uma relação aberta com Toni Wolff. O envolvimento de Jung com sua antiga paciente, agora sua colega, ocorreu com o pleno conhecimento de sua esposa, que ele continuou a amar e respeitar. Esta solução ainda controversa nunca foi recomendada pelo Jung maduro como um exemplo para outros; de preferência representou o melhor que ele podia fazer contra, e finalmente com, o poder do arquétipo da *anima*, que ele descobriu ao precisar vivenciá-lo. Toni Wolff ajudou Jung a ver teoricamente, como também pessoalmente, que na psique profunda o herói se liberta do arquétipo da mãe (e da inconsciência infantil que a sujeição do herói à autoridade dela representa para a personalidade consciente) apenas para enfrentar as exigências da *anima*. Como todas as imagens míticas, a *anima* é uma metáfora-raiz para um estilo inconsciente de pensamento e de comportamento que subjaz às escolhas conscientes. Este arquétipo, geralmente simbolizado por uma mulher com idade mais próxima ao homem do que a mãe dele, mas não retratada invariavelmente como uma figura única, ou até nem sempre como uma mulher, se tornará, em seus muitos disfarces, o parceiro vitalício dele na luta por perspectiva, uma fonte indispensável das complexidades psicológicas e dilemas éticos que moldarão sua consciência e, em medida não pequena, seu destino.

A *anima* foi a descoberta central de Jung no campo da psicologia masculina, porque, como ele aprendeu, só a *anima* pode libertar um homem para uma consciência que se baseia não no autodomínio heroico, mas antes na participação empática na vida. Compreender a parte da psique que Jung chamou de *anima* é não tanto uma intuição da mente quanto uma experiência de iniciação, um mistério a ser vivido até que seja finalmente revelado seu núcleo de significado para o desenvolvimento da personalidade. O problema do psicólogo de formular o que só pode ser experimentado foi resolvido por Jung ressuscitando as antigas tradições da iniciação, com suas ricas descrições simbólicas dos processos pelos quais os indivíduos passam de uma etapa da vida para outra numa jornada que começa com a separação da mãe. A ideia de iniciação foi a base a partir da qual Jung interpretou os sonhos e o progresso dos peregrinos psicológicos com os quais ele trabalhou analiticamente.

Foi esta descoberta da iniciação – a dolorosa submissão do herói à autoridade maior das forças arquetípicas que têm poder de mediar o desenvolvimento da consciência –

que marcou a madura compreensão de Jung do processo masculino e seu radical afastamento de outros psicólogos das profundezas da época moderna. Como Joseph Henderson, aluno (e analisando) de Jung, conseguiu esclarecer em *Thresholds of Initiation*[3], o papel do herói é uma etapa arquetípica no inconsciente, denotando a formação de uma forte identidade do eu, que precede a etapa do verdadeiro iniciado. Este é um ponto sutil que parece não ter sido captado por Erik Erikson e outros autores freudianos que seguiram a ideia de Jung das "etapas de vida" com seus próprios modelos de desenvolvimento do eu ao longo do ciclo da vida. Para Jung, mais do que para qualquer outro autor psicológico, a essência do genuíno desenvolvimento psicológico envolve um abandono do herói. Quando a consciência heroica domina, o indivíduo acredita que sabe melhor do que o inconsciente quem ele é e por isso acha que deve estar no controle de sua vida. O herói é o mitologema da psicologia do eu e dos incontáveis livros de autoajuda que continuam aparecendo nesta época dos que pretendem "desenvolver" o inconsciente.

Obviamente, a etapa do herói é um passo à frente para as pessoas que correm o risco de afogar-se no inconsciente. A aparição de um herói no inconsciente de um jovem que não tem base suficiente para dominar as tarefas heroicas da vida real, como a conclusão de uma educação universitária ou a superação de um vício, é um evento significativo. Muitíssimas vezes a base arquetípica da consciência nos jovens é uma fantasia irreal de grandeza proporcionada pelo *puer aeternus*, o deus cujo nome significa eterno menino. O lado sombrio deste arquétipo é o trapaceiro (trickster), que parece existir somente para testar os limites psicossociais. Como

---

3. Joseph HENDERSON. *Thresholds of Initiation.* Middletown/Conn.: Wesleyan University Press, 1967.

mostra Henderson em seu livro, é difícil desidentificar-se destes precursores do arquétipo do herói; e, para muitos homens de nossa cultura, dominá-los é tarefa da primeira metade da vida. Geralmente isso exige experiências educativas da forma correta de conseguir a firme fundamentação do eu que a etapa do herói representa.

Entre estas experiências educativas estão as primeiras relações de amor descritas por Jung em "O problema amoroso do estudante". Jung estava à frente de seu tempo ao perceber que as relações homossexuais, se a expressão erótica estiver ligada pela fidelidade da pessoa mais madura, podem às vezes proporcionar a correta fundamentação da iniciação na etapa pré-heroica. Mas não está claro, a partir de seus escritos publicados, se ele via algum valor para a individuação nas relações amorosas entre membros do mesmo sexo para além desta etapa. Impôs-se aqui um concretismo em sua compreensão da importância da *anima*. Jung sabia que o pleno potencial psicológico de ser um homem só é possível quando o herói finalmente curva a cabeça e se submete à iniciação, não nas mãos de um homem ou mulher exteriores, mas de acordo com os ditados de sua própria *anima*. Então ocorrerá certo desenvolvimento de seu eros a partir de dentro (e, não raramente, do sentimento que ele tem de seu lugar nas vidas dos outros); de modo que ele está mais bem relacionado consigo mesmo e, ao mesmo tempo, com os seres humanos seus companheiros. Na vida do próprio Jung, o desenvolvimento da *anima* esteve intimamente associado a acontecimentos que ocorriam em sua própria vida heterossexual. Eu descobri, na experiência de minha própria prática clínica, que, enquanto a etapa da aceitação da *anima* nos homens vem quase sempre acompanhada de uma melhora na qualidade e profundidade das relações com mulheres, a orientação sexual mais ou menos permanente que aparece neste tempo pode ser ou homossexual ou heterossexual, determinada unicamente pela natureza essencial do indivíduo enquanto mediada pela *anima*.

A aceitação da *anima* é quase que invariavelmente difícil. A *anima*, como mostra Jung, é a palavra que está na raiz de animosidade e a *anima* (enquanto humores/disposições) pode ser outro nome para o ressentimento. A iniciação pela *anima* significa submeter-se a dolorosas experiências de traição e decepção quando as projeções por ela criadas com sua capacidade de ilusão não conseguem produzir felicidade. Aceitar a dor de seus próprios afetos em relação a essas experiências é uma parte crítica da integração da *anima*. Às vezes Jung chamou a *anima* de "arquétipo da vida" e viu o indivíduo como que forçado a sofrer nas mãos da vida até que o poder da vida esteja suficientemente impresso nele: a resultante atitude consciente, realmente "uma pérola de grande valor", é um sentimento da alma, que é também um respeito pela autonomia da vida, o tipo de sabedoria personificada pelo sábio taoista Lao-Tsé, cujo nome significa "o velho mestre". O velho sábio está por trás da *anima* como um arquétipo de significado, o propósito masculino e o resultado masculino desta aceitação iniciatória e integração do feminino. Muitos analistas contemporâneos indagaram se a *anima* não pode ser também um arquétipo capaz de mediar uma experiência de si mesma da mulher. Se for assim, o eu interior profundo revelado será uma figura feminina da sabedoria, uma personificação da deusa.

Jung não estava pronto para enfatizar a *anima* para as mulheres. Ele sentiu que as mulheres de seu tempo tinham uma tarefa especial de compreender sua masculinidade inconsciente, que em seu tempo corria particularmente o risco de ser projetada sobre os homens. Ele entendeu que o *animus*, só em alguns aspectos um análogo da *anima*, tinha seu próprio caráter particular, como um arquétipo nem da vida nem do significado, mas do espírito. O espírito era para Jung caracteristicamente masculino, em contraste com a alma, que ele entendia como feminina. Mesmo quando falou do *animus* como sendo a imagem da alma das mulheres, ele entendia que uma mulher tem um espírito masculino inconsciente, enquanto um homem tem uma alma inconsciente. Jung reconhecia que espírito e alma podem figurar no desenvolvimento tanto dos homens quanto das mulheres e falou de sua sizígia ou conjunção na psique dos indivíduos. No entanto, com suas pacientes mulheres ele se concentrou no reconhecimento e integração do espírito como urgente trabalho psicológico delas. Este foco terapêutico no *animus* aflora claramente naquilo que ele diz no texto selecionado de *O eu e o inconsciente* a respeito da mulher com uma transferência do pai para ele e em seus comentários sobre sua analisanda e colega Esther Harding, como está registrado no caderno de anotações pessoais dela. Quando o espírito era um *animus* inconsciente, projetado nos homens, ele precisava ser libertado suficientemente para funcionar como uma figura interior com cuja ajuda a mulher poderia abordar sua própria natureza. Só então ela poderia discriminar com precisão quem ela era.

Um homem, em contraposição, precisava aprender com a ajuda de uma *anima* libertada a relacionar-se com sua natureza com a atitude emocional correta. Jung observou que, entre os homens que ele via, o Eros – definido como relação – tendia a ser mais inconsciente do que nas mulheres. O Logos – definido como discriminação – tendia a ser mais inconsciente nas mulheres. Às vezes ele chegou a afirmar que o Eros era o princípio da mulher e o Logos era o princípio do homem, o que muitas vezes soa, em nosso atual contexto cultural, como uma rigidez sexista. Ainda assim, vulnerabilidade inconsciente ao Eros nos homens e ao Logos nas mulheres parece-me um fato humano, que ilustra a utilidade diária da psicologia de gênero de Jung quando aplicada ao campo de sua competência real: o comportamento inconsciente dos homens e das mulheres. Minha própria prática clínica me ensinou que, embora nem as mulheres nem os homens tenham um monopólio sobre o bom julgamento ou a boa capacidade de relação, o inconsciente de uma mulher reage muito mais violentamente a opiniões que ameaçam seu conceito de mundo, ao passo que o inconsciente de um homem fica mais facilmente perturbado por sentimentos que violam seu equilíbrio emocional. Ou seja, as mulheres parecem ter maior tolerância do que os homens para com aquilo que desafia seus padrões predominantes de relação e os homens para com ideias das quais eles discordam. Esta notável diferença parece implicar um eros mais diferenciado nas mulheres e um Logos mais diferenciado nos homens.

Por outro lado, a ideia que Jung tem do Logos como o princípio masculino e do eros como o princípio feminino levou a um prematuro dogmatismo, por parte de alguns analistas junguianos, quanto à natureza psicológica essencial dos homens e das mulheres e a uma avalanche de protestos por parte de outros analistas, que com razão se pronunciaram a favor da complexidade da experiência individual. É importante reconhecer que Logos e Eros são estilos de consciência atingíveis essencialmente por ambos os sexos e que representavam opostos na natureza masculina do próprio Jung. Porque (como ilustram os extratos do *Seminários sobre análise de sonhos* e os cadernos de anotações de Esther Harding) é precisamente um eros masculino que o desenvolvimento da *anima* traz à consciência num homem, e um Logos feminino que o desenvolvimento do *animus* traz a uma mulher. Em *Mysterium Coniunctionis*, Jung dedicou muito mais espaço às suas descrições do caráter do Sol e da Lua como personificações desses opostos paradoxais do que a seus conceitos intuitivos anteriores de Logos e Eros. É a esta obra-prima posterior que o leitor deveria voltar-se para obter uma compreensão do pensamento maduro de Jung quanto à natureza da diferença psicológica entre homens e mulheres e entre o masculino e o feminino nas duas naturezas. Uma leitura atenta dessa obra posterior capacitará o indivíduo a dispensar a noção que Jung tinha do feminino como simplesmente relação e do masculino como simplesmente discriminação consciente. Na verdade, existe certa desconexão com o espírito feminino profundo simbolizado pela Lua, com sua umidade fria e escura, que lhe dá uma profundidade reflexiva; e existe uma indiscriminada relação com o Sol, com seu brilhante calor, que lhe confere uma força penetrante.

Ao ler os escritos alquímicos de Jung, descobrimos a tradição em que se insere seu estilo autocontraditório de explicação psicológica. Como outros observaram, seu estilo é um estilo hermético, um estilo que oculta tanto quanto revela, e expressa verdades familiares em parábolas alquímicas que parecem neutralizar-se umas às outras. Esse estilo é fiel somente à natureza. A obra de Jung sobre a alquimia ocidental começou a aparecer impressa depois de ele chegar aos sessenta anos de idade e está profundamente baseada na experiência da individuação masculina após a meia-idade. O processo de incubar sabedoria que os ensaios alquímicos refletem e descrevem obliquamente é um processo cujo caráter e conteúdo específicos só serão conhecidos por aqueles que estão a par das reflexões dos indivíduos que estão amadurecendo psicologicamente.

Enquanto estava reunindo seu *opus* alquímico, Jung compreendeu gradualmente que mesmo os princípios masculino e feminino não são algo já dado; eles são construídos através da experiência, embora as condições para sua criação sigam leis arquetípicas. Observei muitas vezes que a construção do princípio feminino num homem durante a meia-idade obedece à seguinte receita alquímica, uma receita que está só implícita em Jung, mas é mencionada por outros autores: sal combinado com mercúrio produz a Lua. A Lua, o princípio feminino desenvolvido, corresponde a uma *anima* que já não é mais ingênua; que sofreu bastante (sal: amargor, lágrimas) e é capaz de crueldade trapaceira em sua própria defesa (mercúrio: trickster [trapaceiro], a capacidade de virar a mesa contra um agressor). Os homens têm na meia-idade a tarefa especial de assegurar que a Lua seja suficientemente integrada. (O breve extrato sobre o difícil ensaio sobre o sal trata especificamente deste trabalho interior.) A Lua é um inconsciente iniciado que está pronto para interagir com a consciência heroica iniciada que é o Sol a fim de produzir uma integração da personalidade. Esta é a imagem definitiva que Jung tem do desenvolvimento da personalidade e é obtida através de sua própria perspectiva masculina.

"O espírito Mercurius", fonte das seleções finais deste volume, merece menção especial porque nos fornece nossa melhor visão sobre o fundamento arquetípico dessa perspectiva. Este é provavelmente o mais pessoal dos grandes ensaios de Jung sobre os arquétipos, no sentido de ser uma descrição do espírito característico do próprio Jung e da consciência que orientou a elaboração de sua psicologia. O fato de Mercurius ter sido para Jung o arquétipo do inconsciente nos diz finalmente quão masculina foi a abordagem que Jung fez do inconsciente. Apesar de sua androginia, Mercurius é um deus quintessencialmente masculino, embora nem toda masculinidade esteja baseada neste mitologema. Assim, nem mesmo este penetrante ensaio pode ser a última palavras sobre o masculino. Mercurius é, no entanto, o arquétipo através do qual Jung chegou a entender seu próprio estilo psicológico. Este ensaio está entre outros escritos de Jung como uma antiga herma, um falo ereto colocado pelos gregos nos pórticos de entrada dos novos territórios em honra de Hermes, que se tornou o Mercurius romano e o santo patrono da alquimia. A energia fálica, que era subterrânea no sonho de Jung quando criança, aflora à superfície com este ensaio. Nos atributos deste deus podemos encontrar as ideias seminais do próprio Jung – o inconsciente como um ser criativo e autônomo continuamente em movimento entre conjuntos de opostos; as formas inconstantes do espírito inconsciente como sinais de sua chegada aos portões de diferentes deuses; a tendência do inconsciente à totalidade estável numa vida intrapsíquica contida. Mercurius era o patrono do esforço alquímico de Jung para alcançar a autounificação, figura paterna definitiva de Jung e caminho masculino através da psique. Seu espírito é o inquieto espírito masculino que anima os conteúdos deste volume.

O editor gostaria de agradecer a ajuda de Cathie Brettschneider, Adam Frey, Joseph Henderson, Loren Hoekzema, John Levy, Daniel C. Noel, William McGuire e Mary Webster.

John Beebe
San Francisco, setembro de 1988

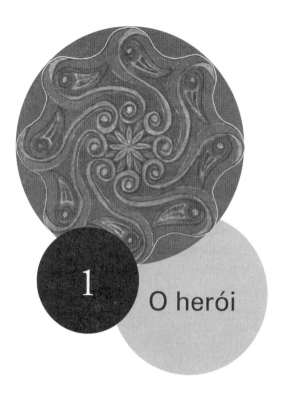

1 O herói

O nascimento do herói[4]

O mais nobre de todos os símbolos da libido é a figura humana do demônio ou do herói. A simbólica abandona então o campo do neutro, próprio à imagem astral e meteórica, e assume forma humana: a imagem do ser que passa da tristeza para a alegria e da alegria para a tristeza, o ser que ora resplandece no zênite, como o Sol, ora imerge em noite profunda e desta mesma noite renasce para novo esplendor[5]. Assim como o Sol, em seu movimento e segundo suas leis intrínsecas, sobe desde a manhã até o meio-dia, ultrapassa o meio-dia e declina para a tarde, deixando para trás seu esplendor e mergulhando na noite que tudo encobre, assim também o homem, segundo leis imutáveis, segue seu caminho e desaparece na noite ao fim da jornada, para renascer de manhã em seus filhos, reiniciando nova trajetória. A passagem simbólica do Sol para o homem é fácil e viável. A terceira e última criação de Miss Miller também segue esta linha. Ela chamou a peça de "Chiwantopel, Drame hypnagogique". Sobre a origem da fantasia conta o seguinte:

[251]

> Depois de uma noite cheia de preocupações e temor, fui deitar-me às 11:30h. Estava agitada e sem poder dormir, apesar de muito cansada [...]. Não

---

4. Excertos retirados de C.G. Jung. *Símbolos da transformação* – Análise dos prelúdios de uma esquizofrenia [OC, 5] – 7. ed. Petrópolis: Vozes, 2011, § 251, 297-299, tradução de Eva Stern.

5. Provavelmente daí o belo nome do herói solar Gilgamesh, "homem triste-alegre". Cf. JENSEN. *Das Gilgamesh-Epos in der Weltliteratur.*

havia luz no quarto. Fechei os olhos e tive a sensação de que alguma coisa estava para acontecer. Senti então um grande relaxamento e fiquei tão passiva quanto possível. Diante de meus olhos surgiram linhas, centelhas e espirais luminosas [...] seguidas de uma visão caleidoscópica de acontecimentos triviais recentes.

[...]

[297] A força vital psíquica, a libido, simboliza-se pelo Sol[6] ou personifica-se em figuras de heróis com atributos solares. Ao mesmo tempo, porém, ela se expressa em símbolos fálicos. As duas possibilidades aparecem numa gema da Babilônia tardia, descrita por Lajard[7] (cf. fig. 1). No centro do quadro está um deus andrógino. No lado masculino encontra-se uma serpente com um halo solar em torno da cabeça, no lado feminino vê-se uma serpente com a Lua sobre a cabeça. Este quadro possui ainda um sufixo sexual simbólico: no lado masculino vê-se um losango, um apreciado símbolo do órgão genital feminino; no lado feminino está uma roda sem aro. Os raios engrossam como clavas nas extremidades, o que, como os dedos claviformes mencionados anteriormente, têm significado fálico. Parece tratar-se de uma roda fálica, conhecida na Antiguidade. Existem gemas "obscenas" em que Amor gira uma roda feita de falos[8]. Quanto ao significado do Sol, quero men-

---

6. Entre os elementos que compõem o ser humano, a liturgia de Mitra salienta principalmente o fogo como o elemento divino, designado como τὸ εἰς ἐμὴν κρᾶσιν θεοδώρητον (o que é dado por Deus para a minha composição) (DIETERICH. *Mithrasliturgie*, p. 58).
7. *Recherches sur le cuite, les symboles, les attributs, et les monuments figurés de Vénus en Orient et en Occident* [excerto, 1.837], p. 32s.
8. O que representa o fenômeno periódico que se manifesta na sexualidade, o ritmo.

cionar o seguinte exemplo: Na coleção de antiguidades de Verona descobri uma inscrição romana tardia em que se encontra o seguinte desenho[9]:

Esta simbólica pode ser lida facilmente: Sol = falo, Lua = recipiente (útero). Esta interpretação é confirmada por outra peça da mesma coleção: ali se encontra o mesmo desenho, apenas o recipiente[10] está substituído por uma figura feminina. Da mesma forma certamente também deve ser interpretada a cunhagem de certas moedas. Em Lajard[11] encontramos uma moeda de Perga onde Ártemis é representada por uma pedra cônica, ladeada por um homem (aparentemente Men) e uma figura feminina (aparentemente Ártemis). Num baixo-relevo ático vemos Men (o assim chamado Lunus) com uma lança, ladeado por Pã com uma clava e uma figura de mulher[12]. Tudo isso mostra que, além do Sol, também a sexualidade é usada para simbolizar a libido.

[298]

---

9. Esta ilustração não é uma fotografia, mas apenas um esboço feito a lápis pelo autor.

10. Num mito bacairi aparece uma mulher que surgiu num pilão de milho. Um mito zulu diz: uma mulher deve recolher uma gota de sangue num jarro, fechar o jarro, deixá-lo de lado durante oito meses e reabri-lo no nono mês. Ela segue o conselho, abre o jarro no nono mês e encontra nele uma criança (FROBENIUS. Op. cit., p. 236 e 237).

11. Op. cit., p. 48 [texto]; pl. I, fig. 13 [detalhe de fig., 1849].

12. ROSCHER. *Lexikon*, II, col. 2.733s., verbete Men.

Fig. 1 – Divindade andrógina. Gema do período babilônico tardio

[299]   Outra linha ainda merece especial menção. O Dadóforo Cautópates, que substitui Mitra, é apresentado com o galo[13] e a pinha. Mas estes são os atributos do deus frígio Men (cf. fig. 2), cujo culto era muito difundido. Men era representado com o barrete frígio[14], com a pinha e o galo, bem como sob a forma de menino; os Dadóforos são figuras infantis. (Esta particularidade aproxima-os, juntamente com Men, dos Cabiros e Dáctilos.) Mas Men tem relação muito próxima com Átis, filho e amante de Cibele. No tempo dos imperadores romanos Men e Átis se fundiram numa só divindade. Como já foi dito, também Átis usa o píleo, assim como Men, Mitra e os Dadóforos. Como filho e amante de sua mãe, ele traz o problema do incesto. Este logicamente leva à castração sacral no culto de Átis-Cibele. Segundo a lenda, o herói, enlouquecido pela mãe, mutila-se. Não posso aprofundar-me no momento, pois pretendo discutir o problema do incesto mais no final da obra. Só menciono aqui que o motivo do incesto logicamente precisa vir à tona porque a libido em regressão, que se introverte por motivos internos ou externos, sempre reanima as imagens dos pais e com isto aparentemente restabelece as relações da infância. Mas isto não pode acontecer por se tratar da libido de um adulto, que já entrou na esfera da sexualidade e por

---

13. Um animal solar bem conhecido.
14. Como Mitra e os Dadóforos.

isso inevitavelmente introduz um caráter sexual incompatível, ou melhor, incestuoso, na relação secundária, isto é, reanimada, com os pais[15]. É este que dá ensejo à simbólica do incesto. Como o incesto precisa ser evitado de qualquer maneira, necessariamente resulta ou a morte do filho-amante ou sua autocastração como castigo pelo incesto cometido, ou o sacrifício dos instintos, sobretudo da sexualidade, como medida preventiva ou expiatória contra a tendência ao incesto (cf. fig. 3). Como a sexualidade é um dos exemplos mais convincentes da força dos instintos, ela também é a mais atingida pelo recurso ao sacrifício, a abstinência. Os heróis frequentemente são peregrinos[16]: a peregrinação é uma imagem da nostalgia[17], do anseio nunca aplacado que em parte alguma encontra seu objeto, da procura pela mãe perdida. A comparação com o Sol também sob este aspecto é facilmente compreendida. Por isso os heróis sempre são semelhantes ao Sol. Por isso nos julgamos autorizados a concluir, enfim, que o mito do herói é um mito solar. Quer me parecer contudo que ele é antes a autorrepresentação da nostalgia do inconsciente em sua busca insaciada e raramente saciável pela luz da consciência. Esta, porém, sempre em perigo de ser enganada por sua própria luz e transformada em fogo fátuo, anseia pela força salutar da natureza, pelas raízes profundas do ser e pela atordoante comunhão com a vida de incontáveis criaturas. Deixo a palavra aqui ao Mestre que pressentiu as raízes da mais profunda nostalgia (a de Fausto):

---

15. Esta explicação não satisfaz. Infelizmente não me foi possível expor aqui o problema arquetípico do incesto, com todas as suas complicações. Ocupei-me detalhadamente dele em meu livro *Ab-reação, análise dos sonhos e transferência*. Petrópolis: Vozes [OC, 16/2].
16. Gilgamesh, Dioniso, Hércules, Mitra etc.
17. Cf. GRAF. *Richard Wagner im "Fliegenden Holländer"*.

Fig. 2 – O deus Men sobre o galo. Relevo ático da sagração

Mefistófeles:

>Reluto em revelar segredo elevado. –
>Deusas tronam aqui em solidão.
>Lugar não há, menos ainda tempo, onde estão;
>Delas falar é hesitação.
>Elas são as *mães*.
>
>[...] Deusas, ignoradas
>Por vós mortais, por nós malmencionadas.
>Vai procurá-las pois em sua morada funda,
>Se delas precisamos, a culpa é tua.

Fausto:

>Qual o caminho?

Mefistófeles:

>Nenhum caminho! É o não trilhado,
>O não trilhável! Um rumo ao não rogado,
>Não rogável. Estás disposto?
>Trincos nem cadeados há, a serem removidos,
>Por solidões serás a esmo impelido:
>Tens tu noção de ermo e solidão?...
>
>E se o oceano a nado transpusesses,
>Vendo ali a ilimitada vastidão,
>Verias ainda que onda após onda segue,
>Mesmo com o pavor da morte a te espreitar.
>Algo verias! Talvez no imenso verde

De mares acalmados, a dança de delfins;
Verias o passar das nuvens, o Sol, a Lua e as estrelas –
Nada verás no eterno e longínquo vácuo,
Não ouvirás o som de teu próprio passo,
Não sentirás firmeza em teus pés.

Toma esta chave aqui.

A chave há de farejar o lugar certo.
Segue-a até embaixo: às mães vai te levar.

Submerge, pois! Eu poderia dizer: sobe!
Tanto faz. Foge do que já teve origem,
Nos reinos soltos das criações!
Encanta-te com o que há muito não existe!
Névoas ali volteiam incessantes,
Agita a chave, mantém-nas distantes...

Dir-te-á uma trípode ardente,
Que ao fundo dos fundos chegaste finalmente.
As mães verás em seu clarão:
Umas sentadas, outras vêm e vão.
Ao bel-prazer. Formação, transformação,
Do eterno espírito, eterna ocupação.
Envoltas por visões de infinitas criaturas,
Elas não te veem, veem apenas esquemáticas figuras.
Coragem então, o perigo é iminente,
Vai à trípode diretamente,
E com a chave a toca![18]

Fig. 3 – Cibele e seu filho-amante Átis. Segundo uma moeda romana

---

18. [*Faust*, parte II, p. 315s.].

A luta pela libertação da mãe[19]

Para Jung, o herói é um símbolo da libido do eu em desenvolvimento. Por libido, Jung entende não apenas o desejo ou a energia psicológica, mas também o propósito psicológico. Para ele, o mito do herói expressa o desejo do eu de substituir a dependência do inconsciente pelo autocontrole – um propósito que necessita de uma luta ambivalente com a mãe, mãe esta que simboliza o inconsciente.

[441] Neste mito tornamos a reconhecer um mito típico da libido: bissexualidade inicial, imortalidade (invulnerabilidade) pela penetração na mãe (fender a mãe com o pé), ressurreição como pássaro-alma e produção de fecundidade. Se este herói faz com que seja venerada sua lança, é de se pensar que ela seja um símbolo válido e equivalente.

[442] Sob este ponto de vista compreendemos a passagem de Jó, mencionada na primeira parte [não incluída aqui], sob um novo prisma:

> Deus entrega-me à custódia dos ímpios, arroja-me em mãos criminosas. Vivia eu tranquilo, quando me esmagou, agarrou-me pela nuca e me triturou. Fez de mim seu alvo.
> Suas flechas zuniam em torno de mim, atravessou-me os rins sem piedade e derramou por terra meu fel. Abriu-me com mil brechas e assaltou-me como um guerreiro[20].

---

19. Excertos retirados de C.G. Jung. *Símbolos da transformação* – Análise dos prelúdios de uma esquizofrenia [OC, 5] – 7. ed. Petrópolis: Vozes, 2011, § 441-460, tradução de Eva Stern.

20. 16,11s.

Aqui Jó exprime o sofrimento espiritual causado pelo ímpeto de desejos inconscientes; a libido fere sua carne, um deus cruel apoderou-se dele e o transpassa com seus dardos dolorosos, com pensamentos que o assaltam irresistivelmente.

Esta mesma imagem encontra-se também em Nietzsche:

> Estendido, enregelado,
> Qual semimorto a quem se aquecem os pés –
> Sacudido, oh! por ignoradas febres,
> Trêmulo diante de agudas flechas geladas,
> Por ti caçado, pensamento!
> Inenarrável, oculto, horroroso!
> Tu, caçador por entre nuvens!
> Fulminado por ti,
> Olho sarcástico, que me olhas do escuro:
> Assim me retorço, contorço, atormentado
> Por todos os eternos martírios,
> Atingido
> Por ti, cruel caçador,
> Tu, estranho – Deus!
>
> Fere mais fundo!
> Fere ainda uma vez!
> Rasga, dilacera este coração!
> Por que este torturar
> Com flechas embotadas?
> Por que tornas a olhar
> Incansável de sofrimento humano,
> Com teus olhos relampejantes de malícia?
> Matar tu não queres,
> Só torturar, torturar?[21]

Não são necessárias grandes explicações para reconhecer nesta alegoria a imagem do mártir sacrificado a Deus, como já vimos nas crucificações mexicanas e no sacrifício

---

21. *Also sprach Zarathustra*, p. 367s.

de Odin[22]. A mesma imagem nos aparece no martírio de São Sebastião, onde a delicada carne do jovem santo revela toda a dor da renúncia que a sensibilidade do artista nela projetou. Pois o artista não pode impedir que um pouco da psicologia de sua época penetre em sua obra. O mesmo vale, em grau maior, para o símbolo cristão, o crucifixo atravessado pela lança, a imagem do homem da era cristã torturado por seus desejos e crucificado em Cristo.

[446]   Outra poesia de Nietzsche mostra que não se trata de uma tortura vinda de fora que aflige o homem, mas que ele mesmo é seu próprio caçador, imolador e faca imoladora; nela o aparente dualismo se dissolve no conflito da alma empregando a mesma simbólica.

> Ó Zaratustra,
> cruel Nemrod!
> Há pouco ainda, caçador de Deus,
> rede colhedora de todas as virtudes,
> seta do mal!
> Agora – por ti mesmo caçado,
> tua própria presa,
> em ti mesmo encravado...
>
> Agora –
> solitário contigo,
> bipartido no próprio saber,
> entre centenas de espelhos,
> falso diante de ti mesmo,
> entre centenas de lembranças,
> incerto,
> em cada ferida cansado,
> em cada frio gelado,
> estrangulado em tuas próprias cordas,

---

22. A paciente de Spielrein também diz que foi "atravessada por balas" de Deus (três tiros), "depois veio uma ressurreição só do espírito [...]" (op. cit., p. 376).

> *Autoconhecedor!*
> *Autoimolador!*
>
> Por que te amarraste
> com a corda de teu saber?
> Por que te atraíste
> ao paraíso da velha serpente?
> Por que te insinuaste
> em *ti* – em *ti?*...[23]

As flechas mortais não atingem o herói de fora, mas é ele que caça, combate e martiriza a si próprio. Nele mesmo, instinto se voltou contra instinto – razão por que o poeta diz: "encravado em ti mesmo", isto é, ferido pela própria flecha. Uma vez que reconhecemos a flecha como símbolo da libido, compreendemos também a imagem de "encravar": é um ato de união consigo mesmo, uma espécie de autofecundação, também uma autoviolação, um suicídio. Por isso Zaratustra pode chamar-se de "carrasco de si mesmo" (autoimolador) (como Odin, que se sacrifica a Odin). Mas não podemos formular este psicologema de modo excessivamente voluntarístico: o homem não se impõe propositadamente este tormento, mas ele lhe acontece. No entanto, se atribuirmos ao homem o inconsciente como parte de sua personalidade, devemos admitir que ele realmente esbraveja contra si mesmo. Mas enquanto o simbolismo de seu sofrimento é arquetípico, isto é, coletivo, isto pode ser considerado como sinal de que um tal homem não mais sofre em si mesmo, mas no espírito de sua época. Ele sofre por uma causa objetiva, impessoal: seu inconsciente coletivo, que ele tem em comum com todos.

[447]

---

23. "Zwischen Raubvögeln". *Werke*, VIII, p. 414s.

[448]   O ferimento pela própria flecha significa, portanto, um estado de introversão. Já sabemos o que isto quer dizer: a libido penetra em "seu próprio fundo" (uma conhecida alegoria de Nietzsche) e encontra ali, no escuro, o substitutivo para o mundo exterior, que ela abandonou, o mundo das recordações ("entre centenas de recordações"), entre as quais as mais fortes e que causam maior impacto são as mais precoces. É o mundo da criança, aquele estado paradisíaco da primeira infância, do qual a lei do rolar do tempo nos expulsou. Neste reino subterrâneo dormitam sentimentos pátrios e as esperanças de todo o vir a ser. Como Henrique em *Die versunkene Glocke,* de Gerhart Hauptmann, diz sobre sua obra-prima:

> Canta uma canção, perdida e esquecida,
> uma cantiga pátria, uma infantil cantiga de amor,
> do fundo poço dos contos emergida,
> conhecida por todos e, no entanto, inaudita[24].

[449]   Mas "o perigo é grande"[25], como diz Mefistófeles, pois a profundidade é atraente. Quando a libido abandona a claridade do mundo, seja por sua própria decisão, seja pela diminuição da força vital ou pelo destino, ela volta a seu próprio fundo, para a fonte da qual um dia brotou, e retorna àquela brecha, o umbigo, pela qual um dia penetrou neste corpo. Esta brecha chama-se mãe, pois é dela que nos veio a corrente da vida. Quando se trata de realizar uma grande obra diante da qual o homem recua, duvidando de sua força, sua libido regressa para aquela fonte – e é este o momento perigoso em que se faz a decisão entre destruição e nova vida. Se a libido fica presa no reino maravilhoso

---

24. [Op. cit., p. 104].
25. *Faust*, parte II, ato I, cena das mães, p. 317.

do mundo interior[26], o homem se transforma em sombra para o mundo exterior, ele está como morto ou gravemente doente. Mas se a libido consegue desvencilhar-se e subir à tona, o milagre aparece: a viagem ao submundo é uma fonte de juventude para ela e da morte aparente desperta novo vigor. Este raciocínio é representado por um mito hindu: certa vez Vishnu entrou em êxtase e neste estado de torpor gerou Brahma, que saiu do umbigo de Vishnu sentado numa flor de lótus como num trono e trazendo os Vedas (cf. fig. 4) os quais lia avidamente. (Nascimento da ideia criativa a partir da introversão.) Mas pelo êxtase de Vishnu um terrível dilúvio cobriu a terra. (Deglutição e fim do mundo pela introversão.) Um demônio, aproveitando a oportunidade, roubou os Vedas de Brahma e os ocultou nas profundezas. Brahma acordou Vishnu, que, transformando-se num peixe (cf. fig. 5), mergulhou nas águas, lutou contra o demônio, venceu-o e reconquistou os Vedas.

Fig. 4 – A flor de lótus nascendo do umbigo de Vishnu, com Brahma
Relevo de Hampi, Madras (Índia)

---

26. Na mitologia isto é representado na saga de Teseu e Pirítoo, que queriam raptar Prosérpina no submundo. Por isso penetraram na fenda da terra no bosque de Colonos para chegar ao submundo; ao atingirem o fundo, quiseram descansar um pouco, mas por um feitiço ficaram suspensos nas rochas, presos à mãe e, por isso, perdidos para o mundo exterior. Mais tarde Teseu foi libertado por Hércules, com o que assumiu o papel do redentor que vence a morte. Seu mito representa um processo de individuação.

[450]   Este raciocínio primitivo descreve a penetração da libido na esfera íntima da alma, no inconsciente. Aí, pela introversão e regressão da libido constelam-se conteúdos que antes eram latentes. Como mostra a experiência, são as imagens primárias, arquétipos, que pela introversão da libido foram tão enriquecidas com recordações individuais, que o consciente pode percebê-las, assim como uma rede cristalina latente na água-mãe se torna visível pelo bombardeio das moléculas. Como tais introversões e regressões naturalmente só ocorrem nos momentos em que nova orientação e adaptação se tornam necessárias, o arquétipo constelado é sempre a imagem primária da emergência do momento. Por mais infinitamente diferentes que as diversas situações possam parecer a nosso raciocínio, suas possibilidades nunca ultrapassam os limites naturais e sempre possuem formas que se repetem mais ou menos tipicamente. A estrutura arquetípica do inconsciente corresponde aos acontecimentos comuns e ao desenrolar geral das coisas. As alterações que atingem o homem não são de uma multiplicidade infinita, mas representam variantes de certos tipos do acontecer. O número destes tipos é limitado. Quando sobrevêm uma situação de calamidade, um tipo correspondente a esta emergência se constela no inconsciente. Como este é numinoso, isto é, possui uma energia específica, ele atrai os conteúdos do consciente, ideias conscientes, através dos quais se torna perceptível e assim pode tornar-se consciente. Quando ele entra no consciente isto é sentido como inspiração e revelação ou como ideia salvadora. A grande experiência desta correlação tem por consequência que, numa situação de calamidade, o mecanismo de introversão é posto em funcionamento artificialmente através de atos rituais que significam preparo espiritual, tais como magias, oferendas,

invocações, orações etc. Estes atos rituais têm a finalidade de dirigir a libido para o inconsciente e assim obrigá-la à introversão. Quando a libido se volta para o inconsciente é como se voltasse para a mãe, contra o que se opõe o tabu. Mas como o inconsciente é uma grandeza que está além da mãe, apenas simbolizado por ela, o medo do incesto deveria ser vencido para atingir aqueles conteúdos salvadores ("as preciosidades dificilmente alcançáveis"). Como o filho desconhece sua tendência ao incesto, esta é projetada sobre a mãe, respectivamente sobre seu símbolo. Mas como o símbolo da mãe não é ela mesma, na verdade não há possibilidade de incesto e com isto o tabu está fora de cogitação como motivo de resistência. À medida que a mãe representa o inconsciente, a tendência ao incesto, sobretudo se aparece como um anseio pela mãe (por exemplo Ishtar e Gilgamesh) ou pela *anima* (por exemplo, Criseide e Filoctete)[27], ela representa uma exigência do inconsciente de ser levado em consideração. A sua rejeição geralmente tem consequências desfavoráveis: suas forças instintivas, se não forem levadas em consideração, se revoltam, isto é, Criseide transforma-se numa cobra venenosa. Quanto mais negativa for a posição

---

27. Quando os gregos marcharam contra Troia quiseram, como antes deles os Argonautas e Hércules, oferecer um sacrifício no altar de Criseide, uma ninfa na ilha do mesmo nome, para garantir um final feliz para sua expedição. Mas o único entre eles que sabia onde encontrar o santuário oculto de Criseide era Filoctete. Aí, porém, sobreveio a desgraça. Segundo uma versão, uma cobra que guardava o altar mordeu o seu pé; segundo outra versão, ele mesmo se feriu acidentalmente com uma de suas setas envenenadas (que recebera de Hércules), e começou a definhar lentamente. Sófocles relata este episódio em seu *Philoktetes*. Um escoliasta nos conta ainda que Criseide ofereceu seu amor ao herói, mas foi desprezada pelo mesmo e por isso o amaldiçoou. A maldição se concretizou da forma acima exposta. Filoctete (como já indiretamente seu antecessor Hércules) é o protótipo do rei ferido e doente. Esse tema continua até a lenda do Graal e a simbólica da alquimia (*Psychologie und Alchemie*. [OC, 12; § 491s. e fig. 149]).

do consciente para com o inconsciente, tanto mais perigoso se torna este último. A maldição de Criseide se realiza, pois Filoctete, aproximando-se do altar, segundo uma versão, feriu-se no pé com sua própria flecha envenenada, e segundo outra versão[28] (melhor e mais amplamente documentada), foi mordido no pé por uma cobra venenosa[29]. A partir de então começa a fenecer[30].

---

28. Cf. ROSCHER. *Lexikon*, cf. verbete Philoktetes, col. 2.318, 15s.

29. Quando o herói solar russo Oleg se aproxima do crânio do cavalo abatido, uma cobra sai de dentro dele e o pica no pé. Em consequência disto o herói adoece e morre. Quando Indra, na forma de falcão Ciena, rouba o soma, o guarda Kriçânu fere-o no pé com a flecha (DE GUBERNATIS. *Die Thiere in der indogermanischen Mythologie*, p. 479s.).

30. Comparável ao rei do Graal, que guarda o vaso, símbolo materno. O mito de Filoctete foi tirado de um contexto maior do mito de Hércules. Hércules tem duas mães, a solícita Alcmena e a perseguidora Hera, de cujo seio ele bebeu a imortalidade. Hércules vence as serpentes de Hera já no berço, isto é, ele se liberta do inconsciente. Mas de quando em quando Hera lhe manda ataques de loucura, durante um dos quais ele mata seus filhos. Indiretamente, portanto, ela se revela como Lâmia. Segundo um relato, o ato acontece no momento em que Hércules se recusa a realizar o grande trabalho a serviço de Euristeu. Em consequência do recuo, a libido destinada ao trabalho regride para a imago materna inconsciente, acarretando a loucura. Neste estado Hércules se identifica com a Lâmia e mata seus próprios filhos. O oráculo de Delfos comunica-lhe que ele "se chama Hércules" porque deve a Hera sua fama imortal, pois a perseguição dela o obriga a grandes feitos. Vê-se que o grande feito em verdade significa: vencer a mãe e assim conquistar a imortalidade. Sua arma característica, a clava, ele talhou da maternal oliveira. Como Sol ele possuía as flechas de Apolo. Venceu o leão de Neméia em sua caverna, cujo significado é "sepultura no ventre materno" (cf. fim deste capítulo); seguem-se a luta com a hidra e seus demais trabalhos heroicos, todos a mandado de Hera. Representam em seu conjunto a luta contra o inconsciente. Mas no fim de sua carreira, por um oráculo de Delfos, ele se torna escravo de ônfale (ὀμφαλός = umbigo), isto é, acaba submetendo-se ao inconsciente.

Fig. 5 – Vishnu como peixe. Figura em zinco (Índia, século XIX)

O ferimento típico, que também destrói Rê, é assim [451] descrito num hino egípcio:

> A idade do deus lhe movia a boca,
> jogou-lhe saliva sobre a terra,
> e o que ele cuspiu caiu no chão.
>
> Ísis amassou-a com sua mão
> juntamente com a terra que lhe aderia;
> ela moldou um venerável verme,
> transformando-o numa lança.
> Não o enrolou vivo em torno de seu rosto,
> mas o jogou enrolado no caminho
> pelo qual o grande deus caminhava
> à vontade, através de seus dois reinos.
> O venerável deus apareceu esplêndido,
> os deuses que serviam o faraó o acompanhavam
> e ele passeava como todos os dias.
> Então o verme venerável o picou...
> O divino deus abriu a boca
> e a voz de sua majestade chegou até o céu.

> E os deuses exclamaram "vê!"
> Ele não pôde responder,
> seu queixo batia,
> todos os seus membros tremiam
> e o veneno inundou sua carne
> como o Nilo inunda suas terras[31].

[452]   Neste hino o Egito nos revela uma versão primitiva do tema da picada da serpente. O envelhecimento do Sol no outono, como imagem da velhice humana, é atribuído simbolicamente a um envenenamento pela serpente. A mãe é acusada de causar a morte do deus Sol por sua traição. A serpente simboliza o enorme númen da "mãe" (e de outros demônios), que mata, mas ao mesmo tempo representa a única possibilidade de proteção contra a morte porque ela também é a fonte da vida[32]. Assim só a mãe pode salvar o mortalmente doente, razão por que o hino conta a seguir como os deuses foram convocados para deliberar:

> E Ísis também veio, com sua sabedoria,
> cuja boca está cheia de hálito de vida,
> cuja fala afugenta o mal
> e cuja palavra anima aquele que não mais respira.
> Disse ela: "O que é isto? o que é isto, divino pai?
> Vê, um verme te fez mal...
>
> Dize-me teu nome, divino pai,
> pois viverá o homem que é chamado por seu
>   nome".

---

31. ERMAN. *Ägypten und ägyptisches Leben im Altertum*, p. 360s.
32. In: GATTI. *South of the Sahara*, p. 226s., se vê como se deve interpretar concretamente este mitologema numa etapa primitiva. (Descrição de uma "medicine woman" em Natal, que mantinha uma *Boa constrictor* de sete metros de comprimento como animal doméstico.)

Rê responde: [453]

"Eu sou aquele que criou o céu e a terra e ergueu as montanhas,
e fez todos os seres que os habitam.
Eu sou aquele que fez a água e criou o grande mar,
que fez o touro de sua mãe,
que é o procriador..."
O veneno não cedeu, continuou,
o grande deus não estava são.

Então Ísis falou a Rê:
"O que me dizes não é teu nome,
dize-o para mim, para que o veneno saia,
pois o homem cujo nome é pronunciado viverá".

Finalmente Rê decide revelar seu verdadeiro nome. Mas sua cura foi incompleta, assim como Osíris só foi reconstituído incompletamente, e ele tinha perdido seu poder, retirando-se finalmente sobre o dorso da vaca celeste. [454]

O verme venenoso é uma forma de libido destruidora ao invés de animadora. O "verdadeiro nome" é alma e força mágica (= libido). O que Ísis pede é a transferência da libido para a mãe. E este pedido se realiza efetivamente quando o velho deus retorna para a vaca celestial, o símbolo da mãe. [455]

As considerações acima explicam esta simbólica: a libido progressiva, que domina o consciente do filho, exige separação da mãe; mas a isto se opõe a saudade da criança pela mãe sob a forma de uma resistência psíquica, que na neurose se expressa através de inúmeros temores, isto é, o medo da vida. Quanto mais o indivíduo foge da adaptação tanto mais aumenta seu medo, que então o acomete em todas as oportunidades e em grau cada vez maior, impedindo-o. O medo do mundo e dos homens causa um recuo maior, num círculo vicioso, o que leva ao infantilismo e à volta "para dentro da mãe". A razão disso geralmente é [456] projetada para fora, para circunstâncias externas, ou os pais são responsabilizados. Na verdade é preciso averiguar até que ponto é culpada a mãe que não quer deixar o filho libertar-se. O filho certamente tentará justificar-se através do comportamento da mãe, mas melhor seria desistir dessas tentativas vãs de enganar a si próprio sobre sua incapacidade através da acusação da mãe (ou do pai).

[457]   O medo da vida não é um fantasma imaginário, mas um pânico muito real que só parece tão insignificante porque sua verdadeira origem é inconsciente e por isso projetada: a jovem parcela da personalidade que é impedida e retida diante da vida produz medo e transforma-se em medo. O medo parece vir da mãe, mas na realidade é o medo mortal do indivíduo instintivo, inconsciente, que, em consequência do contínuo recuo diante da realidade, está excluído da vida. Se a mãe é sentida como impedimento, ela aparentemente se transforma na perseguidora traiçoeira. Naturalmente não é a verdadeira mãe, embora esta também possa prejudicar muito o filho por meio do carinho excessivo com que o cerca até a idade adulta, fazendo-o adotar um comportamento infantil não mais adequado. É, ao contrário, a imago materna que se transforma na Lâmia[33]. Mas a imago materna representa o inconsciente, cuja necessidade vital é estar ligada ao consciente tanto quanto para o último é indispensável não perder o contato com o inconsciente. Nada ameaça este contato mais do que o sucesso na vida, que faz o homem esquecer sua dependência do inconsciente. O caso

---

33. O mito de Hipólito apresenta elementos semelhantes: sua madrasta, Fedra, apaixona-se por ele. Ele a repele; ela o acusa de violação junto ao marido; este pede ao deus das águas, Posídon, que castigue Hipólito. Um monstro sai então do mar. Os corcéis de Hipólito se espantam e o arrastam até a morte. Mas ele é reanimado por Esculápio e transformado pelos deuses na sábia ninfa Egéria, a conselheira de Numa Pompílio.

de Gilgamesh é bem ilustrativo: diante de seus sucessos, os deuses, representantes do inconsciente, veem-se obrigados a deliberar como derrubar Gilgamesh. Suas tentativas a princípio falham, mas quando o herói se apodera da erva da imortalidade, quase atingindo sua meta, uma serpente lhe rouba o elixir da vida enquanto dorme.

A exigência do inconsciente a princípio age como um veneno paralisante sobre a energia e a iniciativa, razão por que pode ser comparada à picada de uma serpente venenosa (cf. fig. 6). Aparentemente é um inimigo demoníaco que rouba a energia, mas na realidade é o próprio inconsciente cuja tendência diferente começa a impedir a iniciativa consciente. A causa deste fenômeno muitas vezes é bastante obscura, tanto mais porque se complica com inúmeras circunstâncias, condições e causas secundárias, como por exemplo com tarefas externas difíceis, decepções, insucessos, com a diminuição da resistência pela idade, com problemas familiares que compreensivelmente causam depressões etc. Mas segundo o mito, seria a mulher que secretamente paralisa o homem, que não mais pode libertar-se e volta a ser criança junto a ela[34]. É significativo também que Ísis, como irmã-esposa do deus Sol, produz o animal peçonhento com a saliva do deus. A saliva, como todas as secreções do corpo, tem significado mágico (= libido). Com a libido do deus ela molda o animal através do qual ela o enfraquece e o torna seu dependente. Dalila age de modo semelhante cortando os cabelos de Sansão, os raios do Sol, e assim tira a força do herói. Esta mulher diabólica do mito na realidade é a "irmã-esposa-mãe", o elemento feminino no homem, que na segunda metade da vida inesperadamente se manifesta e tenta forçar certa modificação da personalidade. Descrevi

[458]

---

34. Cf. Hércules e Ônfale.

esta modificação em parte no meu trabalho *Die Lebenswende*[35]. Trata-se em parte de uma feminização do homem e uma masculinização da mulher. Esta modificação muitas vezes ocorre sob circunstâncias trágicas, em que a força do homem, seu "Logos", se volta contra ele e, por assim dizer, o trai. O mesmo acontece com o correspondente "eros" da mulher. O homem se petrifica e persiste prejudicialmente na posição assumida até então. A mulher fica presa em seu sentimentalismo e perde a oportunidade de usar a razão e o bom-senso, que são substituídos pelo "animus", por opiniões tão teimosas quanto inúteis. O processo de fossilização do homem se reveste assim de mau humor, sensibilidades ridículas, desconfiança e ressentimentos, com os quais pretende justificar sua petrificação. Um caso de psicose que demonstra muito bem esta psicologia é o de Schreber, descrito em *Denkwürdigkeiten eines Nervenkranken*[36].

Fig. 6 – Quetzalcóatl devorando um homem. *Codex Bor-bonicus* (asteca, século XVI)

---

35. [§ 749s.].
36. Na época o caso foi estudado muito insuficientemente por Freud, a quem eu indicara o livro, na obra: *Psychoanalytische Bemerkungen über einen autobiographisch beschriebenen Fall von Paranoia (Dementia paranoides)*.

A paralisia da energia progressiva de fato tem aspectos desagradáveis. Ela aparece como coincidência indesejável ou mesmo como catástrofe, que naturalmente se deseja evitar. Em geral a personalidade consciente se revolta contra a manifestação do inconsciente e combate suas reivindicações que, como se percebe nitidamente, não se dirige apenas aos pontos fracos do caráter masculino, mas ameaça também a "virtude principal" (a "função diferenciada" e o ideal). Os mitos de Hércules e de Gilgamesh mostram que o ataque do inconsciente como que se transforma na fonte de energia da luta heroica, e isto é tão impressionante que nos vemos obrigados a perguntar se a aparente inimizade do arquétipo feminino não é justamente um ardil da *mater natura* no sentido de estimular seu filho preferido para desenvolver sua capacidade máxima. Hera, com sua perseguição, estaria então no papel da severa "Senhora Alma" que impõe a seu herói o trabalho mais árduo, ameaçando-o de destruição se ele não realizar seu feito máximo, transformando-se naquilo que em potencial sempre foi. A vitória que o herói conquista sobre a "mãe" e seus representantes demoníacos (dragão etc.) sempre é passageira. Aquilo que o indivíduo jovem considera como regressão, isto é, a feminilidade do homem (identidade parcial com a mãe) e a masculinidade da mulher (identidade parcial com o pai), na segunda metade da vida adquire outro significado. A assimilação da tendência do sexo oposto torna-se uma tarefa que precisa ser resolvida para manter a libido em progressão. A tarefa consiste na integração do inconsciente, na combinação de "consciente" e "inconsciente". Denominei este processo de processo de individuação. Sobre esse assunto remeto o leitor a meus trabalhos posteriores. Nesta etapa o símbolo materno não mais se refere retroativamente ao começo, mas ao inconsciente como a matriz criadora do futuro. O "penetrar na mãe" significa então: estabelecer um relacionamento en-

[459]

tre o eu e o inconsciente. Foi o que Nietzsche certamente quis dizer com seus versos:

> Por que te atraíste
> ao paraíso da velha serpente?
> Por que te insinuaste
> em ti – em ti?...
>
> Um enfermo agora,
> por veneno de serpente[37];
> um prisioneiro agora,
> da mais dura das sortes:
> trabalhando encurvado
> em tua própria mina,
> encovado em ti mesmo,
> cavando a ti mesmo,
> desajeitado
> rígido,
> um cadáver –,
> soterrado por mil cargas,
> sobrecarregado por ti,
> um *Sabedor!*
> um *Autorreconhecedor!*
> o *sábio* Zaratustra!...
> Tu procuraste o fardo mais pesado:
> e encontraste a ti –[38]

[460]   Aquele que se aprofundou em si mesmo está como que encovado na terra; um morto a bem-dizer, que retorna à mãe terra[39]; um Kaineus "sob o peso de mil cargas" e empurrado para a morte; um homem que, arquejante, carrega a pesada carga de si mesmo e de seu destino. Quem não

---

37. Também a paciente de Spielrein está doente por "veneno de cobra" (op. cit., p. 385). Schreber é infeccionado por "veneno de cadáver" (*Denkwürdigkeiten*, p. 93); cometeu-se nele um "assassinato da alma" (p. 22s.) etc.
38. Ibid., p. 415.
39. A paciente de Spielrein (op. cit., p. 336) usa imagens semelhantes; ela fala de uma "rigidez da alma na cruz", de "figuras de pedra" que precisam ser "soltas".

pensa na Tauroforia de Mitra, que põe nas costas seu touro (como diz o hino egípcio: o "touro de sua mãe"), isto é, o amor à sua mater natura como a mais pesada das cargas, e assim inicia a marcha dolorosa, o "transitus"[40]? Esta via-sacra leva à caverna onde o touro é sacrificado. Também Cristo carregou a cruz[41] e a levou até o lugar do sacrifício, onde segundo a versão cristã deveria ser imolado o cordeiro na forma de Deus, para depois ser depositado na cova subterrânea[42]. A cruz, ou qualquer que seja a carga que o he-

---

40. Gurlitt diz: "O ato de carregar o touro [cf. fig. 7] é um dos ἆθλα pesados que Mitra realiza a serviço da humanidade a ser redimida, correspondendo talvez, se nos é permitido comparar coisas pequenas com grandes, à *via crucis* de Cristo" (Apud CUMONT. *Textes et monuments*, I, p. 172).

41. ROBERTSON (*Evangelien-Mythen*, p. 130s.) dá uma contribuição à questão do símbolo de carregar a cruz: Sansão carregou os pilares dos portões de Gaza e morreu entre as colunas do salão dos filisteus. Hércules carregou suas colunas até o lugar (Gades) onde, segundo a versão síria, morreu. (As colunas de Hércules indicam o ponto no ocidente onde o Sol mergulha no mar.) "[...] a arte antiga de fato o representa carregando as duas colunas sob os braços de modo a formarem uma cruz; aqui talvez tenhamos a origem do mito de Jesus, que carrega sua própria cruz até o lugar da execução. Estranhamente os três sinóticos substituem Jesus por um homem de nome Simão de Cirene para carregar a cruz. Cirene está localizada no Líbano, a legendária sede do trabalho de Hércules carregando as colunas, e Simão é a forma grega mais próxima de Sansão [...]. Na Palestina Simão, Semo ou Sem, era o nome de um deus que representava o antigo deus solar Semesh, que por sua vez era identificado com Baal, de cujo mito sem dúvida alguma se originou o mito de Sansão. E o deus Simão gozava de especial veneração na Samaria". Reproduzo aqui as palavras de Robertson, mas devo acentuar que a ligação etimológica entre Simão e Sansão é muito duvidosa. A cruz de Hércules provavelmente é a roda solar, para a qual os gregos tinham o símbolo da cruz. A roda solar no relevo da pequena metrópole em Atenas contém uma cruz que é muito semelhante à cruz de Malta (cf. THIELE. *Antike Himmelsbilder*, p. 59). Devo remeter o leitor aqui à simbólica do mandala. Cf. entre outros JUNG. *Psychologie und Alchemie* [OC, 12]; e WILHELM & JUNG. *O segredo da flor de ouro*. Petrópolis: Vozes, 1984.

42. A saga grega de Íxion, que foi "crucificado" amarrado à roda solar, à "cadeia de quatro raios" (Píndaro), indica fatos semelhantes. Íxion assassinou seu sogro, mas foi perdoado por Zeus, que lhe concedeu sua graça. O ingrato,

rói carrega, é ele mesmo, ou, mais exatamente, seu próprio eu, sua totalidade, Deus e animal a um só tempo, não só ser humano empírico, mas a plenitude de seu ser, que tem suas raízes na natureza animal e transcende o meramente humano e atinge a divindade. Sua totalidade significa uma contradição enorme, mas que aparece una em si, como a cruz, que é um excelente símbolo da contradição. Aquilo que em Nietzsche parece ser uma figura de retórica poética, na verdade é mito milenar. É como se ao poeta ainda fosse dada a capacidade de, por entre as palavras de nossa linguagem atual e nas imagens que se impõem à sua fantasia, pressentir ou perceber as sombras eternas de mundos espirituais, há muito extintos, e tornar a reanimá-los. Hauptmann diz: "Poetar quer dizer fazer ressoar o verbo primitivo que está por trás das palavras"[43].

Fig. 7 – Mitra carregando o touro. Relevo na fortaleza de Stockstadt (Alemanha)

---

porém, tentou seduzir Hera, a mãe. Zeus o enganou, fazendo com que a deusa das nuvens, Nefele, imitasse a aparência de Hera. (Desta combinação teriam surgido os centauros.) Íxion gabou-se de seu ato, mas por castigo Zeus o lançou no inferno, onde foi amarrado à roda eternamente impelida pelo vento.

43. STEKEL. *Aus Gerhart Hauptmanns Diarium*, p. 365.

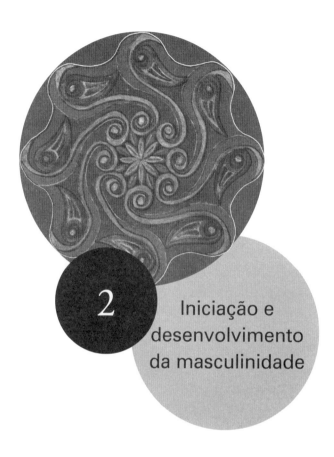

2 Iniciação e desenvolvimento da masculinidade

As etapas da vida[44]

A noção de Jung das etapas da vida supõe uma série de iniciações ao longo da vida. O indivíduo em desenvolvimento luta sucessivamente com problemas típicos de cada momento da vida, e esses problemas nunca são totalmente resolvidos. Mais precisamente, eles servem ao propósito de promover a consciência. Quando Jung concebe este desenvolvimento em termos transcendentais masculinos como cumprimento de uma exigência interior do progresso da consciência, ele dá continuidade à tradição romântica alemã de Schopenhauer e Nietzsche. Schopenhauer tinha postulado um *principium individuationis*, que Jung interpreta como o impulso psicológico para a pessoa ser o si-mesmo que ela verdadeiramente é. Nietzsche forneceu a ideia da tarefa da vida, que em Jung se torna o imperativo moral para a pessoa realizar sua missão de individuação. No entanto, Jung vê claramente que o desenvolvimento genuíno vai forçar o indivíduo a abdicar de todas as pretensões de supremacia heroica. Usando a metáfora da trajetória diária do sol, ele idealizou a psicologia do indivíduo como uma ascensão à consciência brilhante na primeira metade da vida, seguida por um sacrifício daquele brilho numa descida para o inconsciente na segunda metade. Num homem, esta perda do eu era compensada pelo surgimento da *anima*.

---

44. Excertos retirados de C.G. Jung. *A natureza da psique* [OC, 8/2] – 9. ed. Petrópolis: Vozes, 2012, § 759-790, 795, tradução de Mateus Ramalho Rocha, O.S.B.

[759]   Aqui abordamos o nosso verdadeiro tema – o problema das etapas da vida humana. Trataremos primeiramente dos problemas do período da juventude. Este estágio vai aproximadamente dos anos que se seguem imediatamente à puberdade até o meio da vida, que se situa entre os trinta e cinco e os quarenta anos.

[760]   Algum leitor talvez deseje saber por que começo com a segunda etapa da vida humana, como se a do estágio infantil fosse um estado sem problemas. Normalmente, a criança ainda não tem nenhum problema pessoal, mas sua complexa psique constitui um problema de primeira grandeza para seus pais, educadores e médicos. Só o ser humano adulto é que pode ter dúvidas a seu próprio respeito e discordar de si mesmo.

[761]   Todos nós conhecemos as fontes dos problemas que surgem nesta fase da vida. Para a imensa maioria das pessoas são as exigências da vida que interrompem bruscamente o sonho da meninice. Se o indivíduo estiver suficientemente preparado, a passagem para uma atividade profissional pode efetuar-se de maneira suave. Mas se ele se agarra a ilusões que colidem com a realidade, certamente surgirão problemas. Ninguém pode avançar na vida sem se apoiar em determinados pressupostos. Às vezes estes pressupostos são falsos, isto é, não se coadunam com as condições externas com as quais o indivíduo se depara. Muitas vezes, são expectativas exageradas, subestima das dificuldades externas, injustificado otimismo ou uma atitude negativista. Poderíamos mesmo organizar toda uma lista de falsos pressupostos que provocam os primeiros problemas conscientes.

[762]   Nem sempre é a contradição entre os pressupostos subjetivos e os fatos externos que geram problemas; muitas vezes podem ser também as dificuldades psíquicas internas que existem, mesmo quando exteriormente tudo corre às mil

maravilhas. Muitíssimas vezes é a perturbação do equilíbrio psíquico provocada pelo instinto sexual; outras vezes pode ser também o sentimento de inferioridade ocasionado por uma sensibilidade exagerada. Estes conflitos interiores podem existir, mesmo que a adaptação ao mundo exterior tenha sido realizada sem esforço aparente. Tem-se até mesmo a impressão de que os jovens que tiveram de lutar duramente com a vida, foram poupados de problemas internos, ao passo que aqueles que por este ou por aquele motivo não têm dificuldade de adaptar-se, defrontam-se com problemas de sexo ou conflitos provenientes de um sentimento de inferioridade.

As pessoas de temperamento problemático muitas vezes são neuróticas, mas seria grave equívoco confundir a existência de problemas com neurose, pois a diferença fundamental é que o neurótico é doente porque não tem consciência dos seus problemas, ao passo que o indivíduo problemático sofre com seus próprios problemas conscientes sem ser doente. [763]

Se procurarmos extrair os fatores comuns e essenciais da variedade quase inexaurível dos problemas individuais que encontramos no período da juventude, deparamo-nos com uma característica peculiar a todos os problemas desta fase da vida: um apego mais ou menos claro no nível de consciência infantil, uma resistência às forças fatais existentes dentro e fora de nós e que procuram nos envolver no mundo. Alguma coisa dentro de nós quer permanecer como criança, quer permanecer inconsciente, ou, quando muito, consciente apenas do seu ego; quer rejeitar tudo o que lhe é estranho, ou então sujeitá-lo à sua própria vontade; não quer fazer nada, ou no máximo satisfazer sua ânsia de prazer ou de domínio. Há em tudo isto alguma coisa da inércia da matéria: é a persistência no estado anterior, cuja consciência é menor em seu alcance, mais estreita e mais egoísta do que a consciência da fase dualista, na qual o in- [764]

divíduo se vê diante da necessidade de reconhecer e aceitar aquilo que é diferente e estranho como parte e como uma espécie de ego.

[765]   A resistência se dirige contra a ampliação do horizonte da vida, que é a característica essencial desta fase. Esta ampliação ou "diástole" – para empregarmos uma expressão de Goethe – começa bem muito antes disto. Começa com o nascimento, quando a criança sai dos estreitos limites do corpo da mãe, e aumenta incessantemente, até atingir o clímax no estado problemático, quando o indivíduo começa a lutar contra ela.

[766]   Que lhe aconteceria, se ele simplesmente se convertesse naquela sua parte estranha e diferente que é também ego, e deixasse simplesmente que o antigo eu se dissolvesse no passado? Este seria um procedimento aparentemente viável. O escopo da educação religiosa – a começar pela exortação a despojar-nos do velho Adão (Cl 3,9), até os ritos de renascimento dos povos primitivos – não é transformar o ser humano no homem novo e futuro, e fazer com que o velho desapareça?

[767]   A psicologia nos ensina que, em certo sentido, não existe nada que possa realmente se extinguir, e o próprio Paulo continuou com um espinho na carne (2Cor 12,7). Quem se protege contra o que é novo e estranho e regride ao passado está na mesma situação neurótica daquele que se identifica com o novo e foge do passado. A única diferença é que um se alheia do passado e o outro do futuro. Em princípio, os dois fazem a mesma coisa: mantêm a própria consciência dentro de seus estreitos limites, em vez de fazê-la explodir na tensão dos opostos e construir um estado de consciência mais amplo e mais elevado.

[768]   Este resultado seria o ideal se pudesse ser conseguido nesta segunda fase da vida. Na realidade, parece que a na-

tureza não tem a menor preocupação em alcançar um nível superior da consciência; pelo contrário. E a própria sociedade não dá muito valor a tais proezas da psique; ela confere seus prêmios, em primeiro lugar, sempre ao feito, e não à personalidade. Esta última muitas vezes só é recompensada postumamente. Estes fatos nos obrigam a uma solução particular, qual seja a de nos limitarmos ao que é possível alcançar e a diferenciar determinadas capacidades, e é aqui onde se revela a verdadeira natureza do indivíduo socialmente eficaz.

A eficiência, a utilidade etc. constituem os ideais que parecem apontar o caminho que nos permite sair da confusão dos estados problemáticos. Elas são as estrelas que nos guiarão na aventura da ampliação e consolidação de nossa existência física; ajudam-nos a fixar nossas raízes neste mundo, mas não podem nos guiar no desenvolvimento da consciência humana, ou seja, daquilo a que damos o nome de cultura ou civilização. No período da juventude, todavia, este é o procedimento normal de decisão e, em quaisquer circunstâncias, é preferível a deixar-se simplesmente ficar mergulhado em problemas. [769]

Esta dificuldade se resolve, portanto, adaptando-se tudo o que nos foi dado pelo passado às possibilidades e exigências do futuro. Limitamo-nos ao que é possível alcançar, e isto significa, psicologicamente falando, renunciar a todas as outras nossas potencialidades psíquicas: um perde uma parte preciosa de seu passado, e outro um pedaço precioso de seu futuro. Todos nós certamente nos recordamos de amigos e colegas de estudos, outrora jovens promissores e idealistas, que, quando os reencontramos anos mais tarde, parecem-nos indivíduos mirrados que cresceram espremidos em moldes estreitos. Estes são exemplos da solução acima indicada. [770]

[771]   Os grandes problemas da vida nunca são resolvidos de maneira definitiva e total. E mesmo que aparentemente o tenham sido, tal fato acarreta sempre uma perda. Parece-me que a significação e a finalidade de um problema não estão na sua solução, mas no fato de trabalharmos incessantemente sobre ele. É somente isto que nos preservará da estupidificação e da petrificação. Assim, a solução dos problemas do período da juventude, restrita apenas ao que é possível alcançar, também só é válida temporariamente, e no fundo dura muito pouco. Em qualquer circunstância, conquistar um lugar na sociedade e modificar a própria natureza original, de modo que ela se adapte mais ou menos a esta forma de existência, constitui um fato notável. É uma luta travada dentro e fora de si próprio, e comparável à luta da criança pela existência do eu. Mas essa luta muitas vezes escapa à nossa observação porque se processa na obscuridade; mas quando vemos a obstinação com que certos indivíduos se mantêm apegados a ilusões e pressupostos infantis e a hábitos egoístas etc., podemos ter uma ideia da energia que foi necessária, outrora, para produzi-los. E o mesmo acontece também com os ideais, as convicções, as ideias mestras, as atitudes etc., que nos introduzem na vida durante o período da juventude e pelas quais lutamos: eles crescem juntamente com o nosso ser, aparentemente nos transformamos nele e, por isto, procuramos perpetuá-los a nosso bel-prazer com a mesma naturalidade com que o jovem afirma seu próprio eu, querendo ou não, diante de si próprio e do mundo.

[772]   Quanto mais nos aproximamos do meio da existência e mais conseguimos nos firmar em nossa atitude pessoal e em nossa posição social, mais nos cresce a impressão de havermos descoberto o verdadeiro curso da vida e os verdadeiros princípios e ideais do comportamento. Por isso, é que os consideramos eternamente válidos e transformamos

em virtude o propósito de permanecermos imutavelmente presos a eles, esquecendo-nos de que só se alcança o objetivo social com sacrifício da totalidade da personalidade. São muitos – muitíssimos – os aspectos da vida que poderiam ser igualmente vividos, mas jazem no depósito de velharias, em meio a lembranças recobertas de pó; muitas vezes, no entanto, são brasas que continuam acesas por baixo de cinzas amarelecidas.

As estatísticas nos mostram que as depressões mentais nos homens são mais frequentes por volta dos quarenta anos. Nas mulheres, as dificuldades neuróticas começam geralmente um pouco mais cedo. Observamos que nesta fase – precisamente entre os trinta e cinco e os quarenta anos – prepara-se uma mudança muito importante, inicialmente modesta e despercebida; são antes indícios indiretos de mudanças que parecem começar no inconsciente. Muitas vezes é como que uma espécie de mudança lenta do caráter da pessoa; outras vezes são traços desaparecidos desde a infância que voltam à tona; às vezes também antigas inclinações e interesses habituais começam a diminuir e são substituídos por novos. Inversamente – e isto se dá com muita frequência – as convicções e os princípios que os nortearam até então, principalmente os de ordem moral, começam a endurecer-se e enrijecer-se, o que pode levá-los, crescentemente, a uma posição de fanatismo e intolerância, que culmina por volta dos cinquenta anos. É como se a existência destes princípios estivesse ameaçada, e, por esta razão, se tornasse mais necessário ainda enfatizá-los. [773]

O vinho da juventude nem sempre se clarifica com o avançar dos anos; muitas vezes até mesmo se turva. É nos indivíduos de mentalidade unilateral em que melhor se podem observar os fenômenos acima mencionados, muitos dos quais se manifestam ora mais cedo, ora mais tardia- [774]

mente. Parece-me que o retardamento desta manifestação é ocasionado, frequentemente, pelo fato de os pais dos indivíduos em questão ainda estarem em vida. É como se a fase da juventude se prolongasse indevidamente. Tenho observado isto especialmente em pessoas cujo pai era de idade avançada. A morte do pai provoca então como que um amadurecimento precipitado e, diríamos, quase catastrófico.

[775]   Sei de um homem piedoso, que era administrador da igreja e que, a partir mais ou menos dos quarenta anos, assumira uma atitude cada vez mais intolerante, insuportável em matéria de religião e moral. Seu temperamento tornara-se visivelmente cada vez mais sombrio, e, por fim, ele nada mais era do que uma coluna turva no seio da Igreja. Levou a vida assim até aos cinquenta e cinco anos, quando, certa feita, no meio da noite, sentou-se repentinamente na cama e disse à mulher: "Agora descobri! Sou um verdadeiro patife!" Este reconhecimento da própria situação não deixou de ter suas consequências práticas. Nosso homem passou os últimos anos de sua vida no desregramento, e grande parte de sua fortuna foi esbanjada. Trata-se, evidentemente, de um indivíduo bastante simpático, capaz dos dois extremos!

[776]   Todos os distúrbios neuróticos, bastante frequentes, da idade adulta têm em comum o fato de quererem prolongar a psicologia da fase juvenil para além do limiar da chamada idade do siso. Quem não conhece aqueles comovedores velhinhos que necessitam sempre de reesquentar o prato de seus saudosos tempos de estudante, e só conseguem reavivar um pouco a chama da vida, recordando-se de seus tempos heroicos que se petrificaram num filisteísmo desesperante. Mas quase todos gozam de uma vantagem inestimável: não são neuróticos, mas em geral apenas pessoas tediosas e estereotipadas.

O neurótico é, antes, alguém que jamais consegue que as coisas corram para ele como gostaria que fossem no momento presente, e, por isso, não é capaz de se alegrar com o passado. Da mesma forma como antigamente ele não se libertou da infância, assim também agora se mostra incapaz de renunciar à juventude. Teme os pensamentos sombrios da velhice que se aproxima, e como a perspectiva do futuro lhe parece insuportável, ele se volta desesperadamente para o passado. Da mesma forma que o indivíduo preso à infância recua apavorado diante da incógnita do mundo e da existência humana, assim também o homem adulto recua assustado diante da segunda metade da vida, como se o aguardassem tarefas desconhecidas e perigosas, ou como se sentisse ameaçado por sacrifícios e perdas que ele não teria condições de assumir, ou ainda como se a existência que ele levara até agora lhe parecesse tão bela e tão preciosa, que ele já não seria capaz de passar sem ela.

[777]

Talvez isto seja, no fundo, o medo da morte? Parece-me pouco provável, porque a morte geralmente ainda está muito longe e, por isto, é um tanto abstrata. A experiência nos mostra, pelo contrário, que a causa fundamental de todas as dificuldades desta fase de transição é uma mudança singular que se processa nas profundezas da alma. Para caracterizá-la, eu gostaria de tomar como termo de comparação o curso diário do Sol. Suponhamos um Sol dotado de sentimentos humanos e de uma consciência humana relativa ao momento presente. De manhã, o Sol se eleva do mar noturno do inconsciente e olha para a vastidão do mundo colorido que se torna tanto mais amplo quanto mais alto ele ascende no firmamento. O Sol descobrirá sua significação nessa extensão cada vez maior de seu campo de ação produzida pela ascensão e se dará conta de que seu objetivo supremo está em alcançar a maior altura possível e,

[778]

consequentemente, a mais ampla disseminação possível de suas bênçãos sobre a Terra. Apoiado nesta convicção, ele se encaminha para o zênite imprevisto – imprevisto, porque sua existência individual e única é incapaz de prever o seu ponto culminante. Precisamente ao meio-dia, o Sol começa a declinar e este declínio significa uma inversão de todos os valores e ideais cultivados durante a manhã. O Sol torna-se, então, contraditório consigo mesmo. É como se recolhesse dentro de si seus próprios raios, em vez de emiti-los. A luz e o calor diminuem e por fim se extinguem.

[779] Toda comparação claudica, mas esta, pelo menos, não claudica mais que as outras. Um aforismo francês resume a sabedoria desta comparação, com cinismo e resignação: *Si jeunesse savait, si vieillesse pouvait* (Se a juventude soubesse, se a velhice pudesse).

[780] Felizmente não somos sóis que nascem e se põem; do contrário, nossos valores culturais andariam mal. Mas há alguma coisa semelhante ao Sol dentro de nós, e falar em manhã de primavera, tarde de outono da vida não é mero palavrório sentimental, mas expressão de verdades psicológicas e até, mais ainda, de fatos fisiológicos, porque a virada do Sol ao meio-dia altera até mesmo certas características corporais. Especialmente entre os povos meridionais observa-se que as mulheres mais idosas adquirem uma voz rouca e profunda, bigodes incipientes, traços faciais duros e outras qualidades masculinas. Por outro lado, o físico masculino se atenua, assumindo traços femininos como a adiposidade e expressões faciais suavizadas.

[781] Há uma notícia interessante na bibliografia etnológica a respeito de um chefe guerreiro índio a quem o Grande Espírito apareceu em sonhos no meio da vida e lhe anunciou que a partir de então ele devia sentar-se entre as mulheres e

crianças, usar vestes femininas e alimentar-se com comida de mulher. Ele obedeceu a este sonho, sem perder a reputação e o prestígio. Esta visão é a expressão fiel da revolução psíquica do meio-dia da existência e do começo de seu declínio. Os valores do homem e mesmo seu corpo tendem a converter-se em seus opostos, pelo menos alusivamente.

Poderíamos comparar a masculinidade e a feminilidade e suas componentes psíquicas, por exemplo, com determinada provisão de substâncias utilizadas, por assim dizer, de modo desigual na primeira metade da vida. O homem consome grande quantidade de substância masculina e deixa apenas uma reserva menor de substância feminina, que agora deve ser utilizada. A mulher, pelo contrário, recorre à sua provisão de masculinidade até agora não utilizada. [782]

Esta mudança é mais acentuada ainda no domínio do psíquico do que no físico. Quantas vezes acontece que o homem abandona os seus negócios entre os quarenta e cinco e cinquenta anos, e a mulher veste calças e abre uma pequena loja na qual o homem talvez execute tarefas de simples empregado. Existe um grande número de mulheres que só despertam para a responsabilidade social e para a consciência social depois dos quarenta anos. Na vida moderna de negócios, particularmente na América, o *break down*, o colapso nervoso, é um fato comuníssimo depois dos quarenta anos. Se examinarmos as vítimas, verificaremos que aquilo que entra em colapso é o estilo de vida masculino até então prevalescente e o que resta é um homem feminizado. Inversamente, nestes mesmos círculos se observam casos de mulheres que nessa fase da vida desenvolvem uma masculinidade e uma dureza de inteligência fora do comum, que relegam os sentimentos e o coração a segundo plano. Muitas vezes estas mudanças são acompanhadas de toda sorte de catástrofes matrimoniais, porque não é muito difícil de [783] imaginar o que acontece quando o homem descobre seus sentimentos ternos e a mulher a própria inteligência.

[784]   O pior de tudo é que pessoas inteligentes e cultas vivem sua vida sem conhecerem a possibilidade de tais mudanças. Entram inteiramente despreparadas na segunda metade de suas vidas. Ou existem, porventura, universidades que preparem essas pessoas para sua vida futura e para suas exigências, da mesma forma como há universidades que introduzem os jovens no conhecimento do mundo e da vida? Não! Entramos totalmente despreparados na segunda metade da vida, e, pior do que isso, damos este passo, sob a falsa suposição de que nossas verdades e nossos ideais continuarão como dantes. Não podemos viver a tarde de nossa vida segundo o programa da manhã, porque aquilo que era muito na manhã, será pouco na tarde, e o que era verdadeiro na manhã, será falso no entardecer. Tratei um número muito grande de pessoas idosas e olhei para dentro da câmara secreta de suas almas para não mudar de ideia.

[785]   O homem que envelhece deveria saber que sua vida não está em ascensão nem em expansão, mas um processo interior inexorável produz uma contração da vida. Para o jovem constitui quase um pecado ou, pelo menos, um perigo ocupar-se demasiado consigo próprio, mas para o homem que envelhece é um dever e uma necessidade dedicar atenção séria ao seu próprio si-mesmo. Depois de haver esbanjado luz e calor sobre o mundo, o Sol recolhe os seus raios para iluminar-se a si mesmo. Em vez de fazer o mesmo, muitos indivíduos idosos preferem ser hipocondríacos, avarentos, dogmatistas e *laudatores temporis acti* (louvadores do passado) e até mesmo eternos adolescentes, lastimosos sucedâneos da iluminação do si-mesmo, consequência inevitável da ilusão de que a segunda metade da vida deve ser regida pelos princípios da primeira.

Disse há pouco que não temos escolas para os que chegaram aos quarenta anos. Mas isto não é totalmente verdadeiro. Nossas religiões têm sido sempre, ou já foram, estas escolas; mas para quantos de nós elas o são ainda hoje? Quantos dos nossos mais velhos se prepararam realmente nessas escolas para o mistério da segunda metade da vida, para a velhice, para a morte e a eternidade? [786]

O ser humano não chegaria aos setenta ou oitenta anos se esta longevidade não tivesse um significado para a sua espécie. Por isso, a tarde da vida humana deve ter também um significado e uma finalidade próprios, e não pode ser apenas um lastimoso apêndice da manhã da vida. O significado da manhã consiste indubitavelmente no desenvolvimento do indivíduo, em sua fixação e na propagação de sua espécie no mundo exterior, e no cuidado com a prole. É esta a finalidade manifesta da natureza. Mas quando se alcançou – e se alcançou em abundância – este objetivo, a busca do dinheiro, a ampliação das conquistas e a expansão da existência devem continuar incessantemente para além dos limites do razoável e do sensato? Quem estende assim a lei da manhã, isto é, o objetivo da natureza, até à tarde da vida, sem necessidade, deve pagar este procedimento com danos à sua alma, justamente como um jovem que procura estender o seu egoísmo infantil até à idade adulta deve pagar seus erros com fracassos sociais. A preocupação em ganhar dinheiro, a existência social, a família, o cuidado com a prole são meras decorrências da natureza, mas não cultura. Esta situa-se para além da esfera dos objetivos da natureza. [787]

Nas tribos primitivas observamos, por exemplo, que os anciãos quase sempre são guardiões dos mistérios e das leis, e é através destas, sobretudo, que se exprime a herança cultural da tribo. E como se passam as coisas entre nós, sob este aspecto? Onde está a sabedoria de nossos anciãos? [788]

Onde estão os seus segredos e as suas visões? Quase sempre a maioria de nossos anciãos quer competir com os jovens. Na América do Norte o ideal é, praticamente, que o pai seja como o irmão de seus filhos e a mãe, se possível, a irmã mais nova de suas filhas.

[789] Não sei até onde esta confusão é uma reação contra o exagero da dignidade atribuída aos velhos nem até que ponto é consequência de falsos ideais. Estes ideais existem, sem dúvida alguma, e o objetivo daqueles que os cultivam se situa no passado e não no futuro. Por isto eles procuram sempre voltar atrás. Devemos concordar com estas pessoas que é difícil ver que a segunda metade da vida oferece objetivos diferentes daqueles da primeira metade: expansão da vida, utilidade, eficiência, construção de uma boa imagem na vida social, canal seguro que leva a um bom casamento para seus filhos, e boas posições – não são objetivos suficientes? Infelizmente não são objetivos suficientes nem têm sentido para muitos que não veem na aproximação da velhice senão uma diminuição da vida e consideram seus ideais anteriores simplesmente como coisas desbotadas e puídas! Se tais pessoas tivessem enchido, já antes, a taça da vida até transbordar, e a tivessem esvaziado até a última gota, certamente seus sentimentos agora seriam outros; não teriam reservado nada para si; tudo o que quisesse pegar fogo estaria consumido, e a quietude da velhice seria bem-vinda para elas. Mas não devemos esquecer que só bem pouquíssimas pessoas são artistas da vida, e que a arte de viver é a mais sublime e a mais rara de todas as artes. Quem jamais conseguiu esvaziar o cálice todo com elegância e beleza? Assim, quantas coisas na vida não foram vividas por muitas pessoas – muitas vezes até mesmo potencialidades que elas não puderam satisfazer, apesar de toda a sua boa vontade – e assim se aproximam do limiar da velhice com aspirações

e desejos irrealizados que automaticamente desviam o seu olhar para o passado.

É particularmente fatal para estas pessoas olhar para trás. Para elas, seriam absolutamente necessários uma perspectiva e um objetivo fixado no futuro. É por isso que todas as grandes religiões prometem uma vida no além, um objetivo supramundano que permite ao homem mortal viver a segunda metade da vida com o mesmo empenho com que viveu a primeira. Mas, se a expansão da vida e sua culminação são objetivos plausíveis para o homem de hoje, a ideia de uma continuação da vida depois da morte lhe parece questionável, quando não de todo inacreditável. Mas a cessação da vida só pode ser aceita como um objetivo razoável, se a vida é tão desgraçada, que só temos de nos alegrar quando ela chega ao fim, ou se estamos convencidos de que o Sol procura se pôr "para iluminar outros povos distantes", com a mesma consequência lógica que revela ao ascender para o zênite. Mas acreditar tornou-se uma arte tão difícil, hoje em dia, que está praticamente fora da capacidade da maioria das pessoas e, especialmente, da parte culta da humanidade. Acostumamo-nos demasiado com a ideia de que em relação à imortalidade e a questões semelhantes existe uma infinidade de opiniões contraditórias, mas nenhuma prova convincente. E como a "ciência" é a palavra-chave contemporânea carregada de uma força de persuasão aparentemente absoluta, o que nos interessa são provas "científicas". Mas as pessoas cultas que raciocinam sabem perfeitamente que uma prova desta natureza é uma impossibilidade filosófica. É absolutamente impossível sabermos o que quer que seja a respeito de tais coisas.

A descrição que Jung faz da infância e da velhice como períodos "sem quaisquer problemas conscientes" é certamente supervalorizada, mas sua imagem da nossa vida

[790]

como começando e terminando em submersão no inconsciente explica as diferentes tarefas do herói na primeira e segunda metades da vida. No começo da vida, é necessário um esforço do herói para montar uma consciência; no final da vida, o herói precisa ser sacrificado a fim de aceitar o inconsciente como o árbitro final do destino do indivíduo.

[795]   Para concluir, eu gostaria de voltar, por um momento, à comparação com o Sol. Os cento e oitenta graus do arco de nossa vida podem ser divididos em quatro partes. O primeiro quarto, situado a leste, é a infância, aquele estado sem problemas conscientes, no qual somos um problema para os outros, mas ainda não temos consciência de nossos próprios problemas. Os problemas conscientes ocupam o segundo e terceiro quartos, enquanto no último quarto, na extrema velhice, mergulhamos naquela situação em que, a despeito do estado de nossa consciência, voltamos a ser uma espécie de problema para os outros. A infância e a extrema velhice são totalmente diferentes entre si, mas têm algo em comum: a imersão no processo psíquico inconsciente. Como a alma da criança se desenvolve a partir do inconsciente, sua vida psíquica, embora não seja facilmente acessível, contudo não é tão difícil analisar quanto a das pessoas muito velhas que mergulham de novo no inconsciente, onde desaparecem progressivamente. A infância e a extrema velhice são estados da vida sem qualquer problema consciente; por esta razão eu não as levei em consideração nesse meu estudo.

Sobre a psicologia do inconsciente[45]

Jung percebeu que a iniciação dos homens jovens com complexos de mãe não significa separação de tudo o que é maternal em favor de tudo o que é masculino. Muitas vezes, uma conexão aprofundada com aspectos positivos do arquétipo da mãe poderia ajudar a curar um espírito masculino danificado. Aqui (em termos um tanto prejudicados pelo pensamento médico de seu tempo, que equiparava a homossexualidade com desenvolvimento reprimido) Jung descreve um jovem homem cujos sonhos instigaram esta rota iniciatória feminina em favor de relações sexuais com um irmão da fraternidade.

Primeiro, quero familiarizar o leitor com a pessoa do sonhador, sem o que seria difícil entrar na atmosfera peculiar dos sonhos. Existem sonhos que são pura poesia; portanto, só podem ser compreendidos dentro do seu clima geral. O sonhador é um rapaz de pouco mais de 20 anos e de aspecto bem infantil. Tem até mesmo um jeito de menina, tanto na aparência quanto nas expressões, e que deixam transparecer a esmerada educação e cultura recebidas. É inteligente e são grandes os seus interesses intelectuais e estéticos. O estético coloca-se indiscutivelmente em primeiro plano. Percebemos imediatamente seu bom gosto e uma acurada compreensão por todas as formas de arte. Sensível,

[167]

---

45. Excertos retirados de C.G. Jung. *Psicologia do inconsciente* [OC, 7/1] – 19. ed. Petrópolis: Vozes, 2011, § 167-183, tradução de Maria Luiza Appy.

sentimental, arrebatado devido ao seu caráter adolescente e um tanto feminino. Nenhum sinal da grosseria própria da puberdade. É incontestavelmente infantil para a sua idade; portanto, um caso de desenvolvimento retardado. Isso explica o homossexualismo, razão pela qual veio procurar-me. Na véspera da primeira consulta, teve o seguinte sonho: *Estou numa catedral enorme; dizem que é a Basílica de Lourdes. Uma penumbra misteriosa espalha-se por todo o santuário. No centro, um poço profundo. Deveria descer dentro dele.*

[168] Como se vê, o sonho exprime um clima coerente. O sonhador faz os seguintes comentários a respeito: "Lourdes é fonte mística de curas. É claro que ontem eu estava pensando no tratamento que vou fazer com o senhor, no intuito de sarar. Parece que em Lourdes existe um poço assim. Provavelmente é desagradável descer até essa água. Mas o poço da igreja era muito fundo".

[169] Pois bem, qual a mensagem do sonho? Aparentemente, é de uma perfeita clareza. Poderíamos contentar-nos com sua interpretação como uma forma poética de exprimir a disposição do rapaz naquele dia. Mas nunca seria o bastante. Sabemos por experiência que os sonhos são muito mais profundos e significativos. Poderíamos até pensar que o cliente procurou o médico numa disposição poética e que iniciou o tratamento como quem entra num lugar sacrossanto, cheio de mistério e misericórdia, para assistir a um ofício divino. Mas isso não corresponde em absoluto à realidade dos fatos; tanto é que o cliente veio procurar o médico única e exclusivamente para tratar-se de uma coisa bem desagradável, ou seja, do homossexualismo. Nada menos poético. Na hipótese de uma causalidade tão direta para explicar a origem do sonho, o estado de espírito real da véspera não justificaria, em todo caso, um sonho tão poético. Mas mesmo assim poderíamos imaginar que foi por reação

ao assunto extremamente antipoético que levou o rapaz a procurar a terapia, que ele teve tal sonho. Assim, o sonho mencionado seria tão carregado de poesia, justamente devido à carência poética da sua disposição da véspera; mais ou menos como alguém que sonha com fartas refeições à noite, depois de ter jejuado o dia inteiro. Não se pode negar que o sonho evoca o pensamento do tratamento, da cura, dos dissabores do processo – mas transfigurado em poesia, numa forma efetivamente condizente com a ardente necessidade estética e emocional do sonhador. Ele será inevitavelmente atraído por esse quadro convidativo, apesar da escuridão e da gélida profundidade do poço. Alguns vestígios da atmosfera desse sonho sobreviverão ao sono e perdurarão até a manhã do famigerado dia de cumprir um dever tão antipoético. As sensações do sonho talvez deem um toque dourado à triste realidade.

Será esta a finalidade do sonho? Não seria impossível, pois, de acordo com a minha experiência, a grande maioria dos sonhos é de *natureza compensatória*[46]. *Eles sempre acentuam o outro lado, a fim de conservar o equilíbrio da alma.* A compensação do clima, porém, não é a única finalidade da imagem do sonho. Ele também retifica a concepção do paciente. As ideias que ele tem a respeito do tratamento são insuficientes. Mas o sonho dá-lhe uma imagem que caracteriza, numa metáfora poética, a natureza do tratamento a que vai submeter-se. Isso se torna evidente, à medida em que acompanhamos as associações e observações que ele faz a respeito da catedral. "A catedral", diz ele, "me lembra a Catedral de Colônia. Na minha infância, essa catedral já me impressionava muito. Recordo-me que foi minha mãe quem primeiro me contou coisas a respeito. Lembro muito

[170]

---

46. O conceito da compensação já foi amplamente utilizado por Alfred Adler.

bem que, naquela época, quando via uma igreja de aldeia, perguntava se era a Catedral de Colônia. Queria ser padre numa catedral dessas".

[171]   Essas associações referem-se a uma experiência infantil extremamente importante para o paciente. Como em quase todos os casos desse tipo, ele tem uma profunda ligação afetiva com a mãe; não necessariamente uma relação *consciente*, boa e intensa, mas sim uma espécie de ligação secreta, subterrânea, que, em nível consciente, se exterioriza apenas no desenvolvimento retardado do caráter e num relativo infantilismo. O desenvolvimento da personalidade naturalmente faz pressão contra a ligação inconsciente, infantil do jovem, pois não há obstáculo maior ao desenvolvimento do que a permanência num estado inconsciente, psiquicamente embrionário. Por isso, o instinto aproveita a primeira oportunidade para substituir a mãe por outro objeto. Em certo sentido, esse objeto precisa ter alguma analogia com a mãe, para que sirva realmente de substituto. É o que acontece com o nosso cliente, sem tirar nem pôr. A intensidade com que o símbolo da Catedral de Colônia foi captado por sua fantasia infantil, corresponde a uma necessidade inconsciente, muito forte, de encontrar um substituto para a mãe. Nos casos em que a ligação infantil representa um risco prejudicial, esta necessidade é maior. Daí o entusiasmo com que sua fantasia infantil acolhe a ideia da igreja – igreja é mãe, em todos os sentidos, plenamente. A Santa "Madre" Igreja, o "seio" da Igreja, são expressões usuais. Na cerimônia da "*benedictio fontis*" da Igreja Católica, a pia batismal é invocada como "*immaculatus divini fontis uterus*" (útero imaculado da fonte divina). Talvez se acredite que é preciso conhecer conscientemente tal significado para que ele se manifeste na fantasia, e que é impossível, para uma criança ignorante, ser tomada por ele. Mas essas analogias não atuam por vias conscientes, seus canais são outros.

A igreja representa um substituto espiritual mais elevado para a ligação com os pais, que é apenas uma ligação natural, "carnal", por assim dizer. Sua função é libertar os indivíduos de uma relação inconsciente, natural; para sermos exatos, não trata propriamente de uma relação, mas de um estado de identidade inconsciente, inicial, arcaico. A inconsciência impregna este estado de uma preguiça sem igual, que opõe grande resistência a qualquer desenvolvimento espiritual mais elevado. Seria difícil dizer em que consiste a diferença fundamental entre um tal estado e a alma animal. Ora, não é prerrogativa e intenção da Igreja cristã libertar o indivíduo desse seu primitivo estágio animalesco, mas ela é a forma moderna, especificamente ocidental, que responde a uma aspiração instintiva, tão antiga, talvez, quanto a própria humanidade. Essa aspiração se exprime das mais variadas formas, entre quase todos os primitivos, inclusive entre aqueles que, embora um pouco desenvolvidos, ainda não tornaram a degenerar: trata-se da instituição da iniciação ou sagração do homem. O jovem que atinge a puberdade é conduzido à casa dos homens ou a qualquer outro local destinado à consagração. Lá, é sistematicamente alienado da família. É iniciado ao mesmo tempo nos segredos da religião, numa relação totalmente nova, revestido de uma personalidade nova e diferente, é introduzido num mundo novo, como um *quasi modo genitus* (como que renascido). A iniciação frequentemente implica toda uma gama de torturas, circuncisão ou coisas do gênero. Esses costumes são, sem dúvida, antiquíssimos. Já se tornaram quase que um mecanismo instintivo, tanto é que encontram formas sempre novas de se reproduzirem, sem qualquer exigência formalmente prescrita. Refiro-me aos "batismos" estudantis, aos "trotes de calouros", e a todos os excessos praticados pelos veteranos dos grêmios estudantis americanos contra

[172]

os novatos. Esses hábitos estão soterrados no inconsciente, em forma de *imagem primordial*.

[173] A história da Catedral de Colônia, que a mãe contou ao garoto, tocou nessa imagem primordial, despertando-a para a vida. Mas não apareceu um sacerdote educador, que tivesse dado continuidade ao processo recém-iniciado. Este permaneceu nas mãos da mãe. O anseio pelo homem orientador deve ter desabrochado no menino, porém sob a forma de uma tendência homossexual. Eventualmente, esta falha poderia ter sido evitada, se um homem tivesse cuidado do desenvolvimento de sua fantasia infantil. Ora, o desvio para o homossexualismo tem, na história, numerosos exemplos. Na Grécia antiga, como em outras sociedades primitivas, homossexualismo e educação eram, por assim dizer, idênticos. Nesse sentido, a homossexualidade da adolescência é uma aspiração pelo homem, mal-interpretada, mas nem por isso menos oportuna. Talvez também se possa afirmar que o medo do incesto, que se origina no complexo materno, torna-se extensivo a todas as mulheres. Contudo, na minha opinião, um homem imaturo tem toda a razão de temer as mulheres, pois, em geral, as suas relações com elas são um fracasso.

[174] Segundo o símbolo do sonho, começar o tratamento significa, para o paciente, realizar o verdadeiro sentido da sua homossexualidade, isto é, introduzir-se no mundo do homem adulto. O sonho resumiu, em poucas e expressivas metáforas, aquilo sobre o que estamos refletindo penosamente, demoradamente, numa tentativa de compreensão plena; e criou uma imagem atuante sobre a fantasia, sobre o sentimento e a compreensão do sonhador, incomparavelmente mais rica do que o tratado mais erudito. O sonho preparou o paciente para o tratamento melhor e com mais sentido do que a mais completa coleção de ensaios médicos e educativos do mundo. (Por isso considero

o sonho não só como uma fonte preciosa de informações, mas também como um instrumento educativo e terapêutico eficientíssimo.)

Logo em seguida, meu cliente teve um segundo sonho. Antes de continuar, quero deixar claro que o sonho que acabamos de comentar não foi analisado na primeira consulta. Nem sequer foi mencionado. Nada foi dito que tivesse a mais remota relação com o que acabamos de dizer. O segundo sonho foi o seguinte: *Estou dentro de uma enorme catedral gótica. No altar, está um padre, eu de pé, diante dele. Tenho a meu lado um amigo, e nas mãos, uma estatueta japonesa de marfim; tenho a sensação de que essa estatueta deve ser batizada. De repente aparece uma senhora de certa idade, tira o anel do grêmio acadêmico da mão de meu amigo e coloca-o em seu próprio dedo. Meu amigo tem medo de que isso o comprometa. Mas nesse momento ressoa o som maravilhoso de um órgão.*

Só quero salientar aqui, rapidamente, os pontos que continuam e complementam o sonho anterior. Este segundo sonho é inegavelmente a continuação do primeiro. O sonhador encontra-se novamente dentro da igreja; logo, no estado propício à sagração do homem. Juntou-se-lhe uma nova figura: a do padre, cuja ausência observamos na situação anterior. O sonho diz o seguinte: O sentido inconsciente da sua homossexualidade foi preenchido; agora pode iniciar-se uma nova etapa de seu desenvolvimento. A cerimônia da iniciação propriamente dita, quer dizer, o batismo, pode ser iniciado. No simbolismo do sonho está confirmado o que eu dizia anteriormente: a realização de tais transições e transformações de alma não é prerrogativa da Igreja cristã, mas por detrás está uma imagem viva, arcaica, capaz de operar tais mutações à força.

[175]

[176]

[177]   O sonho indicava que o que devia ser batizado era uma estatueta japonesa de marfim. O paciente faz a seguinte observação a respeito: "Era um homenzinho grotesco, que me lembra o órgão genital masculino. É estranho que esse membro tivesse que ser batizado. Mas entre os judeus a circuncisão é uma espécie de batismo. Deve ter alguma relação com o meu homossexualismo; pois o amigo que está comigo, ao pé do altar, é aquele com quem tenho a ligação homossexual. Ele está na mesma corporação acadêmica que eu. O anel representa provavelmente essa ligação".

[178]   Na vida cotidiana, o anel é um sinal de união ou de relação; todos sabem disso: basta pensar na aliança. Portanto, esse anel pode ser interpretado tranquilamente como uma metáfora da relação homossexual; o fato de o sonhador apresentar-se ao lado do amigo deve significar o mesmo.

[179]   Ora, o mal que se quer tratar é o homossexualismo. Com a ajuda do sacerdote, e por meio de uma espécie de cerimônia de circuncisão, o sonhador há de transferir-se desse estado de relativa infantilidade para um estado adulto. Tais pensamentos correspondem exatamente às minhas reflexões acerca do sonho anterior. Até aí, com o recurso das imagens arquetípicas, o desenvolvimento estaria se processando, com lógica e sentido. Mas neste ponto algo vem atrapalhar, aparentemente. Uma senhora de certa idade apropria-se subitamente do anel da corporação. Em outras palavras, a partir deste incidente tudo que até então era relação homossexual fica polarizado por ela. Isto faz com que o sonhador tenha medo de uma nova relação comprometedora. O anel passa para um dedo de mulher, o que significaria uma espécie de casamento, ou melhor, a relação homossexual teria evoluído para uma relação heterossexual, mas uma relação heterossexual um tanto estranha, pois trata-se de uma senhora de certa idade. "É uma amiga da minha mãe", diz o

paciente. "Gosto muito dela; para dizer a verdade, ela é para mim uma amiga-mãe".

Por aí podemos deduzir o que acontece no sonho. A sagração faz com que a ligação homossexual seja desfeita, e em seu lugar se estabeleça uma relação heterossexual; primeiro, uma amizade platônica com uma mulher de tipo maternal. Apesar da semelhança materna, essa mulher já não é a mãe. A relação significa, portanto, deixar a mãe para trás. Logo, uma superação parcial da homossexualidade adolescente. [180]

O medo da nova ligação é compreensível. Primeiro, o medo da semelhança com a mãe poderia significar, devido à dissolução da relação homossexual, uma total regressão à mãe; segundo, o medo do novo e do desconhecido, inerente ao estado adulto heterossexual, poderia acarretar consequências e responsabilidades, como casamento etc. A música do fim do sonho parece confirmar que não se trata de um retrocesso, mas de um avanço. Pois o paciente é dotado de grande sentido musical e a solenidade do órgão o emociona fortemente. A música tem uma conotação muito positiva para ele, logo o fim do sonho é reconciliador, e essa sensação de beleza e solenidade se estende pela manhã do dia seguinte. [181]

Se levarmos em consideração que até o momento desse sonho o meu cliente tinha tido uma única sessão, e que essa consulta não passou de uma simples anamnese médica geral, todos hão de reconhecer que esses dois sonhos foram antecipações surpreendentes. A situação do paciente é iluminada por uma luz estranha, alheia à consciência, por um lado, e por outro, empresta à situação médica, banal, um aspecto tão ajustado às características espirituais do sonhador, a ponto de servir de vetor aos seus interesses estéticos, intelectuais e religiosos. Isto criou as melhores perspectivas imagináveis para o tratamento. A significação desses so- [182]

nhos nos dá quase a impressão de que o paciente começou o tratamento com a maior disponibilidade, esperançoso, e pronto para desembaraçar-se de sua infantilidade e transformar-se num homem. Na realidade, Porém, não foi assim. O consciente estava cheio de hesitações e resistências; à medida que prosseguia o tratamento, revelou-se rebelde e difícil, sempre pronto a reincidir na infantilidade antiga. Portanto, os sonhos estavam em estrita oposição ao comportamento consciente. Os sonhos são progressistas e tomam o partido do educador. Deixam transparecer claramente sua função específica. Esta função foi por mim definida como *compensação*. *A progressividade inconsciente e o atraso consciente formam um par de contrários, que equilibram, por assim dizer, os pratos da balança*. O educador funciona como o fiel da balança.

[183]   As imagens do inconsciente coletivo desempenham um papel extremamente positivo, no caso desse rapaz. Provavelmente devido ao fato de não apresentar a tendência perigosa de regredir a um substitutivo fantástico para a realidade, dele fazendo uma trincheira contra a vida. Há um quê de fatalidade no efeito das imagens inconscientes. Talvez – quem sabe! – esses quadros são o que chamamos de destino.

Palestra VIII, 13 de março de 1929, sonho [12][47]

Na seguinte transcrição do seu seminário em inglês de 1929 sobre os sonhos, Jung analisa o arquétipo masculino do *puer aeternus*, o eterno menino que é muitas vezes uma personificação do eros imaturo de um homem. Jung viu a imaturidade do eros como característica da natureza masculina. O reconhecimento interior deste problema, como no sonho que é analisado aqui, foi o primeiro passo para a sua solução.

Próximo sonho [12], na mesma noite: Há uma extraordinária diferença entre o próximo sonho e o anterior, com uma compensação mais evidente. "Estou em um quarto com minha esposa, e vejo uma porta que leva a outra sala abrir lentamente. Imediatamente vou até a porta, e a abro, e no outro quarto eu encontro um menino completamente nu. Eu o carrego para o meu quarto e estou convencido no sonho de que ele não é um menino natural. Para evitar que ele fuja (ele está se debatendo nos meus braços) eu o aperto nos braços, e ele me dá a sensação mais extraordinária de satisfação (não é de forma alguma uma sensação sexual), como se esta coisa verdadeira fosse satisfatória aos anseios dos meus sentimentos. Então minha esposa traz uma variedade de alimentos para a criança. Vejo pão preto e pão

---

[47]. Excertos retirados de C.G. Jung (organizado por William McGuire). *Seminários sobre análise de sonhos* – Notas do seminário dado em 1928-1930 por C.G. Jung. Petrópolis: Vozes, 2014, p. 174-178, tradução de Caio Liudvik.

branco. A criança não quer comer o pão preto, mas come o branco. Então, de repente, ele voa para fora da janela e acena para nós do ar."

Associações: *A lenta abertura da porta*: Uma alusão a uma passagem na segunda parte de *Fausto*, quando Fausto está ficando velho e está tentando viver uma vida racional. Há um monólogo sobre o fato de que ele gosta de pensar ao longo das linhas racionais do dia e ser científico; então chega a noite e tudo muda, a porta se abre, e ninguém entra! Nada podemos sem a mágica. No sonho do homem, a porta se abre, e ninguém entra[48]. Isso significa algo sobrenatural. Ele estudou ocultismo, e ele usa a palavra exteriorização, a teoria do que anteriormente era atribuído aos espíritos, mesas com comportamento estranho, batidas, barulhos na parede. Sua teoria é que isso não é feito por um fantasma, mas por alguma coisa em nós mesmos, a exteriorização de conteúdos psicológicos, e o sonhador está convencido da realidade desses fatos. No sonho, ele tem a sensação de que a porta está se abrindo de forma estranha. Então, ele vai até a porta e encontra o menino nu na outra sala.

O menino: A única associação que ele tinha é a representação tradicional de Eros, o garotinho nu. Isso lhe dá uma satisfação singular aos seus sentimentos quando ele pressiona o menino contra si.

---

[48]. *Fausto*, Parte II, Ato V, na trad. de Louis MacNeice (GOETHE. *Fausto*. Londres, 1951, p. 281):
"Mas agora esse espectro tanto espessa o ar / Que ninguém sabe como evitá-lo, ninguém sabe onde. / Não obstante um dia nos cumprimenta com um brilho racional, / À noite nos enreda em teias de sonho. / Voltamos felizes dos campos de primavera – / E um pássaro grasna. Grasna o quê? Alguma coisa do mal. / Enredado na superstição da noite e manhã, / Forma-se e mostra-se e vem avisar. / E nós, com tanto medo, ficamos sem amigos ou parentes, / E a porta range – e ninguém entra".

Pão: O pão preto é mais nutritivo do que o branco porque contém uma proteína na pele prateada do grão. "O pequeno *amourette* não foi alimentado da forma correta pela minha esposa, estão ele voa para fora e acena de longe." Aqui você tem uma peça preciosa da psicologia masculina. Estou dispensando todo o sexo!

O sonho precisa de alguma emenda. É um bom sonho, um sonho íntimo, pessoal. Como você explica isso depois de um sonho tão objetivo?

Dr. Binger: Os conteúdos são aproximadamente os mesmos. Ele se vê como uma criança, Eros seu si-mesmo infantil. No outro sonho ele se projetou em seu pai, pois ele mesmo era uma criança.

Dr. Jung: Bem, isso precisa ser discutido. Eu acho que é melhor começar com o texto para ter certeza de que estamos indo corretamente. O sonhador está no quarto com sua esposa, isso significa que está numa situação íntima com sua esposa. Aquela declaração, no sonho anterior, no qual ele tem que lidar com seus valores mais elevados e não com seus mais baixos, leva-o ao problema íntimo com sua esposa. Algo nos negócios não funciona, algo na relação com sua esposa não funciona. O homem que leva uma vida provisória não lida com Eros. Seu pai sabe tudo sobre isso, então ele não tem que se preocupar com isso. Ele pode fechar seus olhos para todo o lado Eros, e ele não está nem um pouco adaptado à sua esposa. Não se pode lidar com uma mulher com mera objetividade, portanto é bem natural que nesse sonho o obstáculo apareça. O sonho leva-o diretamente ao quarto, por isso é também um problema sexual, o sexo é a expressão mais forte e mais clara de afinidade. Nessa situação, certos conteúdos do inconsciente parecem ser exteriorizados. Até onde meu conhecimento chega, estes conteúdos do inconsciente que estão tão perto, que são quase conscientes, têm uma tendência de se exteriorizar. Eles estão quase prontos a explodir na consciência, mas certos obstáculos estão no caminho e estão exteriorizados. Aqui temos um pequeno milagre. Eu não tenho nenhum preconceito contra esses pequenos milagres. Coisas tão estranhas acontecem ocasionalmente, mas como elas estão conectadas com a nossa psicologia só Deus sabe, eu não sei. Só tolos pensam que tudo pode ser explicado. A verdadeira substância do mundo é inexplicável. Nesse caso deveria emergir ao sonhador que a coisa que falta na sua relação com sua esposa é Eros. É quase um milagre que ele não tenha visto isso. É Eros que deveria entrar. Ele abre a porta, mas ninguém entra, então ele encontra o menino no outro quarto e ele o segura em seus braços por um minuto, sentindo uma satisfação singular quando pressiona a criança contra si, e ele acha estranho que não é uma sensação sexual. Essa é uma das ideias tolas que os homens têm. Eles pensam que Eros é sexo, mas nem pouco, Eros é afinidade.

A mulher tem algo a dizer sobre isso! Ele gosta de pensar que é um problema sexual, mas não é, é um problema de Eros.

Pão: O pão preto seria mais nutritivo, mas a criança o recusa e come o pão branco.

Dra. Shaw: O pão preto representa seu pensamento, sua função superior?

Dr. Jung: Não há nenhum sinal disso.

Srta. Bianchi: Ele salienta a diferença entre o branco e o preto, o contraste. Pode-se supor que tem algo a ver com a natureza das duas pessoas?

Dr. Jung: Eu não estou tão certo disso. Eu diria que o pão sugere alimento. Nossa mente, coração, corpo, cada função deve ter o seu alimento específico, para continuar vivendo, por isso Eros não pode viver sem ser alimentado. A comida dada a Eros é chamada aqui de pão. Preto e branco é o simbolismo comum para valores morais. Branco é inocência, pureza; o preto é poeira de terra, noite, inferno. O pão muito preto é muito pesado e não é fácil digerir. É uma forma muito primitiva de moagem dos grãos, de modo que todas as cascas são deixadas dentro. O pão fica úmido e pesado, mas é muito nutritivo. O garoto recusa o pão preto e aceita o branco. O que significa isso?

Sr. Gibb: Ele aceita o mais idealista.

Dr. Jung: O sonhador está muito preocupado com o tipo de comida que ele mesmo come. Ele tem um complexo sobre o alimento, e se estudar esses complexos você sempre encontrará algo de interessante por trás deles. O pão branco é feito a partir do miolo do grão e as cascas são jogadas fora, ou dadas aos porcos, pão bem branco dá a ideia de luxo, nobreza ou alma. Ele é feito a partir da "alma" do grão. As pessoas que só comem pão branco são nobres, finas, e aqueles que comem pão preto são grosseiros, vulgares, plebeus, da terra. Agora, a questão é se a criança é alimentada com comida substancial e pesada da terra. Para a nossa consciência cristã, isso significa alimento dos demônios e do inferno. O que é da terra, terreno? Sexualidade! Mas a suposição geral de que Eros é alimentado na sexualidade está errada. Curiosamente, ele é alimentado apenas com pão branco, pelo miolo do grão, por algo escondido dentro da sexualidade, essa é a *sensação*, a *afinidade*. Se eu dissesse ao paciente: "Ter relações sexuais com sua esposa não irá provar que você tem afinidade por ela", ele não iria entender, pois ele acharia que teria. Você tem afinidade pela sua sensação, pelo seu relacionamento, e isso é o que alimenta Eros. Espera-se que após uma relação sexual a alma não deveria estar triste, mas muitas vezes as piores brigas e desentendimentos no casamento acontecem após a relação sexual, porque a sexualidade não alimenta Eros. Muitas vezes essa é a causa direta de brigas e separações.

Até agora o sonho é uma realização muito importante. Eros aparece de forma milagrosa e desaparece de forma milagrosa. Ele voa para fora da janela. O que significa isso?

Dr. Binger: O homem não está pronto para uma relação sentimental.

Dr. Jung: Nós não sabemos o que Eros faria se ficasse mais tempo. Depois de um tempo ele poderia se alimentar do pão preto também, mas ele não fica. Ele apenas diz: "Nada a fazer, adeus!" É uma boa piada e uma terrível verdade. É a terra prometida, mas só por um instante a visão é momentaneamente clara; então ele voa para longe antes que ele possa se alimentar do pão preto. Isto é muitas vezes o caminho na análise. Por um momento você vê claramente o caminho a trilhar, mas em seguida, a visão desaparece, a névoa se adensa, e novamente você está confuso. É uma visão repentina da verdade que aparece e novamente desaparece sem concretização. Comer o pão na sua casa é um símbolo arcaico de hospitalidade. Mas Eros não come todo o pão, apenas o branco, em seguida, ele desaparece, acenando de longe: "*Au revoir*, prazer vê-lo, talvez eu o verei de novo, não é tão certo".

Sra. Sigg: Eu tenho dúvidas sobre o menino sendo apenas Eros. Em *Fausto*, o menino tinha algo a ver com poesia e imaginação. Ele era mais alguma coisa.

Dr. Jung: É verdade, ele pode não ser somente Eros. Tenho minhas dúvidas também. Mas mantive Eros, pois o sonhador não tinha conhecimento da qualidade geral do seu sonho. Pode-se dizer que o fato que ele associou a Fausto no início aponta para o cocheiro, Homunculus e Euphorion[49], as três formas desse elemento que eu tecnicamente defino o símbolo do *puer aeternus* em sonhos. Para a minha mente se refere a esse simbolismo. Depois do complexo de pai, o complexo infantil necessariamente aparece, em que ele é o filho. Primeiro, ele voltou os olhos para o pai, agora ele é o filho, ainda na psicologia de um menino de oito ou dez anos, portanto a figura Eros seria o lado infantil do sonhador. Mas se você diz isso, então o lado infantil vem a ter uma relação com sua esposa, e ele não está muito pronto para essa situação ainda. Você poderia dizer que seu sentimento natural não sofisticado teria tido uma relação melhor com sua esposa. É bem verdade que a criança é o lado infantil do sonhador, mas é também a coisa promissora nele. As coisas que já estão desenvolvidas estão acabadas, mas as coisas não desenvolvidas ainda são uma promessa para o futuro. Então o menino representa o que pode ser desenvolvido, a autorrenovação do homem, e um bom termo para dar a esta figura é o *puer aeternus*. A ideia antiga era que o *puer aeternus* era uma Criança Divina que eternamente aparecia e desaparecia de forma milagrosa. O menino etrusco Tages[50], um menino nu, aparece no sulco onde os camponeses estão arando, e ele ensina às pessoas leis, artes e cultura. Adonis era um menino assim. Tammuz aparece às mulheres a cada primavera. Oannes, o deus-peixe babilônico, sai da água como um peixe, aparece ao amanhecer, e ensina o povo agricultura, leis etc. durante o dia, desaparecendo no-

---

49. *Fausto*, Parte II, Ato II. Um resumo dos destinos destas três figuras é dada no início da palestra de 27 de março de 1929, adiante.
50. Para Tages, o lendário fundador da tradição profética etrusca, e Oannes, mencionados algumas linhas adiante, cf. OC 5, § 291-292. Adonis era um deus fenício da vegetação, e Tammuz é seu equivalente babilônico.

vamente no mar durante a noite. Mestre Eckhart teve uma visão de um menino nu que o visitou. Também há alguns contos de fada ingleses do menino radiante, no qual a visão do menino é sempre infeliz, às vezes absolutamente fatal. Deve haver alguma razão para isso, eu não sei o que pode ser. O *puer aeternus*[51] é simplesmente a personificação do lado infantil do nosso caráter, reprimido porque é infantil. Se o sonhador permite que o elemento entre, é como se ele mesmo tivesse desaparecido e voltado como um menino nu. Então, se sua esposa poderia aceitá-lo assim, estaria tudo certo. O menino deve ser criado, educado, talvez espancado. Se o elemento inferior pode entrar na vida, então há uma promessa de vida futura, as coisas podem se desenvolver, pode haver progresso. Na mitologia, a figura desse menino nu tem um caráter criativo quase divino. Como o *puer aeternus*, ele aparece de uma forma milagrosa e depois desaparece da mesma maneira. Em *Fausto* ele tem três formas: menino cocheiro Homunculus, Euphorion. Todos eles foram destruídos pelo fogo, o que significa no caso de Goethe que o *puer aeternus* desapareceu num surto passional. Fogo põe fim a tudo, até mesmo um fim para o mundo. Fogo que é a seiva da cultura pode irromper e destruir tudo. Isso acontece de vez em quando, como, por exemplo, na Revolução Bolchevique, quando a forma cultural não conseguiu mais segurar a tensão da energia, e o fogo irrompeu e destruiu a civilização russa.

---

51. Jung iria desenvolver este tema mais tarde, em *A psicologia do arquétipo da criança* (1941). OC 9/1.

O problema amoroso do estudante[52]

Jung viu os primeiros relacionamentos amorosos, sejam homossexuais ou heterossexuais, como lugares onde o eros poderia ser cultivado.

Quanto ao casamento precoce de estudantes, podemos observar o mesmo que diríamos sobre todos os casamentos prematuros. A mulher com vinte anos é, em geral, mais velha do que um homem de vinte e cinco anos, isto com referência à maturidade de julgamento sobre pessoas. Em muitos homens de vinte e cinco anos a puberdade psíquica ainda não terminou. A puberdade é uma época de ilusões e de responsabilidade parcial. Isto se deve ao fato de o rapaz, até a época da maturidade sexual, ser ainda bastante infantil, ao passo que a moça desenvolve bem mais cedo as sutilezas psíquicas que fazem parte da puberdade. Nesta infantilidade do rapaz irrompe muitas vezes de modo tempestuoso e brutal a sexualidade, enquanto que na mocinha, apesar de se ter iniciado a puberdade, a sexualidade continua dormitando até que a paixão amorosa a acorde. Há um número surpreendentemente grande de mulheres em que a verdadeira sexualidade, apesar do casamento, continua por longo tempo virginal e talvez só se torne consciente quando a mulher se enamora de outro homem que não o marido.

[216]

---

52. Excertos retirados de C.G. Jung. *Civilização em transição* [OC, 10/3] – 4. ed. Petrópolis: Vozes, 2011, § 216-235, tradução de Lúcia Mathilde Endlich Orth.

Este é o motivo por que muitas mulheres nada entendem da sexualidade masculina, pois não têm consciência alguma de sua própria sexualidade. O caso é diferente com o homem: a sexualidade se impõe a ele como realidade brutal, enchendo-o de tempestade e ímpeto, de necessidades e lutas. Raros são aqueles que escapam do doloroso e amedrontador problema da masturbação, ao passo que a mocinha pode estar praticando a masturbação durante anos, sem saber o que está fazendo.

[217] A irrupção da sexualidade no homem produz grande mudança em sua psicologia. Em breve terá a sexualidade do homem adulto, mas ainda tem alma de criança. Qual impetuosa água suja caem as torrentes de fantasias obscenas e o linguajar desbocado dos colegas sobre os sentimentos ternos e infantis, sufocando-os às vezes para sempre. Surgem conflitos morais inesperados, tentações de toda espécie assaltam o novo homem e ocupam sua fantasia. A assimilação psíquica do complexo sexual traz-lhe as maiores dificuldades, mesmo que não tenha consciência do problema. O começo da puberdade também opera mudanças consideráveis na aparência do corpo e em seu metabolismo; surgem, por exemplo, erupções cutâneas purulentas que chamamos espinhas. Da mesma forma, sua psique é afetada e tirada de seu equilíbrio. Nesta idade, o jovem está cheio de ilusões que são sempre sinal de perda do equilíbrio psíquico. Por longo tempo, as ilusões impossibilitam uma estabilidade e maturidade do julgamento. Seus gestos, interesses e planos de vida ainda mudam muito. De repente pode enamorar-se perdidamente por uma moça e quinze dias depois não consegue entender como pôde acontecer tal coisa. Está tão cheio de ilusões que precisa desses erros a fim de tomar consciência de seus gostos e de seu julgamento individual. Nesta idade está fazendo *experiências* com a vida. E *precisa* fazê-las a fim de poder construir julgamentos corretos. Mas

não se fazem experiências sem erros ou falhas. Isto explica o fato de que a maioria dos homens teve alguma experiência sexual antes do casamento. Na puberdade, a experiência é muitas vezes homossexual e é muito mais frequente do que imaginamos; mais tarde são experiências heterossexuais, nem sempre bonitas. Quanto menos o complexo sexual estiver assimilado ao todo da personalidade, tanto mais autônomo e instintivo será. A sexualidade será então puramente animalesca e não conhecerá qualquer diferença psíquica. A mulher mais degradada pode satisfazer, basta ser mulher e ter os respectivos caracteres secundários. Um passo errado desse tipo não autoriza que tiremos conclusões sobre o caráter definitivo do homem, pois o ato pode ter ocorrido numa época em que o complexo sexual ainda estava separado da influência psíquica. Contudo, muitas experiências desse tipo exercem influência negativa sobre a formação da personalidade, pois, devido ao costume, fixam a sexualidade num nível tão baixo que se torna inaceitável à personalidade moral. Decorre disso que este homem, apesar de externamente ser um respeitável esposo, moralmente alimenta fantasias sexuais profundamente arraigadas, ou ao menos as reprime, mas que, surgindo a oportunidade, voltam à tona na forma primitiva, para surpresa da esposa desprevenida, pressupondo-se que ela perceba alguma coisa. Nestes casos não é raro que se manifeste relativamente cedo uma frigidez de sentimentos para com a esposa. Muitas vezes a mulher é frígida desde o início do casamento porque não consegue reagir a esta espécie de sexualidade do homem. A fraqueza de discernimento do homem na puberdade deveria levá-lo a pensar seriamente sobre a escolha prematura de uma mulher.

Vamos agora a outras formas de relacionamento entre os sexos que são usuais na idade estudantil. Como sabem, [218] existem "relações" características entre estudantes, sobretudo nas grandes universidades estrangeiras. Estas ligações têm certa estabilidade e, em determinadas circunstâncias, também certo valor psíquico, isto é, não consistem apenas em sexualidade mas também parcialmente em amor. Às vezes pode resultar dessa "relação" um casamento posterior. Por isso trata-se de uma relação bem superior à da prostituição. Limita-se, porém, via de regra, àqueles estudantes que foram cautelosos na escolha: é em geral uma questão de dinheiro, pois na maior parte das vezes as moças a que nos referimos dependem da ajuda financeira de seus amantes, o que não significa que estejam vendendo seu amor por dinheiro. Muitas vezes isto significa para a moça um belo episódio numa existência, de resto, pobre e vazia de amor; para o rapaz pode ser o primeiro contato íntimo com a mulher e uma lembrança que nos anos vindouros lhe será grata. É frequente também que desse relacionamento nada resulte de positivo, em parte devido à crua busca de prazer, irreflexão e falta de sentimentos do homem e, em parte, devido à tolice, leviandade e volubilidade da moça.

[219]   Mas sobre estes "relacionamentos" pende sempre a espada de Dâmocles da transitoriedade que impede o surgimento de valores mais altos. São apenas episódios, experiências de valor bem limitado. O pernicioso desses relacionamentos para a formação da personalidade está no fato de que o homem consegue granjear a moça com muita facilidade, o que resulta numa depreciação do objeto. É cômodo ao homem resolver seu problema sexual dessa forma simples e sem responsabilidade. Fica mal-acostumado. Mais ainda: o fato de estar sexualmente satisfeito retira-lhe aquele arrojo que gostamos de encontrar em todo jovem. Torna-se presunçoso e pode até esperar; enquanto isso, passa em revista todo o contingente feminino até descobrir a parte que mais

o toca. Se acontecer o casamento, o "relacionamento" é desligado. Este procedimento não é salutar ao caráter; também a forma inferior de relacionamento serve para manter a sexualidade numa forma de desenvolvimento inferior, o que pode facilmente levar a dificuldades no casamento. Ou se as fantasias desse estágio forem reprimidas, teremos como resultado um neurótico ou, pior ainda, um zelador da moral.

Não é raro haver relações homossexuais entre estudantes, e em ambos os sexos. Pelo que conheço desse fenômeno, estas relações são menos frequentes entre nós e no continente em geral do que em outros países onde os estudantes masculinos e femininos vivem em ambientes bem separados. Não falo aqui daqueles homossexuais patológicos que são incapazes de verdadeira amizade e, portanto, não são bem-aceitos entre os normais, mas dos jovens mais ou menos normais que sentem uma amizade tão entusiástica um pelo outro que manifestam este sentimento também sob forma sexual. Não se trata nestes casos de masturbação mútua que era usual nos ginásios e internatos dos tempos passados, mas de uma forma superior e mais espiritual que merece o nome de "amizade" no sentido clássico da palavra. Se esta amizade ocorre entre pessoa mais velha e mais nova, não se lhe pode negar o aspecto educativo. Um professor, por exemplo, com leve inclinação homossexual deve muitas vezes seus brilhantes dotes educacionais a esta inclinação. Pode também a relação homossexual entre pessoa mais velha e mais jovem ser proveitosa para ambas e significar uma melhoria na vida. Condição indispensável para a validade desse relacionamento é a lealdade e constância da amizade. Isto muitas vezes não existe. Quanto mais declarado o homossexual, mais inclinado está à deslealdade e à simples perversão de menores. Mas também onde predominam a lealdade e verdadeira amizade pode haver consequências in-

[220]

desejáveis para a formação da personalidade. Este tipo de amizade significa naturalmente um culto especial do sentimento, portanto do elemento feminino no homem. Ele se torna sentimental, expressivo, esteta, sensível, ou seja, efeminado. E este comportamento feminino não fica bem para o homem.

[221] Os mesmos aspectos positivos podem ser apontados na amizade entre mulheres, só que aqui a diferença de idade e o momento educativo têm menos importância. Serve mais para troca de sentimentos carinhosos, por um lado, e troca de ideias, por outro. Trata-se, na maioria dos casos, de mulheres temperamentais, intelectuais e algo masculinizadas que neste tipo de relação procuram apoio e supremacia contra o homem. Por isso sua atitude para com o homem é muitas vezes de autossegurança estranha e de certa resistência. O efeito sobre o caráter consiste num fortalecimento dos traços masculinos e perda do encanto feminino. Não raro o homem descobre sua homossexualidade quando percebe que uma mulher desse tipo o deixa mais frio que uma geladeira.

[222] Em casos normais, a prática da homossexualidade não prejudica a vida heterossexual posterior. Ambas as práticas podem inclusive subsistir por certo tempo. Conheci uma mulher muito inteligente que viveu grande parte de sua vida numa relação homossexual e que aos cinquenta anos resolveu assumir um relacionamento normal com um homem.

[223] Entre os relacionamentos sexuais do período estudantil, temos que mencionar um que é bastante normal, ainda que algo peculiar: o relacionamento do jovem com mulher mais velha que seja casada ou ao menos viúva. Talvez os senhores pensem em Jean-Jacques Rousseau e sua relação com Madame de Warens. Tenho em mente este tipo ou outro semelhante. Em tais casos, o homem é em geral tímido, inseguro, internamente medroso e infantil. Ele está procu-

rando uma mãe. Muitas mulheres gostam imensamente de um homem algo desamparado, principalmente quando são mais velhas do que ele ou não gostam da força, virtudes e méritos do homem, mas de suas fraquezas. Acham encantadores os seus infantilismos. Se gagueja um pouco, é maravilhoso; se manca, desperta a compaixão materna e muito mais. Quase sempre a mulher o seduz e ele se aninha em seu seio materno.

Mas nem sempre o jovem medroso continua sendo meio criança. Talvez sua masculinidade subdesenvolvida estivesse precisando dessa superabundância de cuidados maternos para então manifestar-se. Esta mulher significa para ele uma educação do sentimento até a plena consciência. Aprende a conhecer uma mulher com experiência da vida e do mundo e que é cônscia de si; tem oportunidade assim de dar uma rara olhada nos bastidores do vasto mundo. Mas esta vantagem só tem aquele que supera este tipo de relação; se nele permanecer, o cuidado maternal acabará por arruiná-lo. O carinho materno é o pior veneno para quem deve preparar-se para a dura e implacável luta da vida. Não conseguirá libertar-se das saias dela e pode tornar-se um parasita sem fibra – pois em geral ela tem dinheiro – ficando ao nível dos papagaios, cachorrinhos e gatos de mulheres mais velhas. [224]

Senhoras e senhores, chegamos agora, em nossa conferência, àquelas formas de relacionamento que não oferecem nenhuma solução ao problema sexual: são as relações assexuais ou "platônicas". Se pudéssemos fazer uma estatística confiável dos relacionamentos estudantis, ficaria demonstrado que a maioria dos estudantes da Suíça cultiva relações platônicas. Aqui surge naturalmente a questão da abstinência sexual. É bastante comum a opinião de que a abstinência do intercurso sexual seja prejudicial à saúde. Isso é um equí- [225]

voco, sobretudo na idade estudantil. A abstinência pode ser prejudicial só quando o homem atingir a idade de coabitar com uma mulher e sua constituição individual tende a isto. A intensificação, às vezes extraordinária, da necessidade sexual sob esta constelação psicológica especial tem a finalidade biológica de eliminar certos escrúpulos, preconceitos e hesitações. Isto às vezes é necessário, pois a decisão de casar, com todas as suas dúvidas, já deixou muita gente ressabiada. Por isso é bem normal que a natureza procure forçá-lo a ultrapassar os obstáculos. Sob estas condições, a resistência contra a abstenção do intercurso sexual pode prejudicar, mas não quando não existe nenhuma probabilidade e necessidade físicas ou psicológicas.

[226] Esta questão apresenta certa semelhança com a questão da periculosidade da masturbação. Em circunstâncias de impossibilidade física ou psíquica do intercurso sexual, a masturbação não é prejudicial. Os jovens que procuram o médico por causa da masturbação com sequelas prejudiciais não são aqueles que se masturbam excessivamente – estes em geral não precisam de médico porque não são doentes – mas sua masturbação tem sequelas funestas porque apresenta uma complicação psicológica, de um lado, por causa dos remorsos e, de outro, por causa de um deleitar-se nas fantasias sexuais. Esta segunda forma é frequente em mulheres. Tal masturbação psiquicamente complicada é prejudicial, não porém a masturbação por necessidade, comum e descomplicada. Mas se a masturbação for levada até a idade adulta, onde existe a possibilidade física, psíquica e social do intercurso sexual e é usada para fugir das exigências da vida e das decisões responsáveis, então terá novamente efeitos perniciosos.

[227] A relação platônica dos sexos na idade estudantil é assunto de grande importância. Sua forma mais comum é o

flirt que consiste numa atitude experimental, bem própria desta idade. Trata-se de uma atitude voluntária mas que, por consenso tácito de ambos os lados, é sem compromisso. Aqui reside sua vantagem e também sua desvantagem. A atitude experimental possibilita um aprender a conhecer-se sem consequências fatais. Ambos os sexos exercitam seu julgamento e seu jeito de expressar-se, adaptar-se e defender-se em relação ao outro. Muitíssimas experiências de valor inestimável para a vida futura são acumuladas no *flirt*. Mas o caráter de descompromisso pode facilmente transformar o *flirt* em algo habitual, insípido, superficial e sem coração. O homem se torna um dândi, um partidor de corações, e nem imagina a figura insossa que está fazendo. A mulher se torna coquete, não sendo levada a sério por nenhum homem de respeito. Por isso não se pode aconselhar o *flirt* a qualquer custo.

Fenômeno talvez bem mais comum do que o *flirt* é o [228] surgimento e cultivo consciente de um *amor sério*. Poderíamos dizer que este fenômeno é simplesmente o ideal, sem com isto cair no romantismo tradicional. Para a formação da personalidade, o despertar bem cedo e o cultivo consciente de um sentimento profundo, sério e responsável, é sem dúvida de grande valor em todos os aspectos. Tal relacionamento pode ser para o homem o melhor escudo contra os desvios e tentações, contra qualquer tipo de dano físico ou psíquico e, além disso, ser poderoso incentivo para o trabalho, competência, lealdade e probidade. Mas não existe valor tão grande que não tenha alguma desvantagem. Um relacionamento tão ideal torna-se facilmente exclusivista. Sempre se tem diante dos olhos apenas o mesmo objeto e o mesmo objetivo. Por causa de seu amor, o jovem fica excluído demais da companhia de outras mulheres, e a moça não aprende a arte do jogo erótico porque já possui o seu homem. E o instinto de posse na mulher é assunto perigoso. Facilmente pode acontecer que o homem faça depois do casamento todas as experiências com outras mulheres que não fez antes do casamento.

[229]   Do que ficou dito, não se pode concluir que todo relacionamento amoroso desse tipo seja sempre algo ideal. Há casos que são exatamente o contrário. São aqueles, por exemplo, em que enveredam os namorados de escola, casando-se mais por força do hábito do que por outras razões. Por indolência, temperamento ou acanhamento não conseguem separar-se; talvez os pais de ambos também achem o relacionamento bem conveniente e, como nasceu da falta de reflexão e do costume, é aceito passivamente como assunto encerrado que simplesmente perdura. Aqui se multiplicam os inconvenientes, sem nenhum ponto favorável. Entretanto, a aparente vantagem é, para a formação da personalidade, um nefasto comodismo e passividade que impede a manifestação de experiências positivas e o exercício dos dons e virtudes do homem e da mulher. Qualidades morais só se adquirem na liberdade e se comprovam apenas em situações moralmente perigosas. O ladrão que não rouba porque está preso não é uma personalidade moral. Os pais desses filhos podem olhar comovidos para este casamento e creditar em sua conta de virtudes a respeitabilidade de sua descendência, mas esta vantagem é apenas fantasia; não é nenhuma força moral, mas dormência imoral.

[230]   Com isto, senhoras e senhores, quero encerrar o panorama geral sobre a situação como se apresenta hoje e voltar-me para o capítulo dos *desiderata* (coisas desejáveis) e das utopias.

[231]   Não é possível discutir hoje o problema do amor sem falar também da *utopia do amor livre*, inclusive do *casamento experimental*. Para adiantar, considero estas ideias como imagens de desejos e como tentativas de tornar fácil o que

real e irrestritamente é difícil. Nosso tempo é rico neste tipo de tentativas; houve mais de cem mil cidadãos suíços que achavam estar tudo resolvido com a repartição dos bens, quando todos sabem que apenas a iniciativa, a retidão e responsabilidade do indivíduo pode manter o povo com vida. Como não existe erva contra a morte, assim também não há meios simples de tornar fácil um assunto tão difícil como é a vida. Só podemos vencer a gravidade através do uso da quantidade de energia correspondente. Da mesma forma, a solução do problema amoroso desafia o homem todo. Soluções satisfatórias só existirão quando houver uma solução global. Todo o resto é obra malfeita e imprestável. O amor livre seria admissível se todas as pessoas tivessem posturas de alta moralidade. Mas a ideia do amor livre não foi lançada com este fim, mas para que parecesse fácil algo bem difícil. Faz parte do amor a profundidade e fidelidade do sentimento, pois sem elas o amor não seria amor, mas simples capricho. O verdadeiro amor sempre pressupõe um vínculo duradouro e responsável. Precisa da liberdade para a escolha, não para a realização. Todo amor verdadeiro e profundo é um sacrifício. A gente sacrifica suas possibilidades, ou melhor, as ilusões de suas possibilidades. Se não houvesse necessidade desse sacrifício, nossas ilusões impediriam o surgimento do sentimento profundo e responsável e, com isso, ficaríamos privados também da possibilidade de experimentar o verdadeiro amor.

O amor tem mais do que um ponto em comum com a convicção religiosa: exige uma aceitação incondicional e uma entrega total. Assim como o fiel que se entrega todo a seu Deus participa da manifestação da graça divina, também o amor só revela seus mais altos segredos e maravilhas àquele que é capaz de entrega total e de fidelidade ao sentimento. Pelo fato de isto ser muito difícil, poucos mor- [232]

tais podem orgulhar-se de tê-lo conseguido. Mas, por ser o amor devotado e fiel o mais belo, nunca se deveria procurar o que pode torná-lo fácil. Alguém que se apavora e recua diante da dificuldade do amor é péssimo cavaleiro de sua amada. O amor é como Deus: ambos só se revelam aos seus mais bravos cavaleiros.

[233] Da mesma forma critico o casamento experimental. O simples fato de se assumir um casamento experimental significa que existe de antemão uma reserva: a pessoa quer certificar-se, não quer queimar a mão, não quer arriscar nada. Mas com isto se impede a realização de uma verdadeira experiência. Não é possível sentir os terrores do gelo polar na simples leitura de um livro, nem se escala o Himalaia assistindo a um filme.

[234] O amor custa caro e nunca deveríamos tentar torná-lo barato. Nossas más qualidades, nosso egoísmo, nossa covardia, nossa esperteza mundana, nossa ambição, tudo isso quer persuadir-nos a não levar a sério o amor. Mas o amor só nos recompensará se o levarmos a sério. Considero um desacerto falarmos nos dias de hoje da problemática sexual sem vinculá-la ao amor. As duas questões nunca deveriam ser separadas, pois se existe algo como problemática sexual esta só pode ser resolvida pelo amor. Qualquer outra solução seria um substituto prejudicial. A sexualidade simplesmente experimentada como sexualidade é animalesca. Mas como expressão do amor é santificada. Por isso não perguntamos o que alguém faz, mas como o faz. Se o faz por amor e no espírito do amor, então serve a um Deus; e o que quer que faça não cabe a nós julgá-lo, pois está enobrecido.

[235] Espero que levem dessa conferência a impressão de que jamais pronunciei um julgamento moral sobre a sexualidade enquanto fenômeno natural, mas fiz depender o julgamento moral da intenção que se tem ao usá-la.

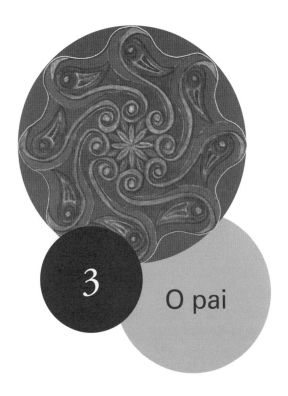

3
O pai

A importância do pai no destino do indivíduo[53]

Caso 2

Caso 2. Um homem de 34 anos, de baixa estatura, com aparência inteligente e benévola. Facilmente se embaraçava e enrubescia. Viera a tratamento por causa de "nervosismo". Disse ser muito irritadiço, cansava-se facilmente, tinha distúrbios estomacais nervosos, ficava profundamente deprimido a ponto de já ter pensado várias vezes em suicídio. [707]

Antes de vir para tratamento, ele me enviou um relatório minucioso, uma autobiografia, ou melhor, uma história de sua própria doença, como preparação de sua visita. Sua história começava assim: "Meu pai era um homem forte e bem alto". Esta frase despertou minha curiosidade. Virei uma página e lá estava: "Quando eu tinha 15 anos, um rapaz alto, de 19 anos, levou-me para o mato e abusou moralmente de mim". [708]

As frequentes lacunas na história do paciente me induziram a obter uma anamnese mais exata do homem e que resultou no seguinte: O paciente era o mais novo de três irmãos. O pai, homem alto e ruivo, fora soldado da guarda suíça do papa; mais tarde viera a ser policial. Era um soldado severo e rabugento; educou seus filhos com disci- [709]

---

53. Excertos retirados de C.G. Jung. *Freud e psicanálise* [OC, 4] – 5. ed. Petrópolis: Vozes, 2011, § 707-715, 731-744, tradução de Lúcia Mathilde Endlich Orth.

plina militar; comandava; não os chamava pelo nome, mas apitava. Passou a juventude em Roma; e de suas aventuras daquela época lhe restou uma sífilis cujas consequências se manifestavam ainda na velhice. Gostava de falar de suas aventuras na juventude. Seu filho mais velho (bem mais velho do que o paciente) tinha a mesma aparência dele: homem alto, forte, cabelos ruivos. A mãe era mulher sofrida, prematuramente envelhecida. Exausta e cansada da vida, morreu aos 40 anos, quando o paciente tinha apenas 8. Ele conservou uma lembrança terna e bela de sua mãe.

[710] Na escola era sempre o bode expiatório e objeto de zombaria dos colegas. O paciente achava que era devido a seu dialeto diferente. Mais tarde ficou sob as ordens de um mestre severo e brabo; e ali aguentou dois anos. As condições eram as piores possíveis, de tal forma que os outros aprendizes logo iam embora. Aos quinze anos, aconteceu o fato citado e mais algumas pequenas extravagâncias homossexuais. Aí o destino o arrastou para a França. Lá conheceu um francês do sul, grande fanfarrão e campeão sexual. Ele o levou a um bordel; o paciente foi de má vontade porque se envergonhava do outro. Lá se mostrou impotente. Depois veio a Paris, onde seu irmão mais velho (reprodução exata do pai) era mestre pintor e levava vida dissoluta. Permaneceu ali por longo tempo, com um salário bem baixo, e ajudava sua cunhada por pena dela. O irmão levou-o várias vezes ao bordel, mas sempre era impotente.

[711] Certa feita, o irmão pediu que lhe desse a herança, em torno de 6.000 francos. O paciente aconselhou-se primeiro com o outro irmão que também estava em Paris. Este o dissuadiu de dar o dinheiro ao irmão porque o esbanjaria. Mas o paciente deu o dinheiro e o irmão o esbanjou rapidamente. O irmão que desaconselhara a doação também caiu no conto com 500 francos. Perguntei-lhe por que dera tão

generosamente o dinheiro, sem qualquer garantia. Respondeu-me: porque ele pediu. Não estava chateado por causa do dinheiro; daria outros 6.000 francos se os tivesse. O irmão mais velho decaiu completamente e a esposa conseguiu o divórcio.

O paciente voltou à Suíça e ficou um ano sem emprego fixo, às vezes passando até fome. Nesta época conheceu uma família e a visitava com frequência. O marido pertencia a uma seita estranha, era hipócrita e descurava da família. A mulher era mais velha, doente, fraca e, ainda por cima, estava grávida. Havia seis filhos, todos vivendo na maior pobreza. O paciente criou grande afeição por esta mulher e dividia com ela o pouco que tinha. Ela lhe contava os problemas e dizia estar certa de morrer no parto. Ele prometeu (ainda que nada possuísse) cuidar das crianças e criá-los. A mulher realmente faleceu no parto, mas o juizado de órfãos interferiu e lhe deixou apenas uma criança. Tinha agora uma criança, mas não tinha família e, naturalmente, não conseguia criá-la sozinho. Pensou, então, em se casar. Mas como nunca tivesse tido paixão por qualquer moça, ficou em estado de perplexidade. [712]

Ocorreu-lhe, então, que seu irmão mais velho estava divorciado e que ele poderia casar com a ex-mulher dele. Escreveu-lhe sobre sua intenção. Ela era 17 anos mais velha do que ele, mas não se opunha aos planos dele. Convidou-o a vir a Paris e conversar sobre o assunto. Na véspera da viagem, quis o destino que ele pisasse num prego e não pôde ir. Quando a ferida sarou, foi a Paris e encontrou sua cunhada, agora sua noiva, menos nova e bonita do que imaginava. Assim mesmo, o casamento se realizou e, três meses depois, por iniciativa da mulher, ocorreu o primeiro coito. Ele próprio não o havia desejado. Criaram a criança juntos, ele à sua maneira suíça e ela à maneira francesa, pois era francesa. [713]

Aos nove anos a criança fugiu de casa e morreu atropelada por um ciclista. O paciente se sentiu então muito só e abatido em casa. Propôs à sua mulher adotarem uma menina, o que provocou nela uma reação de ciúme. Foi nesta época que se apaixonou pela primeira vez por uma moça jovem; simultaneamente começou a neurose com depressão profunda e exaustão nervosa; e sua vida em casa tornou-se um inferno.

[714] Minha sugestão que se separasse da mulher foi rejeitada sob pretexto de que não poderia assumir a responsabilidade de tornar infeliz a velha senhora. Preferiu obviamente continuar sendo atormentado, pois as recordações de sua juventude lhe pareciam mais valiosas do que qualquer alegria do presente.

[715] Também este paciente girou a vida toda no círculo mágico da constelação familiar. O fator mais forte e fatídico foi o relacionamento com o pai. A coloração masoquista-homossexual está bem evidente em tudo o que fazia. Até o infeliz casamento foi determinado pelo pai, pois o paciente se casou com a ex-mulher do irmão mais velho, o que significa se casar com sua mãe. Ao mesmo tempo, sua mulher foi a mãe substituta daquela que morreu no parto. A neurose se manifesta no momento em que a libido se retirou do relacionamento infantil e, pela primeira vez, aproximou-se de um objeto individual determinado. Neste caso, como no seguinte, a constelação familiar se mostra tão forte que só resta, ao que luta pela individualidade, o campo estreito da neurose.

Jung revisou este ensaio, que está entre seus trabalhos iniciais, quarenta anos depois de sua primeira publicação. O ensaio mostra uma evolução da sua compreensão a partir de um tempo em que o complexo paterno lhe parecia inteiramente um efeito do pai pessoal sobre seus anos de maturidade quando ele tinha chegado a avaliar o ambivalente arquétipo ao qual as experiências de um pai são assimiladas. Todos os arquétipos contêm traços positivos e negativos; mas, enquanto o arquétipo da mãe tende a se dividir em imagens positivas e negativas, o arquétipo paterno tende a combinar seus opostos numa única imagem ambígua de poder sedutor e paralisante.

Caso 4

Caso 4. Um garoto de oito anos, inteligente, de aparência algo delicada, foi trazido por sua mãe devido à enurese. Durante a consulta, o garoto ficou o tempo todo grudado na mãe, uma jovem e elegante senhora. O casamento era feliz, apenas o pai era um tanto enérgico e o garoto (o filho mais velho) tinha medo dele. A mãe compensava a dureza do pai com o carinho correspondente ao qual o garoto respondia não se afastando da saia da mãe. Nunca brincava com os colegas de escola, nunca ia sozinho para a rua, a não ser quando ia à escola. Temia a rudeza e brutalidade dos colegas de escola; brincava em casa com jogos de inteligência ou ajudava a mãe no trabalho caseiro. Tinha grande ciúme do pai, e não suportava vê-lo fazendo carinho na mãe. [731]

Tomei o garoto à parte e perguntei sobre seus sonhos. Sonhava muitas vezes com uma cobra que queria lhe morder o rosto. Gritava, então, e a mãe tinha que sair do quarto vizinho para acalmá-lo. [732]

À noite ia tranquilamente para a cama. Mas, ao pegar no sono, parecia que na sua cama estava deitado um homem preto e furioso, com uma espada ou uma espingarda – um homem alto e magro que queria matá-lo. Os pais dormiam no quarto vizinho. O garoto muitas vezes sonhava que coisas horríveis estavam acontecendo lá, que havia grandes cobras pretas ou homens maus que queriam matar [733] a mãe. Gritava, então, e a mãe vinha acalmá-lo. Cada vez que molhava a cama chamava a mãe; esta vinha para trocar a roupa molhada.

[734]   O pai era um homem alto e magro. Toda manhã ficava nu diante do lavatório, às vistas do garoto, para uma completa abluição matinal. O garoto me contou também que muitas vezes acordava devido a barulhos estranhos no quarto vizinho. Ficava tremendamente assustado, temendo que algo pavoroso estivesse acontecendo, uma espécie de luta, mas a mãe o tranquilizava, dizendo que não era nada.

[735]   É fácil imaginar o que acontecia no quarto vizinho. Também é fácil entender o que o garoto pretendia ao chamar sua mãe: tinha ciúmes e queria separá-la do pai. Procedia assim também de dia, quando o pai fazia carinho na mãe. Até aqui, o garoto era simplesmente um rival do pai, disputando o amor da mãe.

[736]   Agora, porém, acresce o fato que tanto a cobra quanto o homem mau o ameaçam: acontece com ele o mesmo que com a mãe no quarto vizinho. Neste sentido, identifica-se com a mãe e está, portanto, numa relação com o pai, semelhante à relação da mãe. Isto se deve ao seu comportamento homossexual que se sente feminino com relação ao pai. Molhar a cama significa, neste caso, um substituto da sexualidade. A pressão da urina no sonho, e também quando acordado, é frequentemente sintoma de outra pressão qualquer, como, por exemplo, medo, expectativa, excitação reprimida, incapacidade de se expressar, necessidade de exprimir um conteúdo inconsciente etc. O substituto da sexualidade tem, neste caso, o valor de uma masculinidade prematura que visa compensar a inferioridade da criança.

[737]   Não pretendo me ocupar, neste contexto, com a psicologia dos sonhos, mas não posso deixar de abordar o motivo da cobra preta e do homem preto. Esses fantasmas assus-

tadores ameaçam tanto o próprio sonhador quanto a mãe. "Preto" significa "escuro", o inconsciente. O sonho mostra que o relacionamento mãe-filho está ameaçado pela inconsciência. O ameaçador é representado pelo motivo mitológico do "pai animal"; em outras palavras, o pai é alguém ameaçador. Esta constatação corresponde à tendência da criança de permanecer inconsciente e infantil, o que é francamente perigoso. Para o garoto, o pai é uma antecipação de sua própria masculinidade, conflitando com seu desejo de permanecer infantil. O ataque da cobra ao "rosto", isto é, à parte que "vê", representa, no meu entender, a colocação em perigo da consciência (cegueira).

[738] Este pequeno exemplo mostra o que ocorre na psique de uma criança de oito anos que entrou numa relação de dependência dos pais, por culpa, em parte, da demasiada severidade do pai e da demasiada ternura da mãe. A identificação com a mãe e o medo do pai são, exatamente, o caso individual dessa neurose infantil, mas representam também a *situação humana primitiva*, ou seja, o ficar preso da consciência primitiva ao inconsciente e o impulso compensador que procura arrancar a inconsciência dessas amarras do escuro. Porque o homem pressente esta situação primitiva por detrás de sua experiência individual, sempre tentou lhe dar expressão de validade universal por meio do motivo universal da luta do herói divino contra o dragão-mãe e que tem como objetivo libertar o homem do poder da escuridão. Este mito tem um sentido "salvador", isto é, terapêutico, uma vez que dá expressão adequada ao dinamismo que subjaz ao embaraçamento individual. O mito não deve ser explicado causalmente como consequência de um complexo pessoal de pai, mas deve ser entendido teleologicamente como uma tentativa do próprio inconsciente de resgatar a inconsciência da regressão ameaçadora. As ideias de "salva-

ção" não são racionalizações subsequentes de um complexo de pai, mas mecanismos arquetípicos pré-formados do desenvolvimento da consciência.

[739]   O que vemos no processo histórico mundial também acontece em casos individuais. O poder dos pais guia a criança como um destino mais alto. Quando ela cresce, então começa a luta entre a atitude infantil e a consciência em evolução; a influência dos pais, que data do período pré-histórico (infantil), é reprimida e entra no inconsciente. Mas não é eliminada. Dirige com fios invisíveis as criações aparentemente individuais do espírito em amadurecimento. Como tudo o que passou para o inconsciente, também a situação primitiva infantil envia sentimentos obscuros e premonitórios para a consciência, sobretudo sentimentos de orientação secreta e de influências do além. Estas influências não são normalmente relacionadas ao pai, mas a uma divindade positiva ou negativa. Esta mudança se opera, em parte, por força da educação e, em parte, espontaneamente. Ela é universal. Ela se impõe mesmo contra a crítica consciente e com a força do instinto e por isso a *anima* merece ser designada *naturaliter religiosa*. O fundamento e possibilidade de tal desenvolvimento estão no fato de que a criança possui um sistema herdado que antecipa a existência dos pais e sua possível influência sobre ela. Em outras palavras, atrás do pai existe o arquétipo do pai e neste tipo preexistente está o segredo do poder paterno, a exemplo da força que leva o pássaro a migrar. Esta força não é produzida por ele, mas provém dos antepassados.

[740]   Certamente não passou despercebido ao leitor que o papel representado pela imagem do pai neste caso é ambíguo. A ameaça que ele representa tem duplo aspecto. Por um lado, pode fazer com que o garoto, por medo do pai, saia dessa identificação com a mãe; mas pode também acontecer

que, por medo do pai, ele se agarre ainda mais à mãe. Surge então uma situação tipicamente neurótica: quer e não quer, diz sim e não ao mesmo tempo.

Este duplo aspecto da imagem do pai é característico do arquétipo em geral: é capaz de efeitos diametralmente opostos e atua sobre a consciência mais ou menos como Deus se comporta para com Jó, isto é, de modo ambivalente. E fica a critério das pessoas, como no livro de Jó, tirar as consequências. Não podemos dizer com toda a certeza que o arquétipo sempre se comporta assim, pois há certas experiências que demonstram o contrário. Mas não parecem ser a regra. [741]

Exemplo ilustrativo e bem conhecido do comportamento ambivalente da imagem do pai é o episódio de amor do livro de Tobias: Sara, a filha de Raguel de Ecbátana, queria se casar. Mas quis seu destino adverso que, após ter escolhido por sete vezes um homem, todos eles vieram a falecer na primeira noite de núpcias. O perverso demônio Asmodeu, pelo qual era perseguida, matou os sete homens. Rogou a Javé que a deixasse morrer, pois era preferível do que continuar suportando esta vergonha. Foi injuriada inclusive pelas empregadas do pai por causa disso. O oitavo noivo, Tobias, foi-lhe enviado por Deus. Também ele foi levado para o quarto nupcial. O velho Raguel fingiu que foi se deitar, mas saiu e foi cavar a sepultura de seu genro; na manhã seguinte mandou uma empregada ao quarto nupcial para constatar o falecimento. Mas dessa vez o papel de Asmodeu terminou, pois Tobias estava vivo[54]. [742]

A legenda apresenta o pai Raguel em seus dois papéis: de um lado, o pai zeloso da noiva e, de outro, o preocupado [743]

---

54. Tb 3,7s.; 8,1s.

cavador da sepultura de seu genro. Humanamente, o pai parece imune a qualquer censura e, certamente, o era. Mas existe o mau espírito Asmodeu, e sua presença precisa ser explicada. Se suspeitarmos que o velho Raguel desempenhava um duplo papel, só poderíamos com esta maldosa insinuação atingir seu sentimento; não podemos lhe atribuir o homicídio. Este crime transcende o complexo de filha do velho e também o complexo de pai de Sara, e por isso a legenda o atribui comodamente a um demônio. Asmodeu representa o papel de um pai ciumento que não deseja entregar sua filha querida e só concorda quando pensa em seu próprio aspecto positivo e, como tal, presenteia Sara com um noivo adequado. Significativamente este é o *oitavo*, isto é, o *último e mais alto grau*[55]. Asmodeu representa o aspecto negativo do arquético paterno, pois este é o gênio e demônio do ser humano pessoal, o "gênio... companheiro... deus da natureza humana... de semblante mutável, claro e escuro"[56]. O mito oferece uma explicação psicológica correta: não atribui a Raguel uma maldade sobre-humana; distingue entre pessoa humana e demônio; assim a psicologia deve distinguir entre o que o indivíduo é e pode, e o que deve ser atribuído ao sistema congenital instintivo que não foi criado pelo ser humano individual, mas que ele já recebeu pronto. Faríamos a maior injustiça ao indivíduo Raguel se o responsabilizássemos pelo poder fatídico desse sistema, ou seja, do arquétipo.

[744]   As possibilidades do arquétipo, para o bem e para o mal, superam de longe nossas capacidades humanas, e um homem só pode se apropriar de seu poder identificando-se

---

55. Cf. para tanto o chamado *Axioma de Maria*, com referência ao problema cf. 3; 4, 7 e 8 em: *Psychologie und Alchemie*, p. 216s. e 224s. [OC, 12].
56. "Genius... comes... naturae deus humanae... vultu mutabilis, albus et ater".

com o demônio, isto é, deixando-se possuir por ele, mas neste caso o homem se perde. O poder fatídico do complexo de pai vem do arquétipo e esta é a verdadeira razão por que o *consensus gentium* coloca uma figura divina ou demoníaca no lugar do pai. A pessoa do pai encarna inevitavelmente o arquétipo que empresta a esta imagem o poder fascinante. O arquétipo atua como um amplificador, aumentando acima da medida os efeitos que procedem do pai, na medida em que estes corresponderem ao tipo herdado.

Inconsciente pessoal e o inconsciente coletivo[57]

A ideia de Jung de que uma imagem arquetípica do espírito masculino se encontra no núcleo do complexo paterno de um indivíduo é evidenciada numa convincente demonstração clínica no seu relato de um caso.

[202] É geralmente conhecido o ponto de vista freudiano segundo o qual os conteúdos do inconsciente se reduzem às tendências infantis *reprimidas*, devido à incompatibilidade de seu caráter. A repressão é um processo que se inicia na primeira infância sob a influência moral do ambiente, perdurando através de toda a vida. Mediante a análise, as repressões são abolidas e os desejos reprimidos conscientizados.

[203] De acordo com essa teoria, o inconsciente contém apenas as partes da personalidade que poderiam ser conscientes se a educação não as tivesse reprimido. Mesmo considerando que, sob um determinado ponto de vista, as tendências infantis do inconsciente são preponderantes, seria incorreto definir ou avaliar o inconsciente somente nestes termos. O inconsciente possui, além deste, outro aspecto, incluindo não apenas conteúdos *reprimidos*, mas todo o material psíquico que subjaz ao limiar da consciência. É impossível explicar pelo princípio da repressão a natureza subliminal de todo este material; caso contrário, a remoção das repressões

---

57. Excertos retirados de C.G. Jung. *O eu e o inconsciente* [OC, 7/2] – 22. ed. Petrópolis: Vozes, 2011, § 202-220, tradução de Dora Mariana Ribeiro Ferreira da Silva.

proporcionaria ao indivíduo uma memória fenomenal, à qual nada escaparia.

Acentuamos, portanto, que, além do material reprimido, o inconsciente contém todos aqueles componentes psíquicos subliminais, inclusive as percepções subliminais dos sentidos. Sabemos, além disso, tanto por uma farta experiência como por razões teóricas, que o inconsciente também inclui componentes que ainda não alcançaram o limiar da consciência. Constituem eles as sementes de futuros conteúdos conscientes. Temos igualmente razões para supor que o inconsciente jamais se acha em repouso, no sentido de permanecer inativo, mas está sempre empenhado em agrupar e reagrupar seus conteúdos. Só em casos patológicos tal atividade pode tornar-se completamente autônoma; de um modo normal ela é coordenada com a consciência, numa relação compensadora. [204]

Pode-se afirmar que esses conteúdos são pessoais, na medida em que forem adquiridos durante a existência do indivíduo. Sendo esta última limitada, também deveria ser limitado o número de conteúdos adquiridos e depositados no inconsciente. Se assim fosse, haveria a possibilidade de esgotar o inconsciente mediante a análise ou o inventário exaustivo dos conteúdos inconscientes; isto, se admitíssemos o fato de que o inconsciente não pode produzir algo diferente dos conteúdos já conhecidos e recolhidos pela consciência. Poderíamos também deduzir a possibilidade já mencionada de que, anulando a repressão, impediríamos a descida dos conteúdos psíquicos ao inconsciente, o que estancaria a produtividade deste último. A experiência nos revela que isto só é possível numa proporção muito limitada. Aconselhamos nossos pacientes a reter e assimilar em seu plano de vida os conteúdos reprimidos que foram associados de novo à consciência. Tal processo, no entanto, como verificamos diariamente, não exerce qualquer influência sobre o inconsciente; este continua a produzir tranquila- [205]

mente sonhos e fantasias, os quais, segundo a teoria original de Freud, deveriam ser motivados por repressões de ordem pessoal. Em tais casos, se prosseguirmos sistematicamente nossas observações, sem preconceitos, depararemo-nos com um material que, embora semelhante aos conteúdos pessoais anteriores, em seu aspecto formal, parece conter indícios de algo que ultrapassa a esfera meramente pessoal.

[206] Procurando um exemplo para ilustrar o que acima disse, lembro-me particularmente de uma paciente afetada por uma neurose histérica benigna, cuja causa principal era um "complexo paterno", tal como o chamávamos no princípio do século XX. Com isso pretendíamos dizer que a relação peculiar da paciente com seu pai era um obstáculo em seu caminho. Ela vivera em excelentes termos com o pai, que falecera recentemente. Sua relação com ele fora principalmente afetiva. Em casos deste tipo a função intelectual costuma desenvolver-se, transformando-se numa ponte para o mundo. Em conformidade com isso, nossa paciente se dedicou ao estudo da filosofia. Seu forte impulso de conhecimento era motivado pela necessidade de liberar-se da união afetiva com o pai. Tal operação pode ser bem-sucedida se no novo plano fundado pelo intelecto os sentimentos também encontram uma saída, como por exemplo, uma ligação afetiva com um homem adequado, estabelecendo-se assim uma relação equivalente à anterior. Entretanto, no caso em questão a transição não foi bem-sucedida, pois os sentimentos da paciente oscilavam entre o pai e um homem não muito apropriado. Em consequência, estancou-se o progresso de sua vida, logo se manifestando a desunião interna característica da neurose. A pessoa assim chamada normal saberia romper o laço afetivo por um lado ou por outro, mediante um enérgico ato de vontade, ou então – e é este talvez o caso mais frequente – transporia in-

conscientemente a dificuldade, resvalando pelo declive suave do instinto, sem perceber o conflito oculto atrás de dores de cabeça ou outras perturbações físicas. No entanto, qualquer debilidade do instinto (que pode ter muitas causas) é suficiente para impedir uma transição suave e inconsciente. O conflito estanca todo progresso e a detenção da vida que disso resulta é sinônimo de neurose. Em consequência dessa paralisação, a energia psíquica transborda em muitas direções, aparentemente inúteis. Assim, por exemplo, ocorrem inervações excessivas do sistema simpático, que ocasionam desordens nervosas do estômago e dos intestinos; pode haver excitação do vago (e consequentemente do coração); ou então fantasias e lembranças, em si mesmas despidas de interesse, podem ser supervalorizadas, obcecando a consciência (o piolho se torna um elefante!). Em tal situação é preciso que um novo motivo elimine o estancamento mórbido. A própria natureza, inconsciente e indiretamente, prepara o caminho através do fenômeno da transferência (Freud). No decurso do tratamento a paciente transfere a imago paterna para o médico, fazendo-o de certo modo seu pai, mas como ele *não* é o pai, converte-o no substituto do homem que não conseguiu. O médico torna-se então o pai e de certa forma o amado ou, em outras palavras, o objeto do conflito. Nele, se conciliam os contrastes, parecendo oferecer por isso a solução quase ideal do conflito. Assim, sem que o deseje, é supervalorizado pela paciente que o transforma num deus ou salvador, fato insólito para o observador estranho ao processo. Esta metáfora não é tão ridícula como parece. Na realidade é um pouco demais ser pai e amante ao mesmo tempo. Afinal de contas ninguém pode aguentar um exagero por muito tempo. Teria pelo menos de ser um semideus a fim de desempenhar sem lacunas semelhante papel: o de doar constantemente. Para o paciente em estado de transferência esta solução provisória se afigura ideal; mas ao fim de algum tempo ocorre uma nova detenção, que se revela tão má quanto a anterior, decorrente do conflito neurótico. No fundo não se chegou ainda a uma verdadeira solução. O conflito foi apenas transferido. Entretanto, uma transferência bem-sucedida pode determinar – pelo menos temporariamente – o desaparecimento da neurose. Por isso foi encarada por Freud, com muito acerto, como um fator curativo de primeira importância; sendo, porém, um estado provisório, embora prometa a possibilidade da cura, está longe de ser a própria cura.

[207] Esta discussão prolixa me pareceu essencial para a compreensão do exemplo oferecido; minha paciente chegara ao estado de transferência e já atingira seu limite máximo, momento em que começa a tornar-se desagradável a paralisação. A questão se impunha: e agora? Eu me tornara aos olhos da paciente o salvador ideal e a ideia de renunciar a mim não só a repugnava, como a horrorizava. Em tais situações o assim chamado "bom-senso" comparece com todo o seu repertório de advertências: "você deve simplesmente...", "seria bom...", "você realmente não pode..." etc. Felizmente, como o "bom-senso" não é muito raro e nem de todo ineficaz (embora haja pessimistas, eu sei), um motivo de ordem racional poderá despertar no exuberante sentimento de bem-estar provocado pela transferência, o entusiasmo necessário para enfrentar um sacrifício penoso, mediante um enérgico ato de vontade. Se isto for bem-sucedido (o que ocorre às vezes), o sacrifício dá o abençoado fruto e o paciente, como que num salto, fica praticamente curado. O médico se alegra tanto com o fato, que se esquece de abordar as dificuldades teóricas desse pequeno milagre.

[208] Se o salto não for bem-sucedido – foi o que ocorreu com minha paciente – temos de defrontar-nos com o pro-

blema da liberação da transferência. Neste ponto a teoria "psicoanalítica" se refugia numa densa treva. Parece inevitável ter-se que admitir um nebuloso fatalismo: o assunto resolver-se-á de um modo ou de outro. "A transferência se desfaz automaticamente quando acaba o dinheiro do paciente", observou certa vez um colega um pouco cínico. Ou então as exigências inexoráveis da vida impossibilitarão o prolongamento desse estado; essas exigências que obrigam ao sacrifício involuntário determinam às vezes uma recaída mais ou menos completa. (É inútil procurar a descrição de tais casos nos livros que glorificam a psicanálise!)

Há casos desesperados em que tudo é em vão; mas há também casos em que o estancamento não ocorre e a transferência se desfaz sem amarguras. Pensei comigo mesmo – no caso da minha paciente – que deveria haver um caminho claro e decente que permitisse a ela sair de tal experiência com integridade e consciência da situação. Há muito se "consumira" o dinheiro da minha paciente (se é que alguma vez o tivera) e era grande a minha curiosidade de saber o modo pelo qual a natureza tomaria um caminho para chegar a uma solução satisfatória. Como nunca me senti senhor desse "bom-senso" que sempre sabe exatamente o que fazer nas situações complicadas, sendo esse também o caso da minha paciente, sugeri-lhe que pelo menos prestasse atenção aos sinais oriundos da esfera da psique ainda não contaminada pela nossa intencionalidade e sabedoria superior: em primeiro lugar, aos *sonhos*. [209]

Os sonhos contêm imagens e associações de pensamentos que não criamos através da intenção consciente. Eles aparecem de modo espontâneo, sem nossa intervenção e revelam uma atividade psíquica alheia à nossa vontade arbitrária. O sonho é, portanto, um produto natural e altamente objetivo da psique, do qual podemos esperar indicações ou [210] pelo menos pistas de certas tendências básicas do processo psíquico. Este último, como qualquer outro processo vital, não consiste numa simples sequência causal, sendo também um processo de orientação teleológica. Assim, podemos esperar que os sonhos nos forneçam certos indícios sobre a causalidade objetiva e sobre as tendências objetivas, pois são verdadeiros autorretratos do processo psíquico em curso.

[211]   Sobre a base destas reflexões, submetemos os sonhos a um exame minucioso. Seria demais citar aqui todos os sonhos que se seguiram. Basta esboçar seu caráter principal: na maioria se referiam à pessoa do médico, isto é, seus personagens eram evidentemente a própria sonhadora e o médico. Este último raramente aparece em sua forma natural; em geral era distorcido de um modo estranho: ora sua estatura parecia de dimensão sobrenatural, ora se afigurava um homem extremamente velho, ou ainda se assemelhava a seu pai; às vezes, porém, confundia-se com a natureza de um modo bizarro, como no seguinte sonho: seu pai (que na realidade fora de baixa estatura) estava com ela numa colina coberta de campos de trigo. Ela era muito pequena perto dele, de modo que o pai parecia um gigante. Ele a ergueu do chão, segurando-a nos braços como se fosse uma criança. O vento fazia ondular os campos de trigo, balançando as espigas enquanto ele a embalava do mesmo modo em seus braços.

[212]   Este sonho e outros semelhantes fizeram-me perceber várias coisas. Antes de tudo tive a impressão de que seu inconsciente continuava firmemente a figurar-me como pai e amado; assim, o laço fatal que tentávamos desfazer parecia ainda mais apertado. Além disso, era inegável que seu inconsciente dava uma ênfase especial ao caráter sobrenatural, quase "divino" do pai e amado, acentuando desse modo, ainda mais, a supervalorização ocasionada pela transferência. Perguntava a mim mesmo se a paciente não compreen-

dera ainda o caráter fantástico de sua transferência, ou se tal compreensão jamais alcançaria seu inconsciente, uma vez que este continuava a perseguir cega e idiotamente uma absurda quimera. A ideia de Freud de que o inconsciente "só sabe desejar", a vontade originária cega e sem objetivo de Schopenhauer, o demiurgo gnóstico em sua vaidade de acreditar-se perfeito –, mas criando na cegueira de sua limitação coisas lamentavelmente imperfeitas –, todas estas conjeturas pessimistas de um fundamento essencialmente negativo do mundo e da alma me acenavam de modo ameaçador. Diante disso nada a opor senão um bem-intencionado "deverias", reforçado por um golpe de machado que derrubasse de uma vez por todas essa fantasmagoria.

[213] Refletindo de novo, detalhadamente, sobre esses sonhos ocorreu-me outra possibilidade. Disse comigo mesmo: é evidente que os sonhos continuam a expressar-se através das mesmas metáforas, tão conhecidas pela paciente e por mim, uma vez que são usuais em nossas conversas. A paciente compreende sem dúvida alguma o fantástico de sua transferência. Sabe que me vê como pai e amado semidivino e, pelo menos intelectualmente, distingue tal fantasia de minha realidade efetiva. Assim, os sonhos repetem o ponto de vista consciente, mas sem a crítica consciente que eles ignoram por completo. Repetem os conteúdos conscientes, não em sua totalidade, insistindo sobre o ponto de vista fantástico, contra o "senso comum".

[214] Eu perguntava a mim mesmo: qual a fonte dessa obstinação e qual o seu propósito? Estava convencido de que devia ter algum sentido finalístico, uma vez que nada de verdadeiramente vivo carece de uma finalidade, ou pode ser explicado como um mero resíduo de fatos anteriores. A energia da transferência, porém, é tão forte, que dá a impressão de ser um instinto vital. Assim sendo, qual é o

propósito de tais fantasias? Um exame e análise cuidadosos dos sonhos, em especial daquele que citamos, revelam uma tendência muito acentuada de dotar a pessoa do médico – contra a crítica consciente que o reduziria às proporções humanas – de atributos sobre-humanos: como se fosse um gigante, de uma era primordial, maior do que o pai, semelhante ao vento que passa impetuosamente sobre a terra. Tratar-se-ia, pois, de convertê-lo num deus! Mas não poderia ser o contrário? Pensei: talvez o inconsciente esteja tentando criar um deus, apoiando-se na pessoa do médico, a fim de libertar a concepção de deus dos invólucros de uma instância pessoal. Dessa forma, a transferência realizada na pessoa do médico não passaria de um equívoco da consciência, de uma brincadeira estúpida do "senso comum". Ou então o impulso do inconsciente estaria tentando, só na aparência, alcançar uma pessoa, tratando-se no fundo da busca de um deus? Acaso a nostalgia de um deus poderia ser uma *paixão*, manando de uma natureza obscura e instintiva, uma paixão intocada por quaisquer influências externas, talvez mais profunda e forte do que o amor por um ser humano? Quem sabe seria este o sentido mais intenso e profundo desse amor inadequado, que se chama transferência? Um pouco do verdadeiro "*Gottesminne*" (amor divino), que desapareceu da nossa consciência desde o século XV?

[215]   Ninguém duvida da realidade de uma ânsia amorosa por um ser humano; mas que um fragmento de psicologia da religião, um anacronismo histórico, algo assim como uma curiosidade medieval – lembremo-nos de Mechthild von Magdeburg – possa vir à luz a modo de uma realidade viva e imediata numa sala de análise, expressando-se na figura prosaica do médico, isto parece fantástico demais para ser tomado a sério.

Uma atitude verdadeiramente científica deve ser livre de preconceitos. O único critério de validez de uma hipótese é seu valor heurístico, isto é, explicativo. Propõe-se aqui a questão: podem ser consideradas válidas como hipóteses as possibilidades acima expostas? *A priori* nada impede de pensar na possibilidade de que as tendências inconscientes tenham um objetivo situado além da pessoa humana, assim como também é possível imaginar que o inconsciente "só sabe desejar". Apenas a experiência decidirá qual das hipóteses é a mais adequada. [216]

Esta nova hipótese não pareceu muito plausível à minha paciente, cujo espírito crítico era apreciável. A primeira interpretação, de que eu era seu pai e amado e, como tal, representava uma solução ideal do conflito, era muito mais atraente segundo seu modo de sentir. No entanto, seu intelecto era suficientemente lúcido para apreciar a possibilidade teórica da nova hipótese. Neste meio-tempo os sonhos continuavam a dissolver cada vez mais a pessoa do médico. Paralelamente ocorria algo que de início só eu pude perceber, com grande surpresa: uma espécie de erosão subterrânea da transferência. Suas relações com um amigo começaram a aprofundar-se perceptivelmente, se bem que ao nível da consciência ela continuasse vinculada à transferência. Foi assim que ao chegar a hora de deixar-me não houve catástrofe, mas uma despedida razoável. Tive o privilégio de ser o único espectador do processo de liberação. Vi como se desenvolve um núcleo normativo suprapessoal, por assim dizer, que exerce uma *função diretora* e como, pouco a pouco, transfere para si próprio as supervalorizações pessoais anteriores e o modo pelo qual este afluxo de energia exerce uma influência crescente sobre a consciência que lhe resiste. Ao nível da consciência, a paciente não percebeu o [217] desenrolar do processo. Reconheci, por meu lado, que os sonhos não eram meras fantasias, mas autorrepresentações de desenvolvimentos inconscientes, os quais permitiam a expansão gradual da psique da paciente, além da ligação pessoal inadequada[58].

[218]   Como indiquei, esta transformação se processou através do desenvolvimento inconsciente de um núcleo normativo suprapessoal; um objetivo virtual, por assim dizer, que se exprimia simbolicamente sob uma forma que só podemos descrever como uma visão de Deus. Os sonhos deformavam a pessoa do médico, até a proporção de um super-homem, transformando-o num pai gigantesco e primordial, que era ao mesmo tempo o vento e em cujos braços a sonhadora repousava como uma criança. Se quisermos responsabilizar a consciência da paciente (cristã por tradição) pela imagem divina aparecida em sonhos, teremos que acentuar a desfiguração. Em matéria religiosa, a paciente mantinha uma atitude crítica e agnóstica e a ideia de uma deidade possível há muito passara para o reino do inconcebível, isto é, da abstração completa. Em contraposição a isto, a imagem divina dos sonhos correspondia à concepção arcaica de um *daimon da natureza*, talvez um Wotan. Θεὸς τὸ πνεῦμα, "Deus é espírito", podia então ser traduzido em sua forma originária, πνεῦμα, significando "vento". Deus é o vento, mais forte e poderoso do que o homem, é um ente constituído por um alento invisível. De modo semelhante, em hebraico *ruah* e em árabe *ruh* significam alento e espírito[59]. Os sonhos ultrapassavam uma forma puramente pessoal de

---

58. Cf. Função transcendente. In: JUNG, C.G. *Tipos psicológicos*. Zurique: Rascher, 1921 [OC, 6; § 908, sv. "símbolo"].

59. Índice detalhado em: *Wandlungen und Symbole der Libido*. Op. cit. Cf. sv. "vento".

Deus e manifestavam uma imagem divina arcaica muito distante da ideia consciente de Deus. Poder-se-ia objetar que isto não passa de uma imagem infantil, uma lembrança da infância. Eu não faria objeção a esta hipótese se se tratasse de um velho sentado em trono de ouro, no céu. Mas no sonho em questão não havia qualquer sentimentalidade desta espécie e sim uma concepção primitiva que só pode corresponder à mentalidade arcaica. Tais concepções primitivas, das quais citei numerosos exemplos em meu livro *Wandlungen und Symbole der Libido* (Transformações e símbolos da libido) induzem-nos a fazer uma distinção, no que se refere ao material inconsciente, muito diversa daquela que fazemos entre "pré-consciente" e "inconsciente", ou "subconsciente" e "inconsciente". Não discutiremos a exatidão destas distinções. Elas têm um valor bem-definido e merecem ser esclarecidas posteriormente, como pontos de vista. A diferenciação que a experiência me impôs apenas reivindica para si o valor de mais um ponto de vista. Do que já dissemos até aqui se tornou clara a distinção, no inconsciente, de uma camada que poderíamos chamar de *inconsciente pessoal*. Os materiais contidos nesta camada são de natureza pessoal porque se caracterizam, em parte, por aquisições derivadas da vida individual e em parte por fatores psicológicos, que também poderiam ser conscientes. É fácil compreender que elementos psicológicos incompatíveis são submetidos à repressão, tornando-se por isso inconscientes; mas por outro lado há sempre a possibilidade de tornar conscientes os conteúdos reprimidos e mantê-los na consciência, uma vez que tenham sido reconhecidos. Os *conteúdos* inconscientes são de natureza *pessoal* quando podemos reconhecer em nosso passado seus efeitos, sua manifestação parcial, ou ainda sua origem específica. São partes integrantes da personalidade, pertencem a seu inventário e sua perda produziria na consciência, de um modo ou de outro, uma inferioridade. A natureza desta inferioridade não seria psicológica como no caso de uma mutilação orgânica ou de um defeito de nascença, mas o *de uma omissão que geraria um ressentimento moral*. O sentimento de uma inferioridade moral indica sempre que o elemento ausente é algo que não deveria faltar em relação ao sentimento ou, em outras palavras, representa algo que deveria ser conscientizado se nos déssemos a esse trabalho. O sentimento de inferioridade moral não provém de uma colisão com a lei moral geralmente aceita e de certo modo arbitrária, mas de um conflito com o próprio *si-mesmo* (*Selbst*) que, por razões de equilíbrio psíquico, exige que o déficit seja compensado. Sempre que se manifesta um sentimento de inferioridade moral, aparece a necessidade de assimilar uma parte inconsciente e também a possibilidade de fazê-lo. Afinal são as qualidades morais de um ser humano que o obrigam a assimilar seu *si-mesmo* inconsciente, mantendo-se consciente, quer pelo reconhecimento da necessidade de fazê-lo, quer indiretamente, através de uma penosa neurose. Quem progredir no caminho da realização do *si-mesmo* inconsciente trará inevitavelmente à consciência conteúdos do inconsciente pessoal, ampliando o âmbito de sua personalidade. Poderia acrescentar que esta "ampliação" se refere, em primeiro lugar, à consciência moral, ao autoconhecimento, pois os conteúdos do inconsciente liberados e conscientizados pela análise são em geral desagradáveis e por isso mesmo foram reprimidos. Figuram entre eles desejos, lembranças, tendências, planos etc. Tais conteúdos equivalem aos que são trazidos à luz pela confissão de um modo mais limitado. O restante, em regra geral, aparece mediante a análise dos sonhos. É muito interessante observar como às vezes os sonhos fazem emergir os pontos essenciais, um a um, em perfeita ordem. Todo esse material acrescentado à consciência determina uma considerável ampliação do horizonte, um aprofundamento do autoconhecimento e, principalmente, humaniza o indivíduo, tornando-o modesto. Entretanto, o autoconhecimento, considerado pelos sábios como o melhor e o mais eficaz para o homem, produz diferentes efeitos sobre os diversos caracteres. Assim o demonstram as descobertas notáveis que se faz na análise prática. Tratarei desta questão no capítulo seguinte.

Como demonstra o exemplo que apresentei acerca da ideia arcaica de Deus, o inconsciente parece conter outras coisas além das aquisições e elementos pessoais. Minha paciente desconhecia a derivação da palavra "espírito" de "vento" e o paralelismo de ambas. Tal conteúdo não fora produzido por seu intelecto, nem jamais ouvira algo sobre isso. A passagem do Novo Testamento – τὸ πνεῦμα πνεῖ ὅπου Θέλει – era-lhe desconhecida, pois não lia o grego. Na hipótese de tratar-se de uma aquisição pessoal, poder-se-ia considerar a eventualidade de um caso de *criptomnésia*[60], memória inconsciente de um pensamento que a sonhadora tivesse lido em alguma parte. Nada tenho a opor contra esta possibilidade, no caso citado; mas já vi um número suficiente de casos – muitos dos quais podem ser encontrados no meu livro já mencionado –, nos quais a possibilidade da criptomnésia deve ser excluída com toda a certeza. Mas mesmo que se tratasse de um caso de criptomnésia (o que me parece muito improvável), teríamos de explicar que predisposição determinara a fixação dessa imagem para ser mais tarde "ecforizada", produzida (Semon). De qualquer

[219]

---

60. Cf. FLOURNOY, T. *Des Indes à la planète Mars*: Étude sur un cas de somnambulisme avec glossolalie. 3. ed. Paris/Genebra: [s.e.], 1900. • JUNG, C.G. "Sobre a psicologia e patologia dos fenômenos chamados ocultos". Op. cit., p. 110s. [OC, 1; §138s.].

modo, quer se trate ou não de criptomnésia, surge no inconsciente de uma pessoa civilizada uma imagem divina autêntica e primitiva, produzindo um efeito vivo, que poderia dar o que pensar a um psicólogo da religião. Nessa imagem nada há que possa ser considerado "pessoal"; *trata-se de uma imagem totalmente coletiva*, cuja existência étnica há muito é conhecida. Trata-se de uma imagem histórica que se propagou universalmente e irrompe de novo na existência através de uma função psíquica natural. Mas isto não é de se estranhar, uma vez que minha paciente veio ao mundo com um cérebro humano cujas funções continuam a ser as mesmas que entre os antigos germanos. É o caso de um *arquétipo* reativado, nome com que designei estas imagens primordiais[61]. Mediante a forma primitiva e analógica do pensamento peculiar aos sonhos, essas imagens arcaicas são restituídas à vida. Não se trata de ideias inatas, mas de caminhos virtuais herdados[62].

[220]   Diante desses fatos devemos afirmar que o inconsciente contém, não só componentes de ordem pessoal, mas também impessoal, coletiva, sob a forma de *categorias herdadas*[63] ou arquétipos. Já propus antes a hipótese de que o inconsciente, em seus níveis mais profundos, possui conteúdos coletivos em estado relativamente ativo; por isso o designei *inconsciente coletivo*.

---

61. Cf. Tipos psicológicos. Op. cit. [OC, 6; Definições, sv. "imagem"].

62. A objeção apresentada contra minha opinião, qualificando-a de "mística e fantástica", não tem, pois, razão de ser.

63. HUBERT, H. & MAUSS, M. *Mélanges d'histoire des religions*. Paris: [s.e.], 1909, p. XXIX.

4

Logos e Eros: Sol e Lua

A personificação dos opostos: a natureza da Lua[64]

A tentativa de Jung de equiparar Logos e Eros, suas concepções intuitivas da consciência masculina e feminina, aos alquímicos Sol e Lua é apenas parcialmente bem-sucedida; existe mais do que "discriminação, julgamento e intuição" para o Sol e, certamente, mais do que "a capacidade de relacionar-se" para a Lua. Estas concepções estereotipadas têm a máxima utilidade quando aplicadas ao inconsciente dos homens e das mulheres, onde o personagem do sexo oposto aparece de uma maneira arquetípica caricaturada. Jung comenta ironicamente que num homem a *anima* lunar e numa mulher o *animus* solar tem a maior influência sobre a consciência.

Partindo de considerações puramente psicológicas, [218] tentei em diversos outros lugares caracterizar a consciência masculina por meio do conceito de *Logos* e a feminina pelo de *Eros*. Nessa tarefa procurei entender por "Logos" o distinguir, o julgar, o reconhecer, e por "Eros" o colocar-em-relação (relacionar). Os dois conceitos tinham para mim valor de concepções intuitivas, que não podem ser definidas de maneira exata ou exaustiva; isto é certamente lamentável do ponto de vista científico, mas é até valioso

---

64. Excertos retirados de C.G. Jung (com a colaboração de Marie-Louise von Franz). *Mysterium coniunctionis* – Pesquisas sobre a separação e a composição dos opostos psíquicos na alquimia [OC, 14/1] – 5. ed. Petrópolis: Vozes, 2011, § 218-220, tradução de Frei Valdemar do Amaral, O.F.M.

do ponto de vista prático, uma vez que os dois conceitos caracterizam de certo modo um domínio experimental de definição igualmente difícil.

[219] Como é difícil estabelecermos um teorema psicológico sem que imediatamente nos vejamos obrigados a invertê-lo, também neste ponto aparecem de pronto exemplos em contrário: homens a quem pouco importa o julgar e o conhecer, e mulheres que manifestam uma capacidade quase exageradamente masculina de distinguir e julgar. Eu gostaria de designar esses casos como *exceções regulares*. Demonstram eles, a meu ver, o fato comum de haver do ponto de vista psíquico uma *sexualidade oposta predominante*. Sempre que isso acontece, trata-se de um avançar impulsivo do inconsciente, acompanhado da repulsão correspondente da consciência específica; é o predominar da *sombra* e do sexo oposto, e de certo modo até a presença de sintomas de possessão (entre os quais se enumeram: faltas generalizadas de liberdade, fenômenos coativos, fobias, obsessões, automatismos, afetos etc). O fato dessa inversão é provavelmente a fonte psicológica principal para a concepção alquímica do *Hermaphroditus*. No homem é a *anima* lunar, na mulher é o *animus* solar; nos dois casos se exerce grande influência na consciência. Ainda que muitas vezes ao homem não pareça clara sua possessão pela *anima*; entretanto terá ele uma impressão tanto mais clara e mais facilmente compreensiva da possessão pelo *animus* experimentada por sua mulher; e vice-versa também.

[220] Logos e Eros são os valores intuitivo-intelectuais correspondentes às concepções arquetípicas de Sol e Luna. No meu modo de julgar, são essas duas luminárias de uma intuição tão insuperável que até os prefiro às resignações mais limitadas de Logos e Eros, ainda que estas últimas designem de modo mais acertado e inteligível certa particularidade

psíquica do que os conceitos indefinidos de Sol e Lua. O uso desses conceitos certamente exige uma fantasia viva e sempre vigilante, o que não conseguem ter aqueles que por temperamento preferem conceitos puramente intelectuais. Estes últimos conceitos decerto oferecem algo de pronto e terminado, ao passo que uma imagem arquetípica nada tem senão sua pura exuberância, que se afigura "incompreensível" ao intelecto. ("Por onde te posso pegar, natureza infinita?") Se os primeiros conceitos significam um valor cunhado e negociável, os últimos representam a vida.

A personificação dos opostos[65]

1. Introdução

[101]   O esforço dos alquimistas em unir os opostos alcança o ponto culminante no "casamento alquímico", que é o ato de união supremo a coroar a obra. Depois de superada a inimizade dos quatro elementos, ainda existe sempre a última e mais forte oposição, que os alquimistas não podiam exprimir mais acertadamente do que pelo relacionamento recíproco do masculino e do feminino. Ao estabelecer esta contraposição, pensa-se primeiro na força da paixão e do amor, que obriga os polos separados a se unirem, ao passo que se esquece a circunstância de que atração tão intensa somente é requerida onde existe a força oposta a separar as partes. Ainda que a "inimizade tenha sido estabelecida" apenas entre a serpente e a mulher (Gn 3,15), contudo a mesma maldição se estende também ao relacionamento dos sexos entre si. Foi dito a Eva: "Sentirás desejos de teu marido, mas ele deve ser teu senhor!" (Gn 3,16). E a Adão foi dito que a "terra será amaldiçoada" por causa dele, porque ele "ouviu a voz de sua mulher" (Gn 3,17). Entre ambos existe a culpa original, isto é, uma *inimizade rompida,* que parece absurda apenas à nossa razão, não porém à nossa natureza (psíquica).

---

65. Excertos retirados de C.G. Jung (com a colaboração de Marie-Louise von Franz). *Mysterium coniunctionis* – Pesquisas sobre a separação e a composição dos opostos psíquicos na alquimia [OC, 14/1] – 5. ed. Petrópolis: Vozes, 2011, § 101-128, tradução de Frei Valdemar do Amaral, O.F.M.

E que nossa razão se encontra influenciada pela natureza exterior (physis) em grau elevado e às vezes até em excesso, de modo a parecer-lhe que a união dos sexos é a única coisa a ter sentido, e que o impulso para a união é o mais rico em sentido de todos os impulsos. Se procurarmos conceber a *natureza* em sentido mais elevado como uma noção geral que abranja todos os fenômenos, veremos que um de seus aspectos é o físico e o outro o espiritual (pneumático). Desde a Antiguidade o primeiro deles é considerado o feminino e o segundo o masculino. A meta do primeiro é a *união,* mas o segundo tende para a *distinção.* Porque supervalorizamos o aspecto físico, falta à nossa razão hoje em dia a orientação espiritual, isto é, o pneuma. A alquimia parece ter suspeitado acerca disso, pois como poderia ela de outra maneira ter chegado àquele mito singular do país do rei marinho, em que somente se acasala igual com igual e por isso reina esterilidade[66]? Certamente é um reino de amizade inocente, uma espécie de paraíso ou de período áureo, ao qual os "filósofos" procuram com toda a razão pôr um termo por se sentirem representantes da physis. Mas o que então acontece não é de maneira alguma a união dos sexos, mas um incesto "régio", uma ação culposa, que imediatamente levou à prisão e à morte; e apenas depois disso foi conseguida a fertilidade no país. Contudo este mito é ambíguo como alegoria; como acontece em geral em toda a alquimia, pode ele ser entendido tanto em sentido físico como em sentido pneumático[67]. O escopo físico é o ouro, a panaceia, o elixir vitae; mas o escopo pneumático é o renascimento da luz (espiritual), a partir da escuridão da physis, bem como o salutar conheci-

---

[66]. "Visio Arislei". *Artis Auriferae.* I, 1593, p. 146s.
[67]. "Tam moralis quam chymica". MAJER. *Symbola aureae mensae duodecim nationum.* 1617, p. 156.

mento de si mesmo e a libertação do corpo pneumático (ou espiritual) a partir da corruptio da carne.

[102]   Um traço muito sutil da Visio é afirmar que é *rei* no reino da inocência aquele que realizar na mente o acasalamento dos sexos. Assim diz o rex marinus: "Tenho de fato um filho e uma filha, e por isso sou o rei de meus súditos, pois eles não têm nada disso (horum nihil). Contudo foi no meu cérebro que tive a gestação (portavi) do filho e da filha"[68]. Portanto, o rei é um traidor potencial do estado paradisíaco da inocência por "ter na cabeça" a possibilidade de gestação, e ele é rei justamente por ser capaz de pecar contra o estado de inocência em que vivia até então. Porque ele também pode ser diferente dos outros, também é ele mais do que qualquer um de seus súditos; por isso é ele com razão o rei, ainda que do ponto de vista físico seja mau soberano[69].

[103]   Também neste ponto se mostra novamente o contraste entre a alquimia e o ideal cristão dominante, que procura restaurar o estado primitivo de inocência por meio da vida claustral e mais tarde por meio do celibato sacerdotal. O conflito entre a vida do mundo e o modo de ser do espírito, que originariamente se encontrava latente no mito de amor da mãe e do filho, foi elevado pelo cristianismo ao estado de núpcias místicas do sponsus (Christus) e da sponsa (Ecclesia), ao passo que a alquimia o situou na physis como a coniunctio solis et lunae. A solução cristã dada ao conflito é de natureza puramente pneumática, enquanto que o relacionamento físico dos sexos passou a ser uma alegoria e, quando ultrapassa certa medida legal, se torna um pecado que perpetua ou aumenta o peccatum originale. A

---

68. Artis Auriferae. I, 1593, p. 147.
69. Os filósofos dizem-lhe: "Domine, quamvis rex sis, male tamen imperas et regis" (Senhor, ainda que sejais o rei, contudo reinais e governais mal).

alquimia, porém, elevou justamente a pior transgressão da lei, isto é, o incesto, para ele ser o símbolo da união dos opostos, esperando deste modo chegar ao aureum saeculum. Ambas as orientações veem a possibilidade de solução na transferência da união dos sexos para outro meio; uma a projeta no espírito, e a outra na matéria. Nenhuma das duas, porém, situa o problema no meio em que ele surgiu, que é a alma humana.

Certamente qualquer um estaria inclinado a admitir que seria mais cômodo desviar para outro campo uma questão tão inaudivelmente difícil como essa, e aí representá-la como já solucionada. Mas tal explicação é decerto simplista demais e até errada do ponto de vista psicológico, pois nesse caso teríamos de admitir também que o problema como tal alguma vez já foi proposto de modo consciente e que, sendo reconhecido como penoso, foi então desviado para outra base. Este artifício corresponde às ponderações modernas; não, porém, ao espírito das épocas passadas, pois não existe documentação histórica para tais operações neuróticas. Muito ao contrário, todos os documentos falam a favor do fato de que esse problema sempre se apresentou situado fora do campo psíquico conhecido por nós. Era o hierósgamos dos deuses, a prerrogativa mística dos soberanos, o rito dos sacerdotes etc. Trata-se aqui de um arquétipo do inconsciente coletivo, que passou a ter influência sempre crescente na vida consciente à medida que também crescia a consciência. Hoje em dia, contudo, tem-se a impressão de que a alegoria do esposo e da esposa, para nem sequer falar da completamente obsoleta coniunctio da alquimia, tornou-se tão apagada a ponto de já não se encontrar o conceito de incesto, a não ser na criminalística e na psicopatologia sexual. A descoberta de Freud acerca do chamado "complexo de Édipo" – que é apenas um caso especial dentro do problema

[104]

mais geral do incesto e de sua difusão quase universal – veio reativar a velha problemática, mas isso inicialmente apenas para os médicos interessados pela psicologia. Entretanto, se o leigo sabe muito pouco acerca de certos conhecimentos médicos ou se tem nesse ponto até conceitos errôneos, contudo essa situação não altera a ordem dos fatos, como também não o faz o desconhecimento, por parte dos leigos, acerca da percentagem dos casos de tuberculose ou de psicoses.

[105]   O médico sabe hoje em dia que o problema do incesto, por assim dizer, ocorre em toda a parte do mundo de modo mais ou menos nítido, e que ele imediatamente aflora à superfície, tão logo sejam afastadas do primeiro plano as ilusões comumente encontradas. Mas ele conhece isso apenas do lado patológico e, por isso, deixa-o ficar entregue ao ódio que lhe vem do próprio nome. Assim não enxerga ele a demonstração fornecida pela História, por meio da qual chegaria ele a ver com clareza que esses segredos penosos ouvidos no consultório médico constituem como que o estádio embrional e imperfeito de uma problemática secular, que produziu um conjunto de símbolos de máxima importância, tanto na esfera superpessoal da alegórica eclesiástica como nos primórdios das ciências naturais. Ele enxerga apenas a "materia vilis et in via eiecta" (matéria vil e atirada à rua) do aspecto patológico, sem suspeitar nada a respeito da implicação pneumática existente, que constitui o outro lado da questão. Se ele enxergasse também esse lado, então também compreenderia ele como o espírito, que está perdido e encoberto sob uma aparência miserável e até condenável, retorna em cada indivíduo e provoca em certos casos predeterminados confusão interminável e destruição tanto maior em coisas pequenas como em grandes. O problema psicopatológico do incesto é a forma natural mal-entendida da união dos opostos, a qual como problema psíquico ainda

nunca se tornou consciente ou, se já esteve consciente alguma vez, tornou a escapar do alcance da consciência.

As personagens que representam o drama desse problema são o homem e a mulher, na alquimia o rei e a rainha, Sol e Luna. A seguir farei uma exposição da maneira como a alquimia caracteriza os representantes da oposição máxima.

[106]

2. Sol

O Sol significa na alquimia o ouro, com o qual partilha o símbolo ☉. Mas como o ouro "filosófico" não é o ouro "comum"[70] assim o Sol não é nem o ouro metálico[71] nem o corpo celeste[72]. Em um caso se chama "sol" uma substância ativa contida no ouro, do qual deve ser extraída na forma da tinctura rubea. No outro caso o sol é o corpo celeste como possuidor de uma radiação de efeito mágico e transformante. O sol, como ouro e como corpo celeste[73], encerra então um enxofre ativo e de cor vermelha, que é quente e

[107]

---

70. "Aurum nostrum non est aurum vulgi" (Nosso ouro não é o ouro vulgar) (*De Chemia Senioris Antiquissimi Phil. Lib.* 1566, p. 92).

71. "Aurum et argentum in metallina sua forma lapidis nostri materiam non esse" (Ouro e prata em sua forma metálica não são a matéria de nossa pedra) ("Tract. Aur. de Lapide". *Musaeum Hermeticum.* 1678, p. 32).

72. O Sol é um arcanum porque o ouro não se oxida, e o "Consilium Coniugii" o descreve com as palavras: "Substantia aequalis, permanens, fixa, longitudine aetemitatis" (Uma substância homogênea, imutável, sólida, da duração da eternidade) (*Ars Chemica.* 1566, p. 58). "Est enim Sol radix incorruptibilis" (O Sol é, pois, o elemento radical incorruptível). "Immo non est aliud fundamentum artis quam sol et eius umbra" (Na verdade, o fundamento de toda a arte não é outra coisa senão o Sol e sua sombra) (Op. cit., p. 138).

73. RUPESCISSA, J. *La Vertu et la Propriété de la Quinte Essence.* [s.l.]: [s..e], 1581, p. 19: "Jceluy soleil est vray or... L'or de Dieu est appelé par les Philosophes, Soleil; car il est fils du Soleil du Ciel, et est engendré par les influences du Soleil ès entrailles et veines de la terre".

seco[74]. Por causa desse enxofre vermelho o sol alquímico é vermelho[75], como também o ouro correspondente. Era do conhecimento de todo alquimista que o ouro devia sua vermelhidão ao acréscimo de Cu (cobre), isto é, de Kypris (Vênus), que outrora representou na alquimia grega a substância transformadora[76]. O vermelho, o quente e o seco são as propriedades clássicas do Typhon egípcio, que é o princípio mau como o sulphur alquímico e se relaciona de perto com o demônio. Como Typhon tem o seu reino no mar proibido, assim o Sol ora como "sol centralis" tem o seu "mar" e sua "água crua e perceptível" (aquam crudam perceptibilem), ora como "sol coelestis" tem também seu "mar" e suas "aquas subtiles, perceptibiles". Essa *água marinha* (aqua pontica) é extraída do Sol e da Lua. Mas, em oposição ao mar de Typhon, a força doadora de vida dessa água é celebrada em hinos, o que de modo algum significa que ela em qualquer circunstância seja sempre algo de bom. Significa ela decerto o mesmo que Mercurius, que é de caráter duvidoso e cuja natureza cheia de veneno é mencionada muitas vezes. O aspecto "tifônico" da substância ativa do sol, que é o sulphur rubeum e a aqua non madefaciens

---

74. O enxofre até se identifica com o fogo. Cf. "Consilium Coniugii". *Ars Chemica*. 1566, p. 217: "Scias igitur quod ignis sulphur est, id est Sol" (Saiba, pois, que o fogo é o enxofre, isto é, o Sol). Em MYLIUS. *Philosophia Reformata*. 1622, p. 185) o Sol é idêntico ao *Sulphur*, isto é, o sol alquímico significa a substância ativa do Sol ou do ouro.

75. "Sol noster est rubeus et ardens" (Nosso Sol é vermelho e ardente) (DIONYSIUS ZACHARIUS. "Opusc." *Theatrum Chemicum*. I, 1602, p. 840). Bernardus Trevisanus chega até a afirmar: "Sol nihil aliud est, quam sulphur et argentum vivum" (O Sol não é outra coisa senão enxofre e mercúrio) (Excerto em anotações de Nic. Flamelli. *Theatrum Chemicum*. I, 1602, p. 860).

76. Olimpiodoro (BERTHELOT. *Collection des anciens alchimistes grecs*. 1887/88, II, IV, p. 43): "Esfrega (com isso) as folhas da deusa brilhante, a Kypris vermelha".

manus (que não molha as mãos)[77] ou a *água marinha*, não pode ficar fora de consideração. O próprio autor, neste contexto e nesta passagem, não consegue reprimir a alusão de ser-lhe consciente a maneira de empregar paradoxos: "Que ninguém se sinta chocado com as contradições que, de acordo com os costumes dos filósofos, se encontram casualmente em meus tratados. Se temos inteligência, é porque precisamos dela; não há rosas sem espinhos"[78].

Como já foi dito, a substância ativa do sol é algo de favorável. Na forma do chamado "bálsamo" goteja ela do sol e produz o limão, a laranja, o vinho e no reino mineral o ouro[79]. No homem forma o bálsamo "humidum illud radicale, ex sphaera aquarum supracoelestium" (aquela umidade radicial da esfera da água supraceleste); é ele o "lucens" ou "lucidum corpus" que, "desde o nascimento, promove o calor interno e de que provém todo o movimento da vontade (motus voluntatis) e o princípio de toda a tendência vital (totius appetitus principium)". É ele o "espírito vital" e tem "sua sede no cérebro e seu reinado no coração"[80].

[108]

---

77. HOGHELANDE, T. de. *Theatrum Chemicum*. I, 1602, p. 181.

78. "Novum Lumen Chemicum". *Musaeum Hermeticum*. 1678, p. 581s.

79. STEEBUS, J.C. *Coelum Sephiroticum*. 1679, p. 50. Paracelsus (em "Natura Rerum". SUDHOFF. XI, 330) diz: "Então, a vida do homem não é senão um bálsamo astral, uma impressão balsâmica, um fogo celestial e invisível, um ar incluso" etc. Na obra organizada por Adam von Bodenstein 1562: "Theophrasti Paracelsi Eremitae libri V de Vita Longa" etc. fl. c 7ᵛ diz-se: "(Tractans de quadam virtute invisibili) vocat eam balsamum, omnem corporis naturam excedentem, qui duo corpora coniunctione conservat, et coeleste corpus una cum quatuor elementis sustentat" ([Tratando de certa força invisível] chama-a de bálsamo que supera toda a natureza física, e conserva os dois corpos em união, e sustenta unido o corpo celeste com os quatro elementos).

80. STEEBUS. p. 117: A Lua haure do Sol "unlversam formam atque vitam natura-lem" (Sua forma completa e sua vida natural). DORNEUS. "Physica Genesis". *Theatrum Chemicum*. I, 1602, p. 397.

[109]   Nas tetralogias de Platão *(Platonis Quartorum Libri)*, um escrito de origem "sábica", o spiritus animalis ou o sulphur solar, ainda é πνεῦμα πάρεδρον ou spiritus familiaris, isto é, um espírito serviçal que é forçado a vir em auxílio durante o trabalho, quando é chamado por invocações mágicas[81].

[110]   De tudo o que já foi dito sobre a substância ativa do sol, já deve ter ficado esclarecido que na alquimia "Sol" não indica propriamente uma substância química determinada, mas sim uma "virtus" ou uma força misteriosa[82], à qual se atribui um efeito produtor[83] e transformador. Como o Sol físico ilumina e aquece o universo, assim também no corpo humano existe um arcano solar no coração, donde flui vida e calor[84]. "E, pois, com razão", escreve Dorneus, "que ele (o sol) é chamado o *primeiro depois de Deus* (primus post Deum) e pai e gerador de todos[85] pois nele reside a força que gera e forma todas as coisas" (quorumvis seminaria virtus atque formatus delitescit)[86]. Esta força é designada como

---

81. "Plat. Quart. Lib." *Theatrum Chemicum*. V, 1622, p. 130.

82. "Fatuum esset cum plurimis credere, solem esse dumtaxat ignem caelestem" (Seria tolice acreditar com o vulgo que o Sol fosse apenas um fogo celeste). DORNEUS. "Phys. Trismegisti". *Theatrum Chemicum*. I, 1602, p. 423.

83. Até Proclus inclusive (Comentário de Timeu), a alquimia ainda acredita que o Sol produz o ouro (in: Tim. 18 B, I, 1903, I, p. 43 [DIEHL, E. (org.)]).

84. DORNEUS. "Physica Trismesgisti". *Theatrum Chemicum*. I, 1602, p. 424, diz: "Ut fons vitae corporis humani, centrum est cordis eius, vel id potius quod in eo delitescit arcanum, in quo viget calor naturalis" (Como a fonte da vida humana é o centro do coração, ou antes o mistério que aí se oculta, no qual reside o calor natural).

85. Zosimos (BERTHELOT. *Collection des anciens alchimistes grecs*. 1887/88, III, XXI, 3) cita o dito de Hermes: "'Ήλιος ὁ πάντα ποιῶν" (O Sol é o criador de tudo).

86. Op. cit., p. 424. Do ponto germinativo do ovo se diz aí (*Cod. Berol.* Lat. 532 fol. 154ᵛ): "Punctum solis i.e. germen ovi, quod est in vitello" (O ponto solar, isto é, o germe do ovo que está na gema).

Sulphur[87]. Ela é um dêmon vital quente, que está em íntima relação com o sol na terra, isto é, com o "ignis centralis" ou "gehennalis". Por isso também existe um "sol niger", um sol negro, que coincide com o negrume e a putrefação ou o estado da morte[88]. Do mesmo modo que Mercurius, assim também na alquimia o Sol é ambivalente.

A força admirável do Sol, segundo Dorneus, provém do fato de estarem contidos nele "todos os elementos simples, como também ocorre no céu e em todos os corpos celestes". "Unicum dicimus elementum esse solem" (dizemos que o sol é um elemento único) diz nosso autor; com isso, portanto, ex silentio ele o identifica com a quintessência. Esta concepção é explicada pela frase curiosa do *Consiliun Coniugii*: "Eles (os filósofos) dizem que o pai do ouro e da prata é o ser vivo da terra e do mar (animal terrae et maris), ou que é o homem, ou mesmo uma parte do homem, como cabelos, sangue, menstruo etc."[89] A base filosófica desse modo de pensar é evidentemente aquela ideia errônea de uma força espalhada por toda a parte e de grande prestígio, capaz de efeitos mágicos e de curas, e responsável

[111]

---

87. *Eod.* 1.: "Masculinum et universale semen et potissimum est eius naturae sulphur, generationum prima pars omnium, ac potissima causa. Proinde a Paracelso prolatum est, sol et homo per hominem generant hominem" (O sêmen masculino, universal e principal, é o enxofre de sua natureza, a parte principal e a causa mais importante de todas as gerações. Por isso disse Paracelso que o Sol e o homem geram o homem por intermédio do homem).

88. Cf. adiante. O Sol alquímico se origina também da escuridão da Terra, como se conclui da *Aurora Consurgens*. I, cap. XI, Parab. 6: "Terra fecit Lunam... deinde ortus est sol... post tenebras quas posuisti ante ortum solis in ipsa" (A Terra fez a Lua... então surgiu o Sol... depois das trevas que nela puseste antes do nascer do Sol).

89. *Ars Chemica*. 1566, p. 158. Em estágio mais primitivo de cultura considera-se o sangue como sede da alma. Os cabelos significam a força da vida e a força de Deus (Jz 13,5 e 16,17s.).

pelo crescimento[90]; encontra-se ela no Sol, como também no homem e nas plantas. Por isso, não apenas o Sol, mas também o homem, especialmente o iluminado ou o adepto, é capaz de produzir o ouro em virtude dessa força universal. Para Dorneus era claro[91] que não se pode fazer o ouro por meios químicos, isto é, pelo caminho natural; por isso considerava como "miraculum" a chrysopoee (produção do ouro). Esse milagre se realiza por meio de uma "natura abscondita", uma entidade metafísica, "que não pode ser percebida pelos olhos exteriores, mas unicamente pela razão (mente sola)"[92]. Ela é "caelitus infusa"[93] (infundida pelo

---

90. Cf. com isso os trabalhos de Lehmann, Preuss, Roehr e outros. Uma compilação se acha em meu escrito: "Über psychische Energetik und das Wesen der Träume". 1948, p. 115s. (A energética psíquica e a essência dos sonhos).

91. Cf. BONUS, P. Pretiosa margarita novella. *Theatrum Chemicum*. V, 1622, p. 648: "Et hoc modo Alchemia est supra naturam et est divina. Et in hoc lapide est tota difficultas istius artis nec potest assignari sufficiens ratio naturalis quare ita esse possit. Et sic cum intellectus noster non possit hoc comprehendere nec satisfacere sibi, sed oportet ipsum credere sicut in miraculosis rebus divinis ita ut fundamentum fidei Christianae quod supra naturam existit a non credentibus primo existimetur verum omnino quoniam finis eius miraculose et supra naturam completur. Ideo tunc solus Deus est operator quiescente natura artífice" (E assim a alquimia é sobrenatural e divina. E nesta pedra está toda a dificuldade desta arte, e não se pode indicar nenhuma razão natural suficiente por que possa ser assim. E assim como o intelecto não pode compreender isto nem satisfazer-se a si mesmo, mas é conveniente que ele acredite nela [pedra] como [acredita] nos milagres divinos considerando-os como o fundamento da fé cristã, o qual está acima da natureza e deve ser tido em primeiro lugar como absolutamente verdadeiro por todos os descrentes, porque seu fim é miraculoso e se completa acima da natureza. Por isso somente Deus é que age enquanto a natureza como artífice descansa).

92. "Speculativa Philosophia". *Theatrum Chemicum*. I, 1602, p. 298. Ibid. "Philosophia Chemica". p. 497.

93. Cf. *Aurora Consurgens*. I, cap. X, Par. 5: "Cum non suffecissem mirari de tanta rei virtute sibi coelitus indita et infusa..." (Como não posso admirar-me suficientemente de tão grande força que lhe foi dada e infundida do céu).

céu), com a condição de o adepto ter-se aproximado quanto possível das coisas divinas e ao mesmo tempo ter extraído das diversas matérias as forças mais sutis "ad actum miraculosum idoneae" (apropriadas para a ação miraculosa). "Há no corpo humano", diz nosso autor, "certa substância etérea que mantém unidas as outras partes elementares dele e garante sua continuação (continuare facit)"[94]. Esta substância ou força (virtus) se acha tolhida pela "corruptibilidade do corpo"; os filósofos, porém, reconheceram por "certa inspiração divina que se pode libertar das cadeias essa capacidade (virtutem) e essa força divina (vigorem)"[95]. Dorneus chama essa força de "veritas". É "a mais elevada das forças (virtus), uma fortaleza inexpugnável, que tem apenas pouquíssimos amigos, ao passo que é sitiada por inúmeros inimigos". Ela é "defendida pelo cordeiro imaculado" e significa por isso a Jerusalém celeste no homem interior: "Neste castelo se acha o tesouro verdadeiro e do qual não se pode ter dúvidas; ele não é comido pelas traças nem roubado pelos ladrões, mas é conservado para a eternidade e retirado daqui após a morte..."[96].

Segundo Dorneus, a scintilla do fogo divino, incutida no homem como princípio vital, se torna, pois, aquilo que Goethe, na primeira redação do Fausto, denominou a "enteléchia de Fausto", a qual é retirada deste mundo pelos anjos. Este é o tesouro que o "animalis homo" não conhece. "Facti sumus sicut lapides oculos habentes et non videntes"

[112]

---

94. "Philosophia Meditativa". *Theatrum Chemicum*. I, 1602, p. 456. Uma passagem semelhante (*Eod.* 1. p. 457) diz: "Porro in humano corpore latet quaedam substantia caelestis naturae paucissimis nota, quae nullo penitus indiget medicamento, sed ipsamet est sibi medicamentum incorruptum" (Além disso, no corpo humano se oculta certa substância celeste, de natureza conhecida por pouquíssimos, que não precisa de nenhum remédio, mas é para si mesma o remédio incorrupto).

95. *Eod.* 1. p. 457.

96. *Eod.* 1. p. 458.

(nós nos tornamos como as pedras por termos olhos e não enxergarmos)"[97].

[113]   De acordo com tudo isso, pode-se dizer que o sol alquímico, por ter *quaedam luminositas* (certa luminosidade), poderia, de certo modo, ser equiparado ao *lumen naturae* (luz da natureza). Este último é a fonte genuína da iluminação na alquimia, e por isso Paracelsus reclamou essa mesma fonte para a arte médica. Desse modo não é pouco o que o Sol tem a avir-se com o surgimento da consciência (psíquica) moderna, a qual, no decorrer desses últimos dois séculos, se apoia de maneira crescente na observação e na experiência dos objetos naturais. Sol parece, pois, significar um fato psicológico considerável. Será, portanto, compensador acompanhar mais adiante suas propriedades, e a literatura oferece abundante ocasião para isso.

[114]   De modo geral o sol é considerado como a metade masculina e ativa de Mercurius, que por conceito lhe é superior; quanto à natureza psíquica singular deste último devo remeter o leitor para meu escrito *Der Geist Mercurius* (*O espírito de Mercurius*)[98]. Como ele na realidade não existe em sua forma alquímica, é ele uma projeção do inconsciente; e, como ele representa um conceito fundamental absoluto, significa ele nolens volens (quer queiramos, quer não) o próprio inconsciente. De acordo com sua natureza é ele o inconsciente, no qual nada pode ser distinguido; mas, por ser ele algo de atuante como spiritus vegetativus, deve ele também aparecer sempre na realidade como algo que possa ser distinguido. É, pois, designado de maneira

---

97. "Non intelligit animalis homo" (O homem animal não entende isso). *Eod.* 1. p. 459.

98. In: *Symbolik des Geistes. Psych. Abhand.* (*Simbólica do espírito. Dissertações psicológicas*). Vol. VI, 1953.

adequada como duplex, como activus e passivus. Sua parte "ascendente", que se mostra ativa, é chamada de sol com muito acerto; e somente por meio dessa parte é que se percebe a outra parte, que é a passiva. Esta última recebeu, pois, o nome de Luna, porque ela toma do Sol a luz que tem[99]. Mercurius corresponde, como se pode comprovar, ao νοῦς (nous) cósmico dos antigos filósofos. Dele se deriva a mens humana, a vida acordada da alma, que se denomina consciência[100]. Esta parte reclama inexoravelmente a parte oposta que lhe corresponde, a qual é algo de psíquico escuro, latente, não manifesto, isto é, o inconsciente, cuja existência somente pode ser conhecida pela luz da consciência[101]. Como o astro noturno se eleva saindo do mar noturno, assim a consciência se forma a partir do inconsciente, tanto de maneira ontogenética como filogenética, e cada noite retorna ela novamente ao estado primordial de sua natureza. Esta duplicidade da existência psíquica é tanto modelo como imagem original para a simbólica do Sol e da Luna. O alquimista sente de tal modo a duplicidade de sua pressuposição inconsciente, que chega a inventar uma sombra para o Sol, em oposição à evidência astronômica: "Sol

---

99. Cf. com isso a antiga concepção de que o Sol corresponde ao olho direito e a Lua ao esquerdo (Olimpiodoro em BERTHELOT. *Collection des anciens alchimistes grecs*. 1887/88, IV, II, p. 51).
100. Como o Sol era o deus do mundo físico, para o filósofo naturalista medieval, do mesmo modo a consciência representa "o pequeno deus do mundo".
101. Como o Sol, também a consciência é um *oculus mundi* (Cf. PICUS MIRANDULA. *In Astrol*. Lib. III, cap. X). No "Heptaplus" (1557, p. 55) diz Picus: "Cum Solem... Plato visibilem filium Dei appellet, cur non intelligamus nos imaginem esse invisibilis filii. Qui si lux vera est illuminans omnem *mentem* expressissimum habet simulachrum hunc Solem, qui est lux imaginaria illuminans omne corpus" (Como Platão chama o Sol de filho visível de Deus, por que não entendermos então que nós somos a imagem do filho invisível? Se este é a verdadeira luz que ilumina toda a inteligência, então tem ele por imagem muito expressiva este Sol que é a luz plasmadora a iluminar todo o corpo).

et eius umbra perficiunt opus" (O Sol e sua sombra completam a obra)[102]. Michael Majer, autor dessa afirmação, se desincumbe, entretanto, levianamente, do onus explicandi ao colocar a sombra da Terra em lugar da umbra Solis, como se vê no Discursus XLV de seu *Scrutinium*. Certamente, não encontra ele como esquivar-se dessa evidência astronômica. Cita então a sentença clássica de Hermes: "Fili, extrahe a radio suam umbram" (Filho, extrai do raio do Sol a sua sombra)[103], na qual se dá a entender de modo claro que a sombra está contida no raio de sol, e que por isso pode ser extraída dele (seja o que for o que isso signifique). Em ligação muito íntima com esta sentença se acha a concepção de um sol niger, sol negro, que vem mencionada pelos alquimistas[104]. Reforça esta concepção o fato atestado pelos

---

102. Esta concepção já se encontra em RUSKA. *Turba philosophorum...* 1931, p. 130: "Qui autem sapientum venenum sole et eius umbram tinxit, ad maximum pervenit arcanum". "In umbra solis est calor Lunae" (Quem, pois, tingir o veneno dos sábios com o sol e sua sombra, chegou ao mais alto mistério. – Na sombra do Sol está o calor da Lua) (MYLIUS. *Philosophia Reformata*. 1622, p. 22).

103. "Tractatus Aureus Hermetis". *Ars Chemica*. 1566, cap. II, p. 15.

104. Cf. MYLIUS. *Philosophia Reformata*. 1622, p. 19. Aqui sol *niger* é sinônimo de *caput corvi*, e significa a *anima media natura* (a alma no meio da natureza – a alma do mundo) no estado de *nigredo*, que ocorre quando a "terra auri suo proprio spiritu solvitur" (a terra do ouro se dissolve em seu próprio espírito), em interpretação psicológica significa uma extinção passageira do ponto de vista da consciência por uma invasão vinda do inconsciente. Mylius indica os *prisci philosophi* como a fonte do sol *niger*. Outra passagem semelhante se acha em op. cit., p. 118: "... observatus est Sol in ortu suo. Et haec denigratio est operis initium, putrefactionis indicium, certumque commixtionis principium..." (O Sol foi observado ao nascer. E o negrume é o começo da obra, o indício da putrefação e o começo da mistura...). Esta *nigredo* é uma *variabilis purgatorii umbrositas* (uma escuridão variável do purgatório). Em RIPLAEUS. *Chym. Schrifften*. 1624, p. 51, é também mencionado um Sol "escuro", e aí se acrescenta: "assim deves passar pela porta do negrume, para que possas receber a brancura da luz do paraíso". Cf. tb. *Turba phlisophorum*. 1931, p. 145, *nigredo solis*.

sentidos de que sem luz também não há sombra; e assim, de certo modo também a sombra passa a ser emitida pelo Sol. Para isso, porém, reclama a Física um corpo negro que se intercale entre o Sol e o observador. Esta condição, entretanto, não vale para o sol alquímico, porque ele ocasionalmente também se apresenta como negro. São coisas próprias dele a luz e as trevas. "Enfim, o que é esse sol sem sombra", pergunta Majer, "o mesmo que um sino sem badalo". Enquanto o sol é o que há de mais precioso, a sombra é uma "res vilissima" ou "quid vilius alga" (algo mais vil que a alga marinha). O modo de pensar por meio de antinomias da alquimia contrapõe uma negação a toda posição, e vice-versa. "In manifesto sunt corporalia et in occulto spiritualia" (exteriormente é algo de corporal e internamente é algo de espiritual), diz Senior Zadith[105]. Esta concepção é válida para todas as propriedades geralmente usadas na alquimia, e cada coisa traz em si o seu oposto[106].

Para o modo de pensar alquímico a sombra não é uma simples "privatio lucis", como Majer gostaria que fosse, mas a luz e a sombra se relacionam entre si como o sino e o badalo, sendo ambos de substancialidade palpável. É somente nesse sentido que deve ser entendida a sentença completa de Hermes. Diz ele: "Meu filho, extrai do raio luminoso a sua sombra e a sujeira proveniente do nevoeiro que se forma sobre ele, sujando-o e encobrindo sua luz; ele

[115]

---

105. De Chemia. *Ars Chemica*. 1566, p. 91.

106. Como o sol *niger* representa um antissol, assim também o sol que se acha incluído no centro da Terra de modo invisível (Cf. *Prodromus Rhodostauroticus*. 1620, V^r). Concepção semelhante é a de Laurentius Ventura: "Sicut sol a principio occultatur in Lunam, ita in fine occultatus extrahitur a Luna" (Como desde o princípio o Sol se oculta na Lua, assim no fim ele é extraído ocultamente da Lua) (*Theatrum Chemicum*. II, 1602, p. 276).

está sendo queimado por sua luz e por sua vermelhidão"[107]. Aqui se imagina a sombra de modo muito concreto; ela é como um nevoeiro capaz não só apenas de escurecer a luz, mas até de sujá-la (coinquinare é uma expressão forte para dizer isso!). A rubedo da luz solar indica o sulphur rubeum, que lhe é próprio e tem efeito ativo e causticante, e por isso destruidor. No homem o "sulphur naturale" se identifica com um "ignis elementaris", que é "a causa da corrupção"; e este fogo é aceso pelo "sol invisível, desconhecido da maior parte dos homens. É o sol dos filósofos". O enxofre natural tem a tendência de voltar à sua primeira natureza; isso faz com que o corpo se torne "sulfúreo" (sulphureum) e deste modo capacitado (habile) para receber o fogo que o "corrompe e o reduz à sua primeira essência" (ad primam suam essentiam corrumpentis)[108]. O sol é aqui visivelmente um instrumento no drama tanto fisiológico como psicológico do retorno à prima creatio, respectivamente: à prima materia, que é a morte, pela qual se deve passar quando se quer voltar ao estado primitivo dos elementos simples (isto é, à prima materia) e à natura immaculata do paraíso anterior a este mundo. Este processo era visto por Dorneus como um acontecimento tanto físico como espiritual e moral.

---

107. "Tract. Aur." Op. cit., p. 15.

108. Quanto ao que foi exposto em Dorneus, trata-se primeiramente de uma atuação fisiológica que corrompe mudando os sais do corpo em cal, pelo que o corpo se torna sulfuroso. No entanto, essa observação de medicina vem introduzida pela frase: "Quia homo est in corruptione generatus, odio prosequitur eum sua propria substantia" (Porque o homem foi gerado na corrupção, por isso sua própria natureza o acompanha cheia de ódio). Com isso quer ele indicar a culpa original e a corrupção para a morte que dela se origina.

O sol aparece aqui em uma luz dúbia – uma "lux sulphurea" – pois ele corrompe, e faz isso certamente em virtude do enxofre que tem[109].

[116]

De acordo com tudo o que vimos até agora, o sol significa a substância de transformação, isto é, a prima materia, como também é tinctura do ouro. O tratado anônimo *De Arte Chimica* distingue as duas partes ou etapas do lapis. A primeira parte ele denomina "sol terrenus" (sol terreno). Sem esta parte não pode ser completada a obra[110]. Na segunda parte do *opus*, o sol é relacionado com Mercurius. "Esses materiais (lapides) aqui na terra estão mortos e nada produzem sem que o homem exerça sobre eles sua atividade. (Menciono)[111] a analogia profunda do ouro: o céu etéreo estava fechado para todos os homens, de modo que todos os homens deviam ir para o mundo inferior (infernas sedes) e ali ficariam presos para sempre. Mas Cristo abriu a porta do Olimpo etéreo e franqueou o reino plutônico, a fim de que as almas fossem libertadas, quando a Virgem Maria, com a assistência do Espírito Santo, concebeu em seu seio virginal – mistério inefável e sacramento profundíssimo – o que de mais sublime existia no céu e na terra; finalmente deu ela à luz o salvador do universo, que por

[117]

---

109. Não deixo de considerar aqui que a periculosidade do Sol possa também depender de sua irradiação, que contém a água miraculosa extraída da luz do Sol e da Lua ("quae ex radiis Solis vel Lunae vi magnetis extracta est" – que é extraída dos raios do Sol e da Lua pelo ímã). Nessa água se dá a putrefação, porque ela é "ante debitam coctionem summum venenum" (antes da cocção adequada é veneno fortíssimo). MYLIUS. Op. cit. Esta *aqua permanens* é a ὕδωρ θεῖον, e τὸ θεῖον é o enxofre. A água é chamada sulfurosa, e é Mercurius. Θεῖον ou θήϊον (Homero) possuía na Antiguidade poder apotrópico (ou mágico), e talvez por isso fosse chamado de divino (?).

110. "Sine sole terreno opus Philosopbicum non perficitur" (sem o Sol terreno não pode ser concluída a obra filosófica). Op. cit.

111. O texto tem aí apenas "auri similitudinem profundam" sem verbo.

sua transbordante bondade salvará todos os que estão entregues aos pecados, desde que o pecador se converta para ele. A Virgem, porém, permaneceu ilesa e intacta; por isso é que, com bom fundamento, Mercurius é equiparado (aequiparatur) à gloriosa e divina Virgem Maria"[112]. Daqui se depreende que a união do Sol e de Mercurius é um hierósgamos, no qual cabe a este último o papel de esposa. Desde que a gente não se perturbe demasiadamente com a falta de gosto desta analogia, então – aequo animo – é de esperar que seja proposta a questão se o arcanum do opus alchymicum, como ele era entendido pelos antigos mestres, não pode ser considerado como similitudo e o equivalente do mistério eclesial-dogmático. Para o psicólogo o que decide é apenas a atitude subjetiva do alquimista. Como mostrei em *Psychologie und Alchemie* (*Psicologia e alquimia*) não é um caso único (unicum).

[118] A designação metafórica de Cristo como Sol[113] que é frequente no modo de falar dos Padres da Igreja, é tomada ao pé da letra pelos alquimistas e aplicada ao sol terrenus. Se recordarmos agora que o sol alquímico, do ponto de vista psicológico, poderia corresponder à consciência ou lado diurno da psique, deveríamos então acrescentar à consciência a analogia com Cristo, que já é válida para o Sol, como mostramos. Cristo aparece primeiramente como *filho,* e filho de sua noiva-mãe. O papel de filho compete também à consciência do eu, pois ela descende do inconsciente ma-

---

112. *Artis Auriferae*. I, 1593, p. 580s.
113. Principalmente como *sol iustitiae*, cf. Ml 4,2, por exemplo: "Sicut enim sol sub nube, sic sol iustitiae latuit sub humana carne" (Como o Sol entre as nuvens, assim se escondeu o Sol da Justiça na carne humana) (HONORIUS AUG. "Spec. de Myst." *Patrologia Latina*. T. CLXXII, col. 921). Analogamente, também o *anthropos* gnóstico é idêntico ao Sol (Cf. REITZENSTEIN. *Poimandres*. 1904, p. 280).

ternal. De acordo com autoridade máxima da *Tabula Smaragdina*, o Sol é o *pai de Mercurius*, que aqui aparece como feminino e no papel de noiva-mãe. Nisso ele se identifica com a Luna e chega, por meio da simbólica eclesiática de Luna-Maria-Ecclesia, a ser equiparado à Virgem. Assim se diz nas *Exercitationes in Turbam*:[114] "Assim como o sangue é a origem da carne, do mesmo modo Mercurius é a origem do Sol... e assim Mercurius é o Sol e o seu Sol é Mercurius". Desse modo, o *Sol é pai e filho ao mesmo tempo;* por isso existe o seu correspondente feminino de mãe e filha em uma só pessoa; e, além disso, o masculino (Sol) e o feminino (Luna) são apenas dois aspectos de uma e mesma substância, que é simultaneamente a causadora e a resultante de ambos; isto é, o Mercurius duplex, de quem dizem os filósofos que nele está contido tudo o que é procurado pelos sábios. O esquema deste pensamento é uma *quaternidade*:

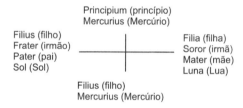

Ainda que pareça existir nisso alguma influência dos modelos dogmáticos, contudo os esquemas são muito desiguais; o esquema do dogma é uma trindade e apenas abrange o Ser divino, deixando de lado o Universo[115]. O esquema alquímico abrange aparentemente apenas o mundo material, mas por causa da sua quaternidade se aproxima de uma

[119]

---

114. *Artis Auriferae*. I, 1593, p. 155.
115. O correspondente alquímico da Trindade é o *serpens tricephalus* (Mercurius). Cf. a respeito disso: *Psychologie und Alchemie* (*Psicologia e alquimia*). 2. ed., 1952 [OC, 12], fig. 54, p. 163.

concepção da totalidade, como se nos apresenta no símbolo da cruz colocada entre o céu e a terra. A cruz é implicite o símbolo cristão da totalidade, pois, sendo ela um instrumento de martírio, exprime a paixão do Deus que se tornou homem na terra, e, sendo uma quaternidade, exprime o Universo, que inclui o mundo material. Se colocarmos nesse esquema da cruz as quatro figuras do drama divino do Universo – o Pai como auctor rerum, o Filho e seu adversário, o demônio (pois foi para combatê-lo que Ele se fez homem), e o Espírito Santo – chegamos à quaternidade seguinte:

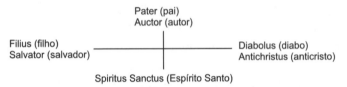

[120]   Não pretendo analisar aqui mais profundamente os diversos aspectos dessa quaternidade. Isso já foi feito em outro lugar[116]. Mencionei o esquema apenas para comparação com o alquímico. Tais quaternidades são propriedades fundamentais da lógica do pensamento gnóstico, que Koepgen com acerto chamou de "circulares"[117]. Já encontramos fi-

---

116. *Symbolik des Geistes* (*Simbólica do espírito*), 1953, p. 395s. Nesse esquema talvez repugne a contraposição de Cristo e do demônio, pois ela supõe um relacionamento interno (que já entre os ebionitas de Epiphanius era considerado como o de dois irmãos). Coisa semelhante deve também ter sentido Angelus Silesius:
"Se o diabo pudesse sair de sua essência,
Então o verias imediatamente de pé no trono de Deus".
(*Cherubinischer Wandersmann*. I, p. 143. Por *essentia* entende Angelus o "ser ele mesmo" (Selbstheit), que é amaldiçoado; isso vale também para toda a essência que não reconheça sua identidade com Deus).

117. O desenrolar-se do pensamento nos Salmos e nos Profetas é circular. "Também o Apocalipse consta de imagens dispostas em espiral...". "Na disposição em círculo... está o característico do pensamento gnóstico" (KOEPGEN. *Gnosis des Christentums*. [s.l.]: [s.e.], 1939, p. 149). Koepgen cita

guras semelhantes na descrição dos opostos, os quais frequentemente são agrupados em quaternidades. O ritmo do esquema é constituído de três etapas:

Alquímico:	Começo Origo Mercurius	Desenvolvimento Sol Luna	Escopo Filius Mercurius
Cristão:	Auctor Pater	Desdobramento do conflito Salvator Diabolus	O Paráclito Espírito Santo Ecclesia ou Reino de Deus

O drama alquímico parte de "baixo", ou das trevas da Terra, para "cima" ou para o ser alado, que é divino, filius macrocosmi, e para a lux moderna; o drama cristão, porém, apresenta uma descida do Reino Celeste para a Terra. Tem-se assim a impressão de que é uma *imagem refletida em um espelho,* como se o Deus-homem vindo do alto – como requer a lenda gnóstica – fizesse refletir sua imagem nas águas escuras da physis. O relacionamento do inconsciente com a

[121]

---

como exemplo Éfrem o Sírio: "Alegra o corpo pela alma, mas devolve a alma ao corpo, para que os dois se alegrem que após a separação serão novamente unidos" (Op. cit., p. 151). Isso também poderia ter dito qualquer alquimista ao tratar do Ouroboros. Pois ele é o símbolo primordial da verdade alquímica. Koepgen também considera "circular" o dogma. O dogma é "circular no sentido de uma realidade viva". "Os dogmas estão voltados para a realidade religiosa, que é circular" (p. 52). Koepgen fala do "fato do não saber e do não conhecer, que se encontra no âmago do próprio dogma" (p. 51). Esta observação visa o motivo ou um dos motivos da "circularidade": Trata-se de conceitos aproximativos referentes a um fato existente que não pode ser descrito e do qual somente se pode aproximar-se por uma "circumambulação". Ao mesmo tempo essas verdades são *esferas* (σφαῖρα = bola), que se estendem por distâncias incomensuráveis; a razão disso é que elas representam *princípios*. Do ponto de vista psicológico correspondem elas aos *arquétipos*. O tato de elas se entrecortarem e interpenetrarem-se mutuamente pertence à sua essência. Esse caráter circular não é próprio apenas do dogma, mas especialmente também do pensamento alquímico.

consciência é até certo grau *complementar,* como, por exemplo, mostram os sonhos simples provenientes de excitações somáticas e os sintomas psicogênicos elementares[118]. (Daí provém certamente a ideia curiosa de que o mundo do além tenha propriedades complementares em relação às do mundo do aquém, como ensina, por exemplo, Rudolf Steiner.) Entretanto, a observação mais cuidadosa e a análise chegam a um resultado que não pode ser visto de modo muito mecânico como simples complementação, mas muito antes como *compensação.* Isto, porém, não impede de modo algum que muitíssimos sonhos tenham características de complemento, quando considerados de modo superficial. Nesse conjunto de coisas, o movimento alquímico poderia ser considerado como a imagem especular do movimento cristão[119]. Koepgen distingue, de maneira muito acertada, dois aspectos de Cristo: o de Deus que desce e se torna homem, e o do Cristo gnóstico que sobe e volta para o Pai. Não podemos fazer com que esse último coincida com o filius regis da alquimia, ainda que na concepção de Koepgen exista como que uma situação paralela ao nosso estado das coisas[120]. A figura do salvador na alquimia não pode ser mensurada pela figura de Cristo. Enquanto Cristo é Deus e gerado pelo Pai, o outro é a *alma da natureza,* que provém da Sapientia Dei infundida na matéria, ou do Logos criador do mundo. Desse modo também o filius regis é um filho de Deus, mas tem uma geração mais distante; não é gerado na Virgem Maria, mas na Mater Natura, o que vem a ser uma

---

118. São desse tipo especialmente os sonhos de fome, sede, dor ou desejo sexual. Um complemento para isso é a natureza feminina atribuída ao inconsciente do homem.

119. Em relação ao aspecto compensador da "reflexão no espelho", cf.: *Psychologie und Alchemie* (*Psicologia e alquimia*). 2. ed., 1952 [OC, 12], p. 42s.

120. Op. cit., p. 112.

τρίτη υἱότης (terceira filiação), como considera Basilides[121]. No entanto, para a estruturação desse conceito de filius, não devemos pensar em quaisquer influências da tradição, mas aqui se trata de uma criação autóctone, proveniente de um desenvolvimento inconsciente e a partir de certos começos, que já nos primeiros tempos do cristianismo atingiram a consciência, em virtude da mesma necessidade inconsciente por meio da qual ocorreu o desenvolvimento posterior do conceito. O inconsciente coletivo, de acordo com a nossa experiência moderna, é um processo vital, que segue suas leis internas e próprias em seu desenvolvimento, e que no tempo aprazado surge como uma fonte. Que isso, como no caso da alquimia, ocorra de modo pouco claro e complicado, se deve primordialmente à grande dificuldade psíquica do pensar por meio de antinomias; este pensar esbarra continuamente na exigência igualmente imprescindível de que as figuras metafísicas sejam unívocas quanto à lógica e absolutas em relação à sensibilidade. O "bonum superexcedens" da divindade não tolera nenhuma integração do mal. Certamente, Nicolaus Cusanus ousou lançar a ideia da coincidentia oppositorum, mas foi um Angelus

---

121. Cf. a respeito disso: "Der Geist Mercurius" (O espírito de Mercúrio), in: *Symbolik des Geistes* (*Simbólica do espírito*), 1953, p. 126s. Também em outro aspecto o filius philosophorum é uma "terceira pessoa", sobretudo se considerarmos o desenvolvimento do conceito do demônio que começou já com os *ebionitas* de EPIPHANIUS. Panarium. Haer. XXX). Falam eles de duas figuras constituídas por Deus; uma é o Cristo, e a outra é o demônio. Este último, segundo a influência de Psellus, é designado pelos *euquetas* como Satanael e irmão mais velho de Cristo. (Mais informações em: "Der Geist Mercurius" – O espírito de Mercúrio – Op. cit., p. 111s.). Em relação a isto – como donum Spiritus Sancti e filho da *prima materia* – o *filius regis* se apresenta como a "terceira filiação", que com a outra tem em comum uma descendência mais remota da divindade (A respeito de υἱότης τριμερής, cf. HIPPOLYTUS. Elenchos. VII, 22, 7s. [WENDLAND (org.)]). As "filiações" provêm da "luz verdadeira" (Jo 1,9), portanto do *Logos*, que é a *sapientia Patris* (HIPPOLYTUS. Op. cit., VII, 22, 4).

Silesius quem ficou reduzido a destroços ao tentar deduzir a última consequência desse princípio, isto é, a relatividade do conceito de Deus; e sobre seu túmulo ficou apenas a coroa murcha dos louros de poeta. Ele e também Jacob Boehme beberam da fonte da Mater Alchimia. Mas também os próprios alquimistas se viram sufocados pelos erros que cometeram. Parece, pois, que novamente os médicos pesquisadores da natureza foram chamados para resolver esse enovelado de problemas, por disporem de novos recursos de conhecimentos, capazes de retirá-lo do campo da projeção e fazerem dele uma tarefa para a psicologia. Não podia isto ter ocorrido mais cedo simplesmente porque ainda não havia nenhuma psicologia do inconsciente. Por seus conhecimentos acerca dos processos arquetípicos, o médico pesquisador se encontra na situação vantajosa de poder reconhecer nas combinações de símbolos da alquimia, os quais à primeira vista parecem abstrusos e grotescos, os parentes mais próximos daquelas criações variadas da fantasia em que se fundamentam tanto as imagens vãs apresentadas pelas formas da esquizofrenia paranoide como igualmente os processos de tratamento das neuroses psicógenas. Por maior que seja o pouco caso com que as outras faculdades considerem esses processos psíquicos aparentemente desprezíveis, encontrados em indivíduos patológicos, contudo nada deverá demover o médico de cumprir seu dever de ajudar e de curar. Entretanto, somente terá ele condições de prestar ajuda à alma, quando ela se lhe apresentar sob a forma da alma individual, que ocorre uma única vez, e quando ele conhecer suas obscuridades tanto terrenas como supraterrenas. Na obscuridade da alma flui uma torrente arrebatadora em direção ao futuro, um πάντα ρεῖ (pánta réi = tudo flui), que tudo modifica e gera sem cessar um passado que jamais retornará. Considere, pois, o médico que não é tarefa de pouca importância a de proteger dessa torrente o ponto de vista da consciência psíquica, da univocidade da "razão", do bem conhecido e comprovado. Bem sabe ele certamente que no âmbito da consciência humana não existe nada que seja um bem sob todos os aspectos, mas ele também sabe que para muitas pessoas é melhor estarem elas convencidas da existência de um bem absoluto e darem ouvido à voz daqueles que representam para elas a superioridade da consciência psíquica e a univocidade do significado. Contente-se ele com o fato de possuir maior riqueza quem souber também acrescentar a sombra à luz. Assim não cairá ele na tentação de pretender assumir o papel de legislador nem se portará como um pregador da verdade; deverá ele ter em mente que o doente, o sofredor ou o desamparado não se defronta com ele na forma de um público anônimo, mas como o Sr. ou a Sra. X, e que como médico deverá ele apresentar-lhe algo de palpável e de benéfico, se é que deseja atuar como médico. Sua tarefa é tratar do indivíduo; deverá, pois, estar persuadido de não estar realizando outra coisa senão ajudar esse indivíduo concreto. Sua responsabilidade principal é perante esse indivíduo, e somente em segundo plano perante a sociedade. Se ele se sente obrigado a preferir o tratamento individual a qualquer atuação coletiva, ele sabe que o faz em concordância com sua experiência de que a atuação social ou coletiva não passa de um arrebatamento das massas, e de que somente a atuação de pessoa para pessoa tem o poder de realizar verdadeira transformação[122].

---

122. Afinal de contas, o caso da psicoterapia não é diferente do da terapia somática. A intervenção cirúrgica, por exemplo, é feita também no indivíduo. Estou mencionando essa circunstância, porque certas tendências modernas pretendem tratar da alma por meio da "análise em grupos", como se ela fosse um fenômeno coletivo. Nesse caso, deixa ela de ser considerada como algo de individual.

[122]   É quase impossível que para um alquimista tenha passado despercebido o fato de que o sol dele tivesse alguma relação com o homem. Assim diz Dorneus: "Homo fuit a principio sulphur" (desde o começo o homem foi o enxofre). O enxofre é um fogo que corrompe, e "é aceso pelo sol invisível". E este é o "sol Philosophorum"[123], que por seu turno também é o Aurum philosophicum, tão desejado e decantado por ser a meta da obra toda[124]. Apesar de Dorneus considerar aqui o sol e seu enxofre quase como uma parte fisiológica do corpo humano, no entanto está claro que se trata aqui de mitologia fisiológica ou projeção.

[123]   No decorrer dessas nossas considerações vimos por diversas vezes que as projeções alquímicas, mesmo na ausência completa de qualquer psicologia, dão o traçado de certos fatos fundamentais da alma, quase que refletindo-os na matéria. Desses fatos fundamentais faz parte o par dos *opostos primários consciência-inconsciente,* cujo símbolo é Sol-Luna.

[124]   Já sabemos de sobra que o inconsciente costuma apresentar-se personificado; comumente é ele o *tipo da anima*[125], o qual representa, tanto no singular como no plural, o inconsciente coletivo. O inconsciente pessoal é personificado

---

123. "Speoc Phil." *Theatrum Chemicum*. I, 1602, p. 308.

124. RIPLEY, G. *Chymische Schrifften*. 1624, p. 35: "Pois então tua obra receberá a brancura total, então volta-te do oriente para o meio-dia e aí deve ela estar descansando em uma cidade de fogo, pois então é a colheita ou o término da obra... Então brilhará o Sol com cor vermelha em seu círculo e triunfará depois das trevas".

125. Mais informações em meu trabalho: "Über den Archetypus mit besonderer Berücksichtigung des Animabegriffes". *Von den Wurzeln des Bewusstseins* (Sobre o arquétipo, considerando especialmente o conceito de *anima*. As raízes do inconsciente). 1954, Contrib. II. Um exemplo para a *anima* no plural se encontra em *Psychologie und Alchemie* (*Psicologia e alquimia*). 2. ed., 1952 [OC, 12], p. 82s.

por aquilo que chamamos de *sombra*[126]. Mais raramente se encontra o inconsciente coletivo que vem representado por um *ancião sábio*[127]. (Falo aqui somente da psicologia masculina, que é a única a permitir comparação com a da alquimia!) Mais raramente ainda, representa a Luna o lado noturno da psique durante os sonhos. Entre os produtos da *imaginação ativa,* porém, já se encontra mais vezes o símbolo da lua, como também o do sol para representar o mundo psíquico da luz e da consciência desperta. O inconsciente do homem moderno já quase nada pode fazer com os símbolos do Sol e da Luna em seus sonhos[128]. O "tornar-se claro" ("amanhece" ou "está clareando") no sonho moderno poderia ser, da mesma forma ou até de preferência, representado pelo acender-se de uma lâmpada elétrica. O significado de Sol e Luna se acha expresso de modo adequado nas palavras de Goethe:

"Se o dia sorri para nós claro e ajuizado,
A noite nos envolve na trama do sonhado".

Nada há de espantoso no fato de o inconsciente aparecer projetado e simbolizado, pois de outra forma nem poderia ele ser percebido. No entanto, muito outra parece ser a situação da consciência, pois a consciência, tomada como o conjunto de tudo o que é consciente, parece não dispor de nada daquilo de que necessita para efetuar a projeção. Como é sabido, a projeção não é um acontecimento

[125]

---

126. Exemplos para os dois tipos se encontram na parte II de *Psychologie und Alchemie (Psicologia e alquimia)*. 2. ed., 1952 [OC, 12],. Cf. tb. *Aion*. 1951 [OC, 9/2], Contrib. II. Outro problema é a *sombra do si-mesmo*, que não é considerado aqui.

127. Exemplo em *Psychologie und Alchemie (Psicologia e alquimia)*. 2. ed., 1952 [OC, 12], p. 176.

128. Exemplo de um sonho raro com o sol em *Psychologie und Alchemie (Psicologia e alquimia)*. 2. ed., 1952 [OC, 12], p. 200.

arbitrário, mas algo que de "fora" se apresenta à consciência; portanto, uma *aparência* de objeto, em que permanece oculto ao sujeito ser ele próprio a fonte luminosa que produz o brilho no "olho de gato" da projeção. É fácil imaginar que a Luna sirva de projeção, mas em relação ao Sol parece, à primeira vista, haver uma contradictio in adiecto; no entanto, o Sol nem por isso deixa de servir menos do que a Luna como projeção. Do Sol real percebemos apenas a luz e o calor, enquanto suas outras propriedades físicas somente podem ser conhecidas pelo raciocínio; de modo análogo, também a consciência provém de um corpo escuro, que é o *eu*, condição indispensável para a formação de toda e qualquer consciência, uma vez que esta não é outra coisa senão a associação de um objeto ou conteúdo ao *eu*. O *eu*, que na suposição e na ficção geral é tido como o que há de mais conhecido, na realidade é um estado de coisas extremamente complicado e cheio de obscuridades imperscrutáveis. Seria até possível defini-lo como uma *personificação relativamente constante do próprio inconsciente*, ou compará-lo com o espelho de que fala Schopenhauer, no qual o inconsciente percebe o próprio rosto refletido[129].

---

129. O conceito do *si-mesmo* apenas pode ser mencionado de passagem neste contexto; é como que um resumo hipotético do todo, que como tal não pode ser descrito; uma metade do todo é a *consciência do eu*, e a outra a *sombra*. No quadro daquilo que pode ser verificado experimentalmente, a sombra se poria (geralmente) como a personalidade inferior ou negativa. Abrange ela a parte do inconsciente coletivo que penetra na esfera pessoal e aí forma o que se denomina *inconsciente pessoal*. Representa ela como que a ponte que leva à figura da *anima*, que *é* apenas de condicionamento pessoal, e indo além dela atinge as figuras impessoais do inconsciente coletivo. O conceito do si-mesmo, intuitivo por natureza, compreende a consciência do eu, a sombra, a *anima* e o inconsciente coletivo em extensão indeterminável. Considerado como um todo, o si-mesmo é uma coincidentia oppositorum; ele é, pois, claro e escuro, e ao mesmo tempo nada disso. É como diz Angelus Silesius (II, p. 146):

Todos os mundos primitivos anteriores ao homem existiam apenas fisicamente. Eram apenas um acontecimento sem nome, mas não eram nenhum ser determinado, pois não havia ainda aquela concentração mínima do psíquico igualmente existente para proferir a palavra que se avantajou sobre todas as coisas criadas: *Isto é o mundo e isto sou eu*. Era o primeiro dia do mundo, o primeiro raiar do sol após a escuridão primordial, quando aquele complexo capaz de ter consciência, o filho da escuridão, o eu capaz de conhecer as coisas, fez a distinção entre o sujeito e o objeto, e com isso fez que tanto o mundo como ele atingissem o estado de um ser determinado[130], pois foi ele quem deu ao mundo e a si mesmo a voz e o nome. O corpo solar que irradia luz é o

---

"Deus é um puro raio de luz e um escuro nada,
Que a nenhuma criatura é dado contemplar em sua luz".
Personifiquemos o si-mesmo e derivemos dele (como que de uma personalidade preexistente) o eu e sua sombra, então estes dois últimos aparecerão como dois opostos que, até certo ponto, podem ser atingidos empiricamente, e que já estavam pré-formados no si-mesmo. Não me sinto inclinado a construir um mundo de conceitos especulativos, que apenas conduz a distinções sutilíssimas e sem valor, inerentes a tais discussões filosóficas; e por isso não atribuo nenhuma importância especial ao que acabo de ponderar aqui. Se essas ponderações servirem para criar certa ordem provisória no material empírico, já terão elas cumprido sua missão. A respeito da relação entre os conceitos do si-mesmo e de Deus, o pesquisador empírico nada tem para dizer.

130. Gn 1,1-7 contém a projeção desse processo. Na forma de um acontecimento objetivo, cujo sujeito agente não é o eu, mas Elohim, se acha aí a descrição do surgimento da consciência. Entre povos primitivos se observa que as pessoas não se sentem como os sujeitos do próprio pensar; assim é bem possível que em passado muito longínquo a consciência se apresentasse primeiro como algo que estivesse acontecendo ao eu e somente mais tarde fosse tudo isso integrado no próprio sujeito. Iluminações e inspirações, que nada mais são do que alargamentos da consciência ocorridos repentinamente, ainda hoje em dia são percebidas pelo sentimento moderno como se tivessem sujeito diverso do próprio eu. A respeito do desenvolvimento da consciência, cf. NEUMANN, E. *Ursprungsgeschichte des Bewusstseins*. Zurique: [s.e], 1949, p. 117s.

eu e seu campo de consciência – Sol et eius umbra (o Sol e sua sombra) – por fora luz e por dentro escuridão. Na fonte da luz existe escuridão suficiente para daí formar projeções, pois a base do eu é a obscuridade da psique.

[126] Ao considerarmos a realidade das coisas, sobressai a importância insuperável da existência do eu, o que possibilitou explicar a razão pela qual compete a essa partícula infinitesimal do Universo ter como personificação o Sol, com todas as implicações que convêm a essa imagem. A propriedade divina do Sol ainda era consideravelmente mais viva para o homem medieval do que para nós, e daí podemos concluir imediatamente que o caráter total da imagem solar estava contido implicite em todos os empregos alegóricos ou simbólicos que dela faziam. Incondicionalmente faz parte do significado total do Sol também seu múltiplo emprego como *imagem de Deus*, e isso também nos domínios do cristianismo.

[127] Mesmo que os alquimistas tivessem se aproximado muito do conhecimento de que o eu era a substância misteriosa e fugidia do arcano e o *lapis* procurado, contudo não chegaram a ter consciência de que, por meio da alegoria do Sol, estavam colocando a Divindade em íntimo relacionamento com o eu. Como já assinalei várias vezes, a projeção não é nenhum ato arbitrário, mas um fenômeno natural e característico da natureza da psique humana, que está situado fora do alcance da consciência. Se é, pois, esta natureza da psique que gera a analogia com o Sol, então com isso se declara naturalmente, isto é, pela própria natureza, que existe identidade entre Deus e o eu. Nesse caso apenas a natureza inconsciente poderá ser recriminada pela blasfêmia, mas o homem não pode ser censurado por ter de suportá-la. É convicção corrente em nosso mundo ocidental que Deus e o eu são algo de absolutamente diferentes entre si. A Índia, porém, sustenta essa identidade com a maior naturalidade.

O espírito do indiano, a seu modo, chegou a compreender o papel de criador do mundo que compete à consciência que se manifesta no homem[131]. O Ocidente, no entanto, acentuou a pequenez, a fraqueza e o caráter pecador do eu, ainda que tivesse elevado à Divindade *um único* homem. Os alquimistas, porém, ao menos suspeitaram que havia uma semelhança misteriosa com Deus, e a intuição de um Angelus Silesius acabou por declará-lo abertamente[132].

O Oriente resolveu esses aspectos cheios de contradições perturbadoras fazendo o eu, o Atman pessoal, dissolver-se e dispersar-se no Atman universal, e assim explicando o eu como um jogo de Maya. O alquimista ocidental nem sempre chega a tornar-se consciente dessa situação. Mas quando sua pressuposição não declarada e seu símbolo encontravam o terreno da gnosis consciente, como era o caso de An- [128]

---

131. *Rigveda.* 10, 31, 6 (DEUSSEN. *Allgemeine Geschichte der Philosophie.* Leipzig: [s.e.], 1915, I, I, p. 140):
"E esta oração do cantor, expandindo-se por si,
Torna-se uma vaca, que já existia antes do mundo,
Morando juntamente nesse seio de Deus,
São os deuses os que recebem iguais cuidados".
Atharvaveda 4, 1 (DEUSSEN. *Die Geheimlehre des Veda.* [s.l.]: [s.e.], 1909, p. 11):
"Brahma nasceu primeiro antes dos tempos;
E mais tarde o descobriu o vidente, cheio de brilho,
Manifestando suas formas mais profundas e sublimes,
O seio daquilo que existe e que não existe.
Surgiu o sábio que lhe é parente,
Para publicar todos os nascimentos dos deuses;
Ele arrancou de Brahma o Brahma,
Profundo, elevado, penetrou até em suas leis".
Vâjasaneyi-samhitâ 34, 3 (DEUSSEN. Op. cit., p. 17):
"Ele como consciência, pensar e decidir-se,
Permanece no homem qual luz imortal...".

132. Emprego aqui como equivalente às expressões "eu" e "consciência", pois a meu ver são eles aspectos do mesmo e único fenômeno. Não pode existir consciência sem um sujeito *que saiba* isso, e vice-versa.

gelus Silesius, então justamente a pequenez e a humildade do eu[133] serviam de ensejo para procurar a identidade no oposto mais extremo[134]. A possibilidade dessa compreensão intuitiva não provém como que de um opinar arbitrário, saído de algumas cabeças fora do lugar, mas se fundamenta no fato de a natureza da alma, que é a mesma tanto no Ocidente como no Oriente, poder expressar tais verdades ou diretamente ou na roupagem de uma metáfora evidente. A possibilidade deste enunciado será facilmente compreendida por quem quiser considerar que a consciência humana, em certo sentido, está dotada do poder de criar o mundo. A verificação desse fato não fere nenhuma convicção religiosa, pois sempre resta a ela o recurso de conceber como instrumento divino a consciência humana, pela qual, por assim dizer, se realiza a segunda criação do mundo.

---

133. "Homem, se não te tornares criança, jamais entrarás onde estão os filhos de Deus: a porta é na verdade demasiadamente pequena" (*Cherubinischer Wandersmann*. I, 153).

134. "Eu sou progênie e filho de Deus, e ele por seu turno é meu filho:
Como sucede, no entanto, que ambos são ambas as coisas?" (Op. cit., I, p. 256).
"Deus é o meu centro, se o fecho dentro de mim;
E então é meu contorno quando nele por amor eu me diluo" (III, p. 148).
"Quem é aquele que me indica qual é a minha extensão e a minha largura?
Pois pode o Infinito (Deus) em mim mudar-se" (IV, p. 147).
"Deus está muito mais em mim do que estaria o mar inteiro
Quando estivesse todo e reunido em uma pequena esponja" (IV, p. 156).
"O ovo está na galinha, a galinha está no ovo,
Os dois num só, e também o uno nos dois" (IV, p. 163).
"Deus se torna o que eu sou agora, e assume minha humanidade:
Porque eu existia antes dele, por isso é que ele fez isso" (IV, p. 259).

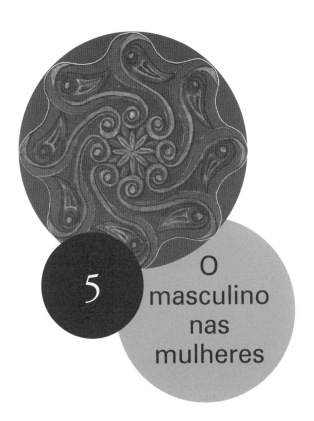

5 O masculino nas mulheres

Carta de 12 de novembro de 1957[135]

A uma destinatária não identificada
Inglaterra

Dear Dr. N.,

O que a senhora me contou é uma história típica do que chamo de projeção da *anima* numa mulher e do *animus* num homem. A *anima* é a imagem da alma de um homem, representada em sonhos ou fantasias por uma figura feminina. Simboliza a função do relacionamento. O *animus* é a imagem das forças espirituais numa mulher, simbolizada por uma figura masculina. Se um homem ou mulher estiverem inconscientes dessas forças interiores, elas se manifestam numa projeção.

O psiquiatra a chama "sua igual" e este sentimento de relação mostra que a senhora carrega a imagem de sua alma. Uma vez que é incapaz de vê-la como verdadeira mulher atrás de sua projeção, a senhora parece ser uma "esfinge". Na verdade sua alma é sua esfinge, e ele deveria tentar resolver a charada.

A senhora se engana ao supor que apenas ele precisa de ajuda. A senhora também precisa de ajuda. A senhora se designa a si mesma como mulher de "capacidade intelectual bem comum" que "nunca se aprofundou muito em qualquer assunto metafísico". Como sua história indica, a projeção do *animus* num "psiquiatra de renome internacio-

---

135. Excertos retirados de C.G. Jung (editado por Aniela Jaffé em colaboração com Gerhard Adler). *Cartas de C.G. Jung* – Volume III, 1956-1961. Petrópolis: Vozes, 2003, p. 118-119, tradução de Edgar Orth.

nal" aconteceu porque a senhora gostaria de ter mais conhecimento psicológico. Conhecendo mais sobre a alma e seus mistérios, a senhora poderia livrar-se da fascinação que a faz sofrer. Na segunda metade da vida deveríamos familiarizar-nos com o mundo interior. Isto é um problema geral.

O seu mundo parece ser um mundo feliz. Mas os estranhos acontecimentos mostraram que algo deve ser mudado.

A projeção da *anima* e do *animus* causa fascinação mútua. Os fenômenos que a senhora descreve como "telepáticos" acontecem quando se entra num estado emocional, isto é, quando o inconsciente tem oportunidade de entrar na consciência. A senhora realmente deveria conhecer um pouco mais sobre a psicologia do inconsciente. Ajudaria a senhora a entender a situação que, a propósito, deveria ser entendida. Há um pequeno livro de Frieda Fordham: *Introduction to Jung's Psychology* (Pelican Books), que lhe recomendo.

Faithfully yours,
(C.G. Jung)

Os filmes de Houston[136]

[...]

Então, veja bem, quando você viveu em condições primitivas, na floresta primeva entre pessoas primitivas, você conhece este fenômeno. Você é tomado por um feitiço, e então faz alguma coisa inesperada. Várias vezes, quando estive na África, encontrei-me em situações como estas e depois fiquei pasmado. Certo dia eu estava no Sudão, e foi realmente uma situação muito perigosa que de modo algum reconheci no momento. Mas eu estava tomado por um feitiço e fiz algo que eu não teria esperado, que eu não poderia ter inventado. O arquétipo é uma força. Ele tem uma autonomia e, de repente, pode capturar você. É como uma convulsão. Apaixonar-se à primeira vista é algo parecido. Veja bem, você tem em si mesmo, sem o saber, uma imagem de mulher, da mulher. Então você vê aquela garota, ou pelo menos uma boa imitação do tipo que você imagina, e imediatamente você tem uma convulsão e você se deixa levar. E depois você pode acabar descobrindo que foi um tremendo engano. Um homem é bem capaz, ele é suficientemente inteligente, de ver que a mulher de sua "escolha", como se diz, não foi uma escolha, ele foi capturado! Ele vê que ela não vale nada, que ela é um péssimo negócio, e me conta isso. Ele diz: "Pelo amor de Deus, doutor, ajude-me

---

136. Tradução de Gentil Avelino Titton.

a me livrar dessa mulher!" Ele não consegue se livrar dela, porque é como argila nos dedos dela. Este é o arquétipo, o arquétipo da *anima*[137]. E ele acha que é tudo sua alma, sabe! Acontece a mesma coisa com as garotas. Quando um homem consegue cantar num tom bem alto, uma garota pensa que ele deve ter um caráter espiritual maravilhoso porque consegue alcançar o dó maior dos tenores, e fica seriamente desapontada quando casa com essa pessoa em particular. Pois bem! Este é o arquétipo do *animus*.

---

[137]. Para a *anima* cf. *O eu e o inconsciente*, OC 7/2, § 296ss.; "O arquétipo com referência especial ao conceito de *anima*", OC 9/1; *Aion*, OC 9/2, cap. III.

Dos cadernos de anotações de Esther Harding[138]

4 de julho

Comecei descrevendo como eu sempre tinha muito a dizer antes de entrar na sala, de modo que precisei editar meus pensamentos por causa das muitas conotações de significado. Jung concordou que minha linguagem era sumária e, no entanto, sentiu que ela estava cheia de alusões. A linguagem dos extrovertidos é tênue e pobre, mas profusa; de modo que, embora aquilo que eles querem dizer possa ser muito trivial, pelo menos, quando terminaram, eles disseram o que se propuseram dizer. Ele prosseguiu dizendo que, quando fala com um extrovertido, ele precisa reduzir seus pensamentos; também quando fala com um introvertido ele precisa reduzir, porque o pensamento de um introvertido, mesmo expandido num livro, não estaria expressado completamente...

Estive tentando descobrir o significado do meu [*lapsus linguae*] e pensei que era em protesto contra a dificuldade extra da posição feminina em relação à procura pela *anima*. Isto ele negou. Ele disse que um homem precisa assumir uma atitude feminina, enquanto uma mulher precisa brigar com seu *animus*, uma atitude masculina. Eu perguntei: "É

---

138. Tradução de Gentil Avelino Titton.

por isso que eu sempre quero brigar com você?" E ele respondeu: "Na medida em que eu for seu *animus*. Na medida em que você estiver identificada com seu *animus*, você irá projetá-lo em mim. E então, se você brigar comigo com aquele que é demoníaco, eu chamo meu demônio, minha *anima*, para me ajudar, e então são dois casais brigando. Então você tem uma algazarra dos infernos". Ele disse que é isso que acontece quando você tem uma transferência recíproca. Mas com ele não é [palavra ilegível], eu não preciso ter medo de que isso vá acontecer com ele.

Então ele começou a falar sobre como ocorre o processo de uma mulher profissional viver seu *animus*. A situação profissional é nova para a mulher e precisa de uma nova adaptação; e esta, como sempre, é prontamente fornecida pelo *animus*. Por outro lado, a análise requer uma nova adaptação da parte de um homem, porque ficar parado e procurar pacientemente entender a mente de uma mulher está muito longe de ser uma atitude masculina. A única ocasião em que ele faz isso é como companheiro para sua amante; ele não vai fazer isso pela sua esposa, porque ela é apenas a sua esposa. No amor, sua *anima* lhe mostra como fazer. Ele assume então uma ternura feminina e usa o linguajar infantil que ele aprendeu de sua mãe; ele recorre à eterna imagem do feminino em si mesmo. Mas [na análise] isto não serve. [O analista masculino] precisa descobrir a feminilidade de um homem, que não é a *anima*. Ele não deve deixar que sua masculinidade seja oprimida, ou então sua fraqueza mobiliza o *animus* na paciente mulher.

De forma semelhante, a mulher profissional assume o *animus*, o protótipo do pai, e desenvolve um deus-onipotência, [uma imitação do] herói, em vez de desenvolver a masculinidade da fêmea. Este *animus* é o homem primitivo, e os homens querem reagir a isso com seus punhos. Mas, já que se trata de uma mulher, esse caminho lhes é vedado; por isso eles a evitam – exatamente como um homem que vive sua *anima* é evitado por todas as mulheres realmente femininas.

Dr. Jung prosseguiu falando sobre a força da feminilidade: como esta força é mais forte do que qualquer [imitação da] adaptação masculina, e como uma mulher que é mulher do topo da cabeça até os dedos dos pés pode dar-se ao luxo de ser masculina, da mesma forma que um homem que está seguro de sua masculinidade pode dar-se ao luxo de ser afetuoso, sensível e paciente como uma mulher...

Em seguida, ele falou sobre o si-mesmo e sobre como ele pode ser separado dos demônios. Reiterou que as palavras na esfera do espírito são criativas e cheias de poder. Eu disse: "Você quer dizer como o Logos?" Ele respondeu: "Sim. Deus falou e criou do caos – e aqui nós somos todos deuses para nós mesmos. Mas aqui use poucas palavras, palavras das quais você tem certeza. Não faça uma longa teoria, ou então você acabará se emaranhando numa rede, caindo numa armadilha".

A seguir, ele falou sobre o medo. Ele disse: "Tenha medo do mundo, pois ele é grande e forte; e tenha medo dos demônios internos, porque são numerosos e brutais; mas não tenha medo de você mesma, pois esse é o si-mesmo de você". Eu disse que tinha medo de abrir a porta por medo de os demônios saírem e destruírem. Ele disse: "Se você os trancar, certamente eles vão destruir. A única maneira de delimitar o si-mesmo é por experimento. Vá até onde o seu desejo for, e você vai descobrir nesse momento que você foi até onde as suas próprias leis permitem. Se você sentir medo, seja valente o suficiente para fugir. Encontre um buraco para se esconder, porque essa é a ação de um homem valente; e, ao fazer isso, você está exercitando a coragem. Nesse momento, o impulso da covardia terá cessado e a coragem vai tomar o seu lugar". Eu disse: "Mas quão irremediavelmente instável e mutável você vai parecer!" Ele respondeu: "Então seja instável. Uma nova estabilidade vai se reafirmar. O indivíduo vive para os outros ou para si mesmo? Este é o lugar onde se deve aprender o verdadeiro altruísmo".

A lei foi feita pelo homem. Nós a fizemos. Ela está, portanto, abaixo de nós, e nós podemos estar acima dela. Como disse São Paulo: "Eu estou redimido e estou liberto da lei". Ele entendeu que, como homem, tinha conseguido. Assim também um contrato não pode vincular-nos, porque nós que o fizemos podemos quebrá-lo.

Assim também o vício, se adquirido sinceramente como meio de encontrar e expressar o si-mesmo, não é vício, porque a honestidade destemida o elimina. Mas quando estamos ligados por uma barreira artificial, ou por leis e moralidades que penetraram em nós, então nós somos impedidos de descobrir, ou até de ver, que existe uma barreira real do si-mesmo fora desta barreira artificial. Nós temernos que, se rompermos esta barreira artificial, nos encontraremos no espaço ilimitado. Mas dentro de cada um de nós está o si-mesmo autorregulador.

[...]

5 de julho

Comecei o encontro dizendo a Jung como algo maravilhoso me acontecera ontem, que a fala dele sobre a relação do *animus* esclarecera as coisas, de modo que muita coisa começou a fazer sentido e que agora eu me sentia bastante diferente. Eu disse que ontem estivemos tratando do relacionamento negativo com o *animus*, mas que deve haver também um relacionamento positivo. Ele respondeu que certamente devia haver – mas que a parte importante da análise era conseguir esclarecer aquele ponto negativo, porque é o ponto inicial de diferenciação em relação ao inconsciente. Até que isso fique claro, a voz do *animus* é como a voz de Deus em nós; em todo caso, nós respondemos a ela como se fosse. Quando não estamos conscientes do aspecto negativo do *animus*, nós ainda somos animais, ainda conectados à natureza e, portanto, inconscientes e menos do que humanos. Precisamos alcançar um maior grau de consciência, que deve ser buscado nesse ponto. Então descobrimos um novo campo. E é nossa responsabilidade cultivá-lo. ("Aquele que sabe fazer o bem e não o faz, comete pecado".) Também a lenda de Cristo e o homem que trabalhava no sábado, a quem ele disse: "Se tu sabes o que fazes, abençoado és tu! Mas se não sabes o que fazes, amaldiçoado és!" Se nós estamos conscientes, a moralidade já não existe mais. Se não estamos conscientes, ainda somos escravos e somos amaldiçoados se não obedecermos à lei. Ele disse que, se nós pertencemos à Igreja secreta, então nós pertencemos e não precisamos preocupar-nos com isso, mas podemos seguir o nosso caminho. Se não pertencemos, nenhuma quantidade de ensino ou de organização pode levar-nos até lá.

Então perguntei a ele sobre uma figura única de *animus* e ele disse: "Muitas almas são jovens; elas são promíscuas; elas são prostitutas no inconsciente e se vendem barato. São como flores que florescem e morrem e retornam. Outras almas são mais velhas, como as árvores ou as palmeiras. Elas encontram, ou devem procurar, um *animus* completo, que deve possivelmente ser muitos em um. E, quando o encontram, é como o fechamento de um circuito elétrico. Então elas conhecem o significado da vida.

"Mas ter um *animus* como um arquimandrita[139] é como se disséssemos: Você é um sacerdote dos Mistérios. E isso necessita de uma grande humildade para contrabalançá-lo. Você precisa descer ao nível dos ratos. E como uma árvore, tão grande como a altura de seus galhos, tão profunda deve ser a profundidade das suas raízes. E o significado da árvore não está nem nas raízes, nem no topo erguido, mas na vida entre os dois".

Então lhe perguntei como alcançar o meio entre os dois mundos, entre o mundo do inconsciente e o da realidade. Ele respondeu: "Você é a mediadora. É na vida imediata de você que eles se encontram. No pleroma eles se fundem – na natureza eles são um – e o primitivo está sempre lutando contra sua unidade. A geleira está sempre lá. Nossa civilização encontra uma adaptação que vai satisfazer estas coisas por um tempo, e elas aquietam. Depois elas começam a surgir novamente, e novamente nós encontramos uma nova adaptação, e elas se aquietam mais uma vez. Hoje estamos num período de grande transição, e elas emergem novamente. Finalmente elas vão engolir o homem, mas não será novamente a mesma coisa, porque ele alcançou a união dos opostos através da separação deles. Possivelmente, depois do homem virá um período do animal e depois novamente a planta – quem sabe? – e quem ou o que vai levar adiante a lâmpada da consciência? Quem sabe?"

---

139. Dra. Harding sonhou com um abade, um arquimandrita. – E.F.E.

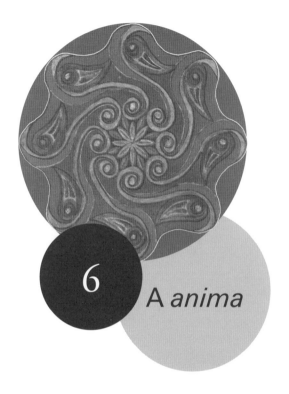

6

A *anima*

O arquétipo com referência especial ao conceito de *anima*[140]

Espero que estes poucos exemplos bastem para caracterizar o aspecto vivencial da projeção, independentemente da tradição. Dificilmente poderemos desviar da hipótese de que no inconsciente há um conteúdo de carga emocional pronto para projetar-se em determinado momento. O conteúdo é o tema da sizígia; esta exprime o fato de que concomitantemente ao masculino sempre é dado o feminino correspondente. A propagação ampla e de extraordinária emocionalidade deste tema prova tratar-se de uma realidade fundamental e por isso de grande importância prática, não importando que cada psicoterapeuta ou psicólogo compreenda onde e de que modo este fato anímico influencia seu campo de trabalho específico. Micróbios desempenhavam sua perigosa função muito antes de serem descobertos. [134]

Como foi dito acima, é natural prever o par parental na sizígia. A parte feminina, ou a mãe, corresponde à *anima*. Mas como, pelos motivos já expostos, a consciência do objeto impede a sua projeção, resta-nos apenas supor que os pais sejam as pessoas menos conhecidas de todos os seres humanos. Haveria, portanto, uma imagem especular inconsciente dos pais que não se assemelharia a eles e até lhes [135]

---

140. Excertos retirados de C.G. Jung. *Os arquétipos e o inconsciente coletivo* [OC, 9/1] – 7. ed. Petrópolis: Vozes, 2011. § 134-147, tradução Maria Luiza Appy e Dora Mariana Ribeiro Ferreira da Silva.

seria completamente estranha e desproporcional, tal como um homem comparado a Deus. Seria concebível, como já afirmamos, que a imagem especular inconsciente não fosse mais do que a imagem de pai e mãe adquirida na primeira infância, supervalorizada e posteriormente reprimida devido à fantasia incestuosa ligada a eles. Esta interpretação parte, no entanto, do pressuposto de que essa imagem já tenha sido *consciente* alguma vez, pois de outro modo não poderia ser "reprimida". Pressupõe-se também que o ato de repressão moral tornou-se inconsciente, pois de outra forma esse ato permaneceria na consciência e com ele pelo menos a memória da reação moral repressiva, cuja constituição faria reconhecer, por sua vez, a natureza da coisa reprimida. Não quero deter-me nestas preocupações, mas ressalto que, segundo a opinião geral, a *imago* parental não se forma no período da pré-puberdade, ou em algum outro estágio de consciência mais ou menos desenvolvido, mas sim nos estados iniciais de consciência, entre o primeiro e quarto ano de vida, ou seja, numa fase em que a consciência ainda não apresenta uma continuidade real, mas um caráter de descontinuidade insular. A relação com o eu, indispensável para uma continuidade da consciência, só existe parcialmente, de modo que grande parte da vida psíquica naquele estágio se desenvolve num estado que só podemos designar como relativamente inconsciente. Em todo caso, um tal estado, no adulto, daria a impressão de uma situação sonambúlica, onírica ou crepuscular. Estes estados porém são sempre caracterizados por uma apercepção fantasiosa da realidade, tal como a observamos nas crianças pequenas. As imagens da fantasia superam a influência dos estímulos sensoriais e organizam estes últimos como uma *imagem anímica preexistente*.

[136] Na minha opinião é um grande equívoco supor que a alma do recém-nascido seja *tabula rasa*, como se não hou-

vesse nada dentro dela. Na medida em que a criança vem ao mundo com o cérebro diferenciado, predeterminado pela hereditariedade e portanto individualizado, ela responde aos estímulos sensoriais externos, não com *quaisquer* predisposições, mas sim com predisposições *específicas*, que condicionam uma seletividade e organização da apercepção que lhe são próprias (individuais). Tais predisposições são comprovadamente instintos herdados e pré-formações. Estas últimas são as condições apriorísticas e formais da apercepção, baseadas nos instintos. Sua presença imprime no mundo da criança e do sonhador o timbre antropomórfico. Trata-se dos arquétipos que determinam os rumos da atividade da fantasia, produzindo desse modo nas imagens fantásticas dos sonhos infantis, bem como nos delírios esquizofrênicos, surpreendentes paralelos mitológicos, como os que também encontramos de forma algo atenuada nas pessoas normais e neuróticas. Não se trata portanto de ideias *herdadas*, mas de suas *possibilidades*. Não se trata também de heranças individuais, mas gerais, como se pode verificar pela ocorrência universal dos arquétipos[141].

Assim como os arquétipos ocorrem em nível etnológico, sob a forma de mitos, também se encontram em cada indivíduo, nele atuando de modo mais intenso, antropo-   [137]

---

141. Hubert e Mauss (*Mélanges d'histoire des religions*, prefácio p. XXIX) chamam de "categorias" estas formas apriorísticas de ver, provavelmente apoiados em Kant: "*elles existent d'ordinaire plutôt sous la forme d'habitudes directrices de la conscience, elles-mêmes inconscientes*" (eles existem habitualmente mais sob a forma de hábitos que orientam a consciência, sendo elas mesmas inconscientes). Os autores presumem que as imagens originárias são dadas pela linguagem. Esta suposição em alguns casos particulares é correta, mas de um modo geral é refutada pelo fato de que grande parte de imagens e conexões arquetípicas são trazidas á luz através da psicologia onírica e da psicopatologia, que nem seriam passíveis de comunicação mediante o uso histórico da linguagem.

morfizando a realidade, quando a consciência é mais restrita e fraca, permitindo que a fantasia invada os fatos do mundo exterior. Esta condição é dada indubitavelmente na criança em seus primeiros anos. Para mim é mais provável que a forma arquetípica do par divino recubra e assimile a imagem dos pais verdadeiros, num primeiro momento, até que, com o desenvolvimento da consciência, a forma real dos pais seja percebida, não raro para o desapontamento da criança. Ninguém sabe melhor do que o psicoterapeuta que a mitologização dos pais se prolonga muito tempo através da idade adulta, e só é abandonada após uma grande resistência.

[138] Lembro-me de um caso que se me apresentou como o de uma vítima de um fortíssimo complexo materno e de castração, que ainda não tinha sido superado depois de um tratamento psicanalítico. Sem a minha intervenção o paciente havia feito espontaneamente alguns desenhos que representavam a mãe, primeiramente como um ser sobrenatural e depois como uma figura mutilada e sangrenta. Minha atenção foi especialmente despertada para o fato de que havia sido perpetrada obviamente na mãe uma castração, pois diante do seu genital ensanguentado jaziam decepados membros genitais masculinos. Os desenhos representavam um *climax a maiorem ad minus*[142] (um clímax decrescente): primeiro, a mãe era um hermafrodita divino o qual, através da experiência decepcionante e inegável da realidade, foi privado de sua perfeição andrógina e platônica, transformando-se na figura lamentável de uma mulher velha e comum. A mãe fora manifestamente desde o início, isto é, desde a mais tenra infância do paciente, assimilada à ideia arquetípica da sizígia ou da *coniunctio* masculino-femi-

---

142. [Gradação do maior para o menor.]

nina, aparecendo-lhe por isso como perfeita e sobrenatural[143]. Esta propriedade é inerente ao arquétipo e constitui também a razão pela qual permanece estranha à consciência por não lhe pertencer e, caso o sujeito se identifique com ela, pode operar uma transformação devastadora da personalidade, geralmente sob a forma de megalomania ou do complexo de inferioridade.

A decepção do paciente efetuou uma castração na mãe hermafrodita: este último constituía o complexo de castração do primeiro. Ele havia caído do Olimpo da infância e já não era o filho heroico de uma mãe divina. Seu "medo da castração" era o medo da vida real, que de modo algum correspondia à expectativa infantil primordial, faltando-lhe completamente o sentido mitológico do qual possuía uma obscura lembrança, desde a mais tenra idade. Sua existência fora – no sentido próprio da palavra – "dessacralizada". Isto significava para ele, sem que o compreendesse, uma pesada perda no tocante à esperança da vida e à força da ação. Ele mesmo se sentia castrado, o que é um mal-entendido neurótico plausível, o qual se tornaria posteriormente uma teoria de neurose. [139]

Devido ao medo geral, de que no decorrer da vida se perca a conexão com o estágio prévio arquetípico e instintivo da consciência, instituiu-se, há muito tempo, o costume de dar ao recém-nascido, além de seus pais carnais, dois padrinhos de batismo, isto é, um *godfather* e uma *godmother*, como são chamados em inglês, cuja incumbência principal é cuidar do bem-estar espiritual do batizando. Eles repre- [140]

---

143. Corresponde ao homem originário bissexual de PLATÃO, *Symposium*, XIV, e ao ente originário hermafrodita, de um modo geral.

sentam o par divino que aparece no nascimento anunciando o tema do "duplo nascimento"[144].

[141]   A figura da *anima* que conferia à mãe, na ótica do filho, um brilho sobrenatural é desfeita gradualmente pela banalidade cotidiana, voltando para o inconsciente, sem que com isso perca sua tensão originária e instintividade. A partir desse momento ela está pronta a irromper e projeta-se na primeira oportunidade, quando uma figura feminina o impressionar, rompendo a cotidianidade. Acontece então o que Goethe vivenciou com Frau von Stein[145] e se

---

144. O "duplo nascimento" corresponde àquele tema mitológico do herói, o qual considera que este descende de pais divinos e humanos. O tema desempenha um papel significativo nos mistérios e religiões, como o motivo do batismo ou do renascimento. Este motivo também levou Freud a errar em seu estudo *Eine Kindheitserinnerung des Leonardo da Vinci*. Sem perceber que Leonardo não foi de modo algum o único a pintar o motivo de Sant'Ana, Maria e o Menino Jesus. Ele tenta reduzir Ana e Maria, isto é, a avó e a mãe, à mãe e madrasta de Leonardo, isto é, adequar o quadro à sua teoria. Todos os outros pintores teriam tido madrastas? O que levou Freud a cometer este exagero foi a fantasia da dupla descendência, a qual foi sugerida pela biografia de Leonardo. A fantasia retocou a realidade inadequada, isto é, de que Sant'Ana é a avó, e impediu Freud de investigar a biografia de outros pintores que também representaram Sant'Ana, Maria e o Menino. A "inibição do pensar religioso" confirmou-se no próprio autor (Freud). Até mesmo a teoria do incesto tão enfatizada se baseia num arquétipo, no motivo do incesto bem conhecido e frequentemente encontrado no mito do herói. Ele deriva logicamente do tipo hermafrodita originário, o qual remonta aos tempos mais remotos e primitivos. Sempre que uma teoria psicológica avança violentamente, suspeita-se com razão que uma imagem de fantasia arquetípica tenta desfigurar a realidade, correspondendo portanto ao conceito freudiano da "inibição do pensar religioso". Esclarecer o aparecimento dos arquétipos pela teoria do incesto seria como tirar água de um balde e despejá-la em um recipiente contíguo, o qual está ligado ao primeiro por um cano. É impossível explicar um arquétipo através de outro, isto é, é impossível explicar de onde vem o arquétipo, uma vez que não há nenhum ponto de Arquimedes fora dessa condição apriorística.

145. "Por que pousaste em mim esse olhar profundo?" Abril, 1776. [Para Frau von Stein.]

repetiu na figura de Mignon e de Gretchen. Neste último caso, Goethe revelou-nos também toda a "metafísica" subjacente. Nas experiências da vida amorosa do homem a psicologia deste arquétipo manifesta-se sob a forma de uma fascinação sem limites, de uma supervalorização e ofuscamento, ou sob a forma da misoginia em todos os seus graus e variantes, que não se explicam de modo algum pela natureza dos "objetos" em questão, mas apenas pela transferência do complexo materno. No entanto, este é criado primeiro pela assimilação da mãe – o que é normal e sempre presente – a parte feminina do arquétipo preexistente de um par de opostos "masculino-feminino" e, secundariamente, por uma demora anormal a destacar-se da imagem primordial da mãe. Realmente, ninguém suporta a perda total do arquétipo. Por este motivo origina-se um tremendo "mal-estar na cultura", e ninguém se sente mais em casa, pois faltam "pai" e "mãe". Todos sabem as medidas tomadas pela religião no tocante a isto. Infelizmente há muita gente que sem pensar continua a perguntar se estas medidas são verdadeiras, quando na realidade se trata de uma questão de necessidade psicológica. Nada adianta racionalizar, deixando a questão de lado.

[142] Na projeção, a *anima* sempre assume uma forma feminina, com determinadas características. Esta constatação empírica não significa no entanto que *o arquétipo em si* seja constituído da mesma forma. A sizígia masculino-feminino é apenas um dos possíveis pares de opostos, mas na prática é um dos mais importantes e frequentes. Ela tem muitas relações com outros pares (de opostos) que não apresentam diferenças sexuais, podendo, pois, ser colocados numa categoria sexual apenas de um modo forçado. Tais relações encontram-se em múltiplos matizes principalmente na ioga

kundalini[146], no gnosticismo[147] e na filosofia alquímica[148], sem mencionar as formas espontâneas da fantasia no material clínico das neuroses e psicoses. Ao examinar cuidadosamente todos esses dados, parece-nos provável que um arquétipo em estado de repouso, não projetado, não possui forma determinável, mas constitui uma estrutura formalmente indefinida, mas com a possibilidade de manifestar-se em formas determinadas, através da projeção.

[143]   Esta constatação parece contradizer o conceito de "tipo". Na minha opinião tal contradição não é aparente, mas *real*. Empiricamente, trata-se de "tipos", isto é, de formas definidas que podem ser diferenciáveis, recebendo um nome. Mas assim que retirarmos a fenomenologia e casuística destes tipos, tentando examiná-los em suas relações com outras formas arquetípicas, os primeiros atingem tão extensas ramificações na história da simbologia, que somos levados a concluir que os elementos psíquicos básicos são de uma multiplicidade cambiante, a ponto de ultrapassarem a capacidade imaginativa do homem. O empirista deve contentar-se, portanto, com um "como se" teórico. Neste ponto, sua situação não é pior que a da física atômica, se bem que seu método não seja quantitativamente mensurável, mas sim morfologicamente descritível.

[144]   A *anima* é um fator da maior importância na psicologia do homem, sempre que são mobilizadas suas emoções e afetos. Ela intensifica, exagera, falseia e mitologiza todas as relações emocionais com a profissão e pessoas de ambos

---

146. AVALON [org.], *The Serpent Power*. E também *Shri-Chakra-Sambhara Tantra* e WOODROFFE, *Shakti and Shâkta*.
147. SCHULTZ. *Dokumente der Gnosis*; especialmente as listas em IRINEU. Op. cit.
148. Cf. *Psicologia e alquimia*.

os sexos. As teias da fantasia a ela subjacentes são obra sua. Quando a *anima* é constelada mais intensamente ela abranda o caráter do homem, tornando-o excessivamente sensível, irritável, de humor instável, ciumento, vaidoso e desajustado. Ele vive num estado de mal-estar consigo mesmo e o irradia a toda volta. Às vezes, a relação do homem com uma mulher que capturou sua *anima* revela a existência da síndrome.

A figura da *anima*, como acabo de observar, não escapou à atenção dos poetas. Há excelentes descrições que informam acerca do contexto simbólico em que o arquétipo em geral se aloja. Menciono principalmente *She, The Return of She* e *Wisdom's Daughter* de Rider-Haggard, bem como *L'Atlantide* de Benoit. Este foi acusado em sua época de plagiar Rider-Haggard, devido à assombrosa analogia das descrições de ambos. Ao que parece, Benoit conseguiu livrar-se da acusação. O *Prometeu* de Spitteler também contém observações extremamente sutis e o seu romance *Imago* descreve a projeção admiravelmente. [145]

A questão da terapia é um problema que não pode ser resolvido com poucas palavras. Nem era minha intenção tratar deste problema aqui. No entanto, quero esboçar rapidamente meu ponto de vista em relação a ela: pessoas mais jovens, antes de atingirem a metade da vida (por volta dos trinta e cinco anos) conseguem suportar sem dano até mesmo a perda aparentemente total da *anima*. Em todo caso, neste estágio um homem deveria conseguir ser um homem. À medida que cresce, o jovem deve poder libertar-se do fascínio pela *anima*, exercido sobre ele pela mãe. Há, no entanto, exceções, especialmente no caso de artistas, onde o problema se coloca frequentemente de modo bastante diferente; o mesmo se dá com o homossexualismo que em geral se caracteriza por uma identificação com a *anima*. Em vista da conhecida frequência deste último fenômeno, conce- [146]

bê-lo como uma perversão patológica é extremamente questionável. Segundo as descobertas da psicologia, trata-se mais de um desligamento incompleto do arquétipo hermafrodita, unido a uma resistência expressa a identificar-se com o papel de um ser sexual unilateral. Uma tal disposição não deve ser julgada sempre como negativa, posto que conserva o tipo humano originário que, de certa maneira, se perde no ser sexualmente unilateral.

[147] Depois da metade da vida, no entanto, a perda permanente da *anima* significa uma diminuição progressiva de vitalidade, flexibilidade e humanidade. Em regra geral, disso vai resultar uma rigidez prematura, quando não uma esclerose, estereotipia, unilateralidade fanática, obstinação, pedantismo ou seu contrário: resignação, cansaço, desleixo, irresponsabilidade e finalmente um *ramolissement* infantil, com tendência ao alcoolismo. Depois da metade da vida deveria restabelecer-se, na medida do possível, a conexão com a esfera da vivência arquetípica[149].

---

149. Em meu livro *O eu e o inconsciente* apresentei a problemática essencial para a terapia, e também em *A psicologia da transferência*. Quanto ao aspecto mitológico da *anima*, o leitor poderá comparar com *Einführungen in das Wesen der Mythologie*, publicado em colaboração com Karl Kerényi.

A personificação dos opostos: Interpretação e significado do sal[150]

Os escritos alquímicos de Jung são exercícios de hermenêutica, interpretações fundamentadas em sua intuição de que, nos seus tratados filosóficos sobre a natureza dos materiais químicos, os alquimistas projetaram processos psicológicos sobre a matéria. Grande parte da natureza masculina inconsciente era a substância enxofre, que contribuiu para o flamejante personagem do Sol. Mas, na formação do inconsciente lunar do homem, que tinha um caráter feminino, a substância-raiz parece ter sido o sal, associado, ao longo da história humana, às lágrimas. A compreensão que Jung tinha da importância das experiências de amarga decepção no desenvolvimento da *anima* vai além da tradicional ênfase cristã no sofrimento e no sacrifício encarnados na Virgem Maria, para chegar à feminilidade mais madura da Sofia gnóstica, que personifica a sabedoria da terra.

A par da umidade lunar e da qualidade terrestre do sal, destacam-se mais as propriedades de amaritudo e sapientia. Como, no duplo quatérnio dos elementos e das propriedades elementares, sal e água têm em comum o frio, assim também amaritudo e sapientia formam um oposto por intermédio de um terceiro. Por mais incomensuráveis que esses

[324]

---

150. Excertos retirados de C.G. Jung (com a colaboração de Marie-Louise von Franz). *Mysterium coniunctionis* – Pesquisas sobre a separação e a composição dos opostos psíquicos na alquimia [OC, 14/1] – 5. ed. Petrópolis: Vozes, 2011, § 324-327, tradução de Frei Valdemar do Amaral, O.F.M.

dois conceitos possam ser, têm eles algo em comum, que em psicologia é a função do *sentimento*. Lágrimas, sofrimento e decepção são amargos, mas a sabedoria é que consola em qualquer dor da alma; na verdade, amargor e sabedoria formam uma alternativa: Onde houver amargor, falta a sabedoria, e onde houver sabedoria não pode existir amargor. O sal, portanto, é atribuído à natureza feminina por ser ele o portador dessa alternativa marcada pelo destino. A propriedade masculina de ser como o Sol, e que ocupa a metade direita de nosso duplo quatérnio, não conhece nem frio nem sombra nem peso, porque ela, enquanto tudo vai bem, se identifica o máximo possível com a consciência, isto é, com a ideia que cada um faz de si próprio. Nesta ideia costuma faltar a sombra. Primeiro, porque ninguém admite de bom grado algo de inferior para si próprio; segundo, porque a lógica proíbe denominar de preta uma coisa que é branca. O homem bom tem boas qualidades, e apenas o mau tem más qualidades. A respeito do prestígio e da fama nos calaremos completamente. Exemplo acertado e conhecido de todos para o preconceito masculino constitui o super-homem de Nietzsche e a "besta loura", o animal solar que brilha como o ouro, isto é, o leão, que no cristianismo é uma allegoria diaboli e um símbolo do paganismo (por isso aparece formando a base das colunas!) e na alquimia representa a etapa dos animais de sangue quente, que se atinge após a morte do draco mercurialis, símbolo da concupiscentia desenfreada (razão pela qual lhe são cortadas as patas!). O super-homem se revolta contra a misericórdia e contra o "homem horrendo", que significa o homem comum que é cada um de nós. A sombra não pode existir, mas deve ser negada, reprimida e modificada em algo extraordinário. O Sol brilha sempre e tudo reflete a sua luz. Nenhum lugar foi deixado para a fraqueza capaz de impedir o prestígio e a fama. Por isso em nenhum lugar se enxerga o sol niger. Apenas nas horas solitárias é que se teme que ele exista.

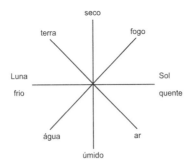

No entanto, com Luna as coisas são diferentes: cada mês ela se escurece até tornar-se irreconhecível, o que cada um pode ver e conhecer, e ela própria não pode ocultar isso a ninguém, nem ao menos para si própria. Ela sabe que a mesma Luna ora está clara, ora está escura. Mas ninguém ainda ouviu falar de um sol escuro. Denomina-se esta propriedade da Luna como a *proximidade da natureza da parte da mulher,* enquanto o brilho fogoso e o ar aquecido envolvem as coisas, vindo de fora, o que se gosta de designar como *espírito masculino.* [325]

Não obstante todas as tentativas de negá-lo e obscurecê-lo, existe o inconsciente, isto é, um sol niger, que fornece o ensejo para que haja uma frequência surpreendente de cisão interna no homem, em que uma das mãos não saiba nem deva saber o que a outra faz. Por causa dessa cisão interna da alma do homem de uma parte, e do novilunium regular da mulher de outra parte, se explica o fato notável de ser a mulher acusada de acarretar para o homem toda espécie de coisas sombrias, enquanto ele "como que se aquece ao sol", ao considerar-se a verdadeira fonte de força vital e de iluminação para a feminilidade que o envolve. Na realidade, porém, muitas vezes faria ele muito melhor se lançasse a mais profunda dúvida sobre o brilho de seu espírito. Não é difícil [326] para o "espírito" (que, além de outras coisas, é um grande trapaceiro como Mercurius) admitir de maneira convincente uma multidão de pecados, e unir a isso ainda o falso sentimento de atitude ética elevada, sem atingir o mínimo que seja da compreensão da realidade, uma vez que ela não pode ser conseguida sem a participação do sentimento. Entretanto, o sentimento só é aceito pela inteligência onde convém a ela. A obscuridade lunar da mulher é para o homem fonte de numerosas decepções, que facilmente causam amargura, mas igualmente são a garantia da verdade, desde que sejam compreendidas pelo homem. Isso, no entanto, só será possível, se ele estiver disposto a reconhecer o seu sol niger, que é a sua "sombra".

[327] A confirmação para a nossa maneira de interpretar o sal como Eros, isto é, como o relacionamento promovido pelo sentimento, resulta do fato visto mais acima de que a amaritudo é a origem das *cores*. Cores são os valores do sentimento, como se deduz dos desenhos e das pinturas dos pacientes que acompanham e auxiliam sua análise por meio da "imaginação ativa". De fato muitas vezes se observa que de início somente é usado o lápis comum ou a pena para captar bosquejos fugazes de sonhos, de ideias espontâneas e de fantasias. A partir de certo momento, todavia, começa o paciente a servir-se das cores, e esse momento surge quando o interesse puramente intelectual é substituído por uma participação mais rica em sentimentos. Ocasionalmente se observa o mesmo fenômeno em relação aos sonhos, que em tais momentos se tornam coloridos de maneira pronunciada, ou quando se insiste em uma cor especialmente muito viva.

Carta de 26 de agosto de 1943[151]

À Dra. Jolande Jacobi
Zurique

                            Bollingen, 26.08.1943
                            Prezada e distinta senhora!

[...]
O erro que a senhora comete está em envolver-se por demais na problemática neurótica de X. Percebe-se isto, por exemplo, no fato de seu *animus* procurar loucamente interpretar, quando não há nada para ser interpretado. *Por que* ele diz que tem outros relacionamentos? Por quê? Como se alguém soubesse disso. Ele apenas o diz. Isto é muito gentil de sua parte, desinteressado, verdadeiro, indiscreto, irrefletido, confiável etc. etc. Se soubéssemos a razão *exata*, saberíamos também quem era X. em seu nascimento e em sua morte. Mas isto só saberemos no além. Ele não tem razão alguma para apresentar, mas simplesmente aconteceu, e pode ser interpretado bem superficialmente de cem modos diferentes. E nenhuma interpretação é convincente, mas simples sugestão que, uma vez feita, tem apenas o efeito de levá-lo a outras reações estranhas e inexplicáveis. Na verdade, seu comportamento irracional representa o lado

---

151. Excertos retirados de C.G. Jung (editado por Aniela Jaffé em colaboração com Gerhard Adler). *Cartas de C.G. Jung* – Volume I, 1906-1945 – 2. ed. Petrópolis: Vozes, 2002, p. 340, tradução de Edgar Orth.

consciente e inconsciente de sua *anima*, o que é indispensável para o conhecimento dela, assim como precisa de muitas mulheres para apreender a essência cambiante dessa figura. Ele ainda é muito ingênuo para perceber isto. Mas a senhora inseriu-se também ingenuamente nesse sabá das bruxas como uma figura da *anima* e por isso foi arrebatada nessa dança como se fosse apenas uma *anima*. Onde quer que meta o dedo por "amor" ou por participação involuntária, haverá de queimá-lo. Não se espera da senhora envolvimento, mas observação objetiva, desencarnada; e se quiser conseguir com isso alguma coisa para o coração – contra o qual não é possível uma objeção razoável – deverá pagá-lo com sangue, como sempre foi e sempre será no futuro. É preciso ao menos manter de fora a cabeça para não sermos devorados completamente por pessoas emocionalmente cegas. Onde há laços emocionais, somos sempre os decepcionadores decepcionantes. Isto é preciso saber se quisermos ou tivermos de participar corretamente.

[...]

Saudações cordiais,
C.G. Jung

Palestra V, 19 de fevereiro de 1930, Sonho [23][152]

Dr. Jung: Trouxe hoje para vocês uma imagem[153] sobre a qual falei semana passada, a reprodução de um mandala tibetano. É um *yantra*, usado para efeitos de concentração no pensamento mais filosófico dos lamas tibetanos. Ele mostra no círculo mais interno a ponta do diamante ou raio, este símbolo de energia potencial, e a luz branca simbolizando a verdade absoluta. E aqui estão as quatro funções, os quatro campos de cores, e então os quatro portões para o mundo. Então vem o jardim de gazelas, e finalmente o anel de fogo dos desejos externos. Vocês perceberão que isso está incrustado na região da terra, exatamente no meio, com a parte superior alcançando o mundo celestial. As figuras acima são três grandes professores, os Budas e Bodhisattvas vivos, dois amarelos e um vermelho. Isto está relacionado com a doutrina lamaística tibetana. Os professores equivalem às montanhas na terra abaixo. O que a montanha é na terra, o

---

152. Excertos retirados de C.G. Jung (organizado por William McGuire). *Seminários sobre análise de sonhos* – Notas do seminário dado em 1928-1930 por C.G. Jung. Petrópolis: Vozes, 2014, p. 454-465, tradução de Caio Liudvik.

153. Jung publicou o yantra como uma fachada para *O segredo da flor de ouro* (orig. 1929, e tr. 1931) e também em *Psicologia e alquimia* (1944. OC 12, fig. 43), descrita ali como um *banner* tibetano pintado, primeiramente no Instituto da China, Frankfurt e destruído na Segunda Guerra Mundial. Ele publicou o yantra novamente no "Simbolismo do mandala" (1950. OC 9/1, fig. 1), analisado nos § 630-638.

grande professor é entre os homens. Eu tenho outro mandala em que, em vez do raio no centro, há o Deus Mahasukha, uma forma do Deus indiano Shiva, nos braços de sua mulher Shakti. Hoje eu acredito que nós continuaremos com nossos sonhos.

Sonho [23]

Nosso paciente diz que ele está em um tipo de festival de celebração em uma igreja protestante, na qual os bancos não estão arrumados na mesma direção mas em forma de quadrado, para que todos vissem o pregador, que está no meio de um dos longos corredores da igreja. Um hino está sendo cantado, um muito conhecido, típico de nossos festivais natalinos: "O du fröhliche, O du selige Weihnachtszeit"[154]. (Escutamos isso em todos os lugares nesta época do ano.) Ele se junta na cantoria do hino e repentinamente escuta alguém atrás dele cantando as mesmas palavras em uma peculiar voz de soprano, extremamente alto e com a melodia bem diferente, de modo que todos ao redor daquela pessoa perdem completamente a afinação. Nosso sonhador imediatamente para e olha para trás para ver quem pode ser o cantor. É um homem sentado em um banco em posição perpendicular ao seu e usando, estranhamente, um tipo de vestimenta feminina, então ele não conseguia perceber ao certo se é um homem ou uma mulher. Então a cantoria chega ao fim, e na saída ele percebe que deixou seu chapéu e sobretudo no guarda-roupa. (Ele estava pensando naturalmente não na palavra *wardrobe* ("guarda-roupa"), mas em *garde-robe* que, claro, é uma palavra realmente francesa, mas em francês se diria

---

154. Cantado com a melodia *Sanctissima*, normalmente com as palavras em português "Ó tu dia alegre, Ó tu dia abençoado, santificado, pacífica época natalina".

vestiare. *Garde-robe* é usado em alemão, vindo da palavra francesa, que originalmente significava "o homem que cuida dos agasalhos".) No caminho de volta ao guarda-roupa, ele pondera se a palavra *garde-robe* em francês é um substantivo masculino ou feminino, e chega à conclusão de que deveria ser usado no masculino, como *le garde-robe*, e não como é usado em alemão como um substantivo feminino, *die garde-robe*. Enquanto pensava nisso, ele de repente ouve o cantor conversando com um homem que está com ele, dizendo que hoje ele havia mostrado pela primeira vez que também poderia cantar. Nosso sonhador de novo se vira para olhar para o homem e tem que se conter de fazer um comentário desagradável. Ele percebe que o homem aparenta ser mais masculino desta vez e que tem um tipo de rosto de judeu, e então parece saber quem ele é e se lembra de que seu filho é amigo dele. Então o filho repentinamente aparece e repreende violentamente seu pai porque ele perturbou a cantoria.

Associações: Quando criança ele havia sido *forçado a frequentar a igreja* todo domingo. Por conta daquela obrigação, ele desenvolveu uma antipatia a igrejas e pastores, o que é a razão por que ele quase nunca as frequenta, exceto em festivais especiais. A igreja em que os bancos são arrumados como ele descreveu, todos virados para o pregador, é aquela que ele tinha sido obrigado a frequentar quando menino.

Sobre o *hino*, ele diz: "Quando penso neste hino, eu penso no final, no refrão, 'Freue dich O Christenheit' que significa 'Alegre-se, Ó Cristandade'".

Então ele associa com sua adesão à cantoria o fato de ele *não conseguir cantar*. Ele é bem pouco musical, e se ele tentasse provavelmente iria atrapalhar a melodia tanto quanto o homem que cantou uma melodia totalmente diferente com uma voz alta de soprano mulher.

Com o *cantor, cujo sexo é incerto*, ele associa o fato de que ele, quando menino, lia um livro de Meyrink[155] chamado *Der Golem*. (Este é um livro memorável; acredito que já tenha sido traduzido para o inglês.) Vocês se lembram de que em seminário anterior ele sonhou com um prédio quadrado em que ele saltou por cima de uma grade. Nós falamos especialmente de suas associações com o final daquele livro, *Der Golem*, onde o herói chega aos portões trancados. Aqui novamente ele associa apenas aquela última cena, em que o herói chega a um momento supremo quando ele realmente deveria encontrar todas as respostas para todos os enigmas, a solução suprema para o problema todo, mas então chega aos portões trancados que é o símbolo do hermafrodita. O sonhador diz que o símbolo do hermafrodita significa, como ele interpretaria, as núpcias alquímicas, isto é, a junção do homem com mulher em um todo indivisível. Ele diz que não podia evitar sentir que aquela canção soaria muito diferente do hino na Igreja protestante – em outras palavras, que essas ideias não são coerentes com as ideias da Igreja protestante e iriam se revelar muito perturbadoras. Lógico!

Sobre a palavra "*garde-robe*", a incerteza se é masculino ou feminino se refere naturalmente à mesma coisa como o sexo duvidoso do homem e novamente ele associa ao símbolo hermafrodita.

Quanto ao descobrimento que o *cantor é judaico*, ele diz que acha que Meyrink deve ser judeu; ele está convencido de que mesmo que não confesse, sua crença seria judaica, ele estaria guardando em uma sala secreta de sua alma sua convicção judaica. Isso explicaria, ele diz, por que Meyrink em seu livro *The Green Face*[156], envia o herói para o Bra-

---

155. Cf. 19 de junho de 1929, n. 6, e texto seguinte.
156. MEYRINK, G. *Das grüne Gesicht*. Leipzig, 1916.

sil para salvá-lo quando o continente europeu desmorona. Vocês percebem que o livro tem um final insatisfatório. Aparentemente Meyrink se envolveu muito com uma trama complexa e não sabia como encontrar uma saída para o emaranhado; então pela providência divina, uma grande tempestade aconteceu e devastou todo o Ocidente e o livrou da dificuldade de uma solução satisfatória. Seu herói, Sephardi, o estudante judeu, tendo previsto isso, reuniu sua família e amigos e imigrou para o Brasil sem conflitos, enquanto acontecia uma tempestade somente na Europa. Obviamente o sonhador quer dizer que Meyrink, sendo judeu, salva sua tribo no momento fatal e ninguém mais, um tipo de exílio da terra amaldiçoada.

Vocês provavelmente não esperariam esse sonho depois dos anteriores, eu certamente não imaginaria isso. Esta é a maravilhosa irracionalidade do inconsciente que sempre nos vence. Eu não teria previsto isto – exceto em um caso: aquele último sonho com o mandala iria contra certas convicções ocidentais, e como este homem tinha recebido uma educação religiosa definida, porém limitada, ele não podia evitar de manter certos preconceitos que seriam cruelmente feridos pelas ideias da psicologia do mandala, porque ela traz uma nova orientação ética. É um ponto de vista que não se encaixa com a opinião cristã, que divide o mundo em bom e mal, e não permite qualquer reconciliação. Toda a escatologia cristã segue esta linha de pensamento em ensinar sobre as coisas finais – que no fim do mundo haverá o julgamento final onde o bom e o mal são divididos definitivamente e para sempre por suas instituições memoráveis, céu e inferno. Todos os malvados serão jogados no inferno e ficarão lá para sempre, e os bons alcançarão a bem-aventurada condição de serem autorizados a fazer música por toda a eternidade. Esta é a declaração dogmática da incompatibilidade do bem e mal. Nada a ser feito sobre isso, apenas desista, sem escolha. Mas a psicologia mandala é de um tipo bem diferente: uma corrente interminável de vidas se movimentando por meio do bem e do mal, por meio de todos os aspectos das coisas. A eternamente giratória roda da existência, agora na sombra, agora na luz. Isto é uma relativização extraordinária do problema ético – que tudo o que sobe desce, e tudo o que desce sobe. Da escuridão vem a luz, e depois da luz vem a escuridão novamente, portanto mal não é tão ruim e bem não é tão bom, pois eles estão relacionados e apenas juntos por um erro que permanece inexplicável. Por que, afinal de contas, isto não é perfeito já que isto é um trabalho de um mestre perfeito? A resposta ocidental é: porque o diabo colocou sujeiras nisso, ou o homem foi tão idiota que estragou tudo de alguma maneira, o trabalho de um ser onipotente e onisciente. O fato é que o mal foi a causa da invenção do diabo, que trairia as boas intenções do mestre perfeito.

Na psicologia mandala oriental, tudo isso acontece em um aspecto completamente diferente. A relatividade é muito chocante para uma pessoa ocidental. Sugere até certa indulgência, e para uma mente puritana isso é quase intolerável. Este é o caso deste homem. Não seria muito na teoria. Ele não vai à igreja, ele não segue uma crença tradicional, mas quando é sobre a vida prática, é um pouco estranho, pois nossas visões da igreja são todas ligadas com nosso Deus verdadeiro, que é respeitabilidade, os olhos da comunidade. Quando ele se dá conta sobre isso, o Deus verdadeiro, e seu medo daqueles olhos, ele desmorona em um conflito terrível.

Agora, se ele realmente entendeu o significado de seu último sonho, que a máquina irá agora funcionar, isto indicaria que ele está prestes a entrar na vida em uma maneira nova, em que cada roda está no lugar e a máquina irá produzir a vida que o circunda que deve produzir, uma vida completa, com luz e sombra. Mas ele mal chega a essa conclusão quando se fere contra as convicções tradicionais, e este próximo sonho contém obviamente o problema dos valores ocidentais violados. No entanto, ele é levado instantaneamente de volta à sua infância, quando era forçado a frequentar a igreja. É como se uma voz do interior dissesse: "Se lembre dos dias que você ainda estava na igreja e acreditava nestas coisas. Como você pode fugir disso? Você ainda está lá cantando a mesma canção como a comunidade cristã toda". E então vem a primeira perturbação, aquela voz soprano. Agora, de onde vem aquela voz soprano?

Srta. Howells: É o lado feminino dele, a *anima*.

Dr. Jung: Claro! É a Madame Anima que de repente começa a cantar também. Ele estava cantando a canção da comunidade como se ele fosse um membro perfeitamente respeitável daquela igreja, e então a *anima* interrompe com uma canção inteiramente imprópria. E o que aquela melodia expressa? Não as palavras, mas a melodia. Qual o valor daquilo?

Resposta: Sentimento.

Dr. Jung: Sim, nada é mais impressionante do que um órgão. Quando você se lembra de uma Igreja protestante, você apenas boceja, um tédio terrível, mas quando você ouve a música, você não consegue não sentir, ela mexe com você. Não sei se você vai com frequência, mas um homem como eu mesmo, que não tem ido à igreja há uma eternidade, naturalmente se sentirá emotivo, uma bela lembrança que apela para o seu sentimento. É errado não reconhecer isto. Um sermão é tedioso, enquanto a música toca o coração. Então é bem típico que o sonho fale de sentimentos, o que é bem perigoso no caso de um homem. Na sua cabeça, estas ideias não o atingiriam mais; ele é firme em suas convicções. Porém a música o toma, e ele está preso a ela. Ele está atraído e não consegue evitar de cantar, então entra em uma situação de humor que é praticamente o oposto da intenção mencionada no sonho anterior. Então o conflito cresce na sua esfera de sentimentos, e é o porquê de sua *anima* começar a cantar. A *anima* está sempre conectada às funções inferiores. Como ele é um intelectual, seus sentimentos são de certo modo inferiores, e ela é como a personificação da sua inferior função sentimentos. Por que a *anima* não canta a canção da igreja? Por que uma melodia completamente diferente?

Sra. Baynes: Para dizer a ele que ela está lá.

Dr. Jung: Mas para quê?

Sra. Baynes: Porque ela quer causar problemas.

Dr. Jung: Isto seria quase a depreciação da *anima*.

Sra. Baynes: Ele não a aprecia, então ela quer se sentir percebida.

Dr. Jung: Mas se ela só quer se fazer sentida ou causar problemas, ela poderia muito bem ser somente um cachorro que late, ou um automóvel que começa a fazer barulho do lado de fora da igreja.

Sra. Sigg: A *anima* tem um gosto diferente. Não é o gosto da igreja, talvez fosse mais como o estilo indiano.

Dr. Jung: Você quer dizer mais a favor da psicologia mandala? Isto é extremamente provável, pois a *anima* tem que ser excluída do sistema cristão. Ela é para sempre uma herege e não se encaixa mesmo, um pagão perfeito, em revolta mais ou menos aberta contra o ponto de vista cristão. Talvez vocês estejam surpresos que eu a mencione de uma maneira tão pessoal, mas assim tem sido sempre a maneira de lidar com ela, esta figura sempre foi representada por poetas de uma forma pessoal. Normalmente ela é projetada em uma mulher real, que então se torna mais imaginária, como a *Lady of the Troubadours* e os *Knights of the Cours d'Amour*[157], levemente divina. Então você sabe como Rider Haggard fala em "She who must be obeyed"[158]; ele a torna uma figura bem-definida. Então para dar a ela a qualidade correta, nós devemos descrevê-la como uma personalidade e não como uma abstração científica.

Em zoologia você pode falar de espécies, como uma *baleia*. Mas existem muitos tipos diferentes de baleias, você deve dizer *qual* baleia e então ela terá seu valor específico. A *anima* representa a camada primitiva da psicologia do homem, e psicologia primitiva rejeita abstrações. Praticamente não existe nenhum conceito em línguas primitivas. No árabe, existem sessenta palavras para tipos de camelos e nenhuma palavra para camelo no abstrato. Pergunte a um árabe sobre a palavra *camelo* e ele não saberá explicar. Ou é um velho, ou um jovem, ou um camelo feminino etc., cada um é chamado por um nome diferente. Em uma língua mais primitiva ainda temos trinta palavras diferentes para *cortar* – cortar com uma faca, uma espada, fio etc. – e nenhuma palavra para o ato de cortar.

Meu amigo particular Steiner[159] supõe que existiram pré-estágios da Terra, um como um globo de fogo, outro como um globo de gases, e em um deles, ele diz, poderiam

---

157. Estes conceitos pertencem à tradição cavalheira da Europa Ocidental Medieval.
158. Cf. 12 de dezembro de 1928, n. 8.
159. Rudolf Steiner (1861-1925), ocultista alemão, primeiramente um teósofo, depois o fundador da antroposofia, um ramo da teosofia. A referência aqui é talvez ao seu livro *Wie erlangt man Erkenntnisse der höheren Welten?* (1922) (= "Como alguém obtém conhecimento dos mundos maiores?"), uma cópia que Jung possuía.

até ter sido observadas algumas sensações de gosto. Agora, de quem eram as sensações de gosto? Não existem essas coisas como sensações abstratas, alguma sensação suspensa no espaço para o *Big Dipper* ou *Sirius*. Na linguagem dos negros, existem cinquenta expressões para andar, mas nenhuma para o ato de andar; não se pode dizer: "Eu estou andando". Nem há uma palavra para *homem*. Nós temos todos estes conceitos abstratos, e de alguma forma eles são enganosos, ou melhor, não informativos. Nós podemos dizer um homem ou uma mulher ou, até mais indefinido, uma pessoa quer falar com você, e quão pouco nós sabemos – se ele ou ela está do lado fora, dentro, de pé, vivo ou morto. Um primitivo dizendo a vocês a mesma coisa pela própria natureza da língua dele informaria, por um momento, que um homem ereto e vivo estava de pé do lado de fora da sua porta. Não existem palavras em sua língua para um homem sem uma descrição quase completa. Eles têm as expressões mais curiosas para andar que descrevem exatamente como isso é feito, cada caso específico de andar, com os joelhos dobrados, nos calcanhares etc., então se você chegar a escutar dele, você pode completamente ver que ele está se movimentando. É quase uma descrição grotesca de cada assunto. Essa ausência de noções coletivas é absolutamente característico da mente primitiva.

Agora, sobre o meu conceito de *anima*, eu tenho sido ocasionalmente repreendido por estudiosos por usar um termo quase mitológico para expressar um fato científico. Eles esperam que eu a traduza usando terminologia científica, o qual privaria a figura de sua vida específica. Se você disse, por exemplo, que a *anima* é uma função de conexão ou a relação entre o consciente e o inconsciente, isso é uma coisa muito básica. É como se você mostrasse uma foto de um grande filósofo e o chamasse simplesmente de *Homo sapiens*; claro que a foto de um criminoso ou um idiota seria *Home sapiens* apenas. O termo científico nada transmite e a mera noção abstrata da *anima* também não transmite nada, mas quando você pressupõe que a *anima* é quase pessoal, um complexo que se comporta exatamente como se ela fosse uma simples pessoa, ou às vezes como se fosse uma pessoa muito importante, logo você entende isso quase que corretamente. Portanto, principalmente para propósitos práticos, eu deixo a *anima* em sua forma personificada, assim como eu faria descrevendo o Presidente Wilson, ou Bismarck, ou Mussolini. Eu não diria que eles foram espécimes de *Homo sapiens*, eu lido com eles especificamente como eles são. E então a *anima* é pessoal e específica. De outra maneira ela é apenas uma função, como a intuição ou o pensar são funções. Porém, isso não condiz com os fatos atuais, nem expressa a personalidade extraordinária da *anima*, a personalidade absolutamente reconhecível, que facilmente consegue ser reconhecida em qualquer lugar. Portanto eu muito intencionalmente mantenho o termo bem pessoal, querendo dizer que ela é um fator pessoal, quase tão bom quanto uma pessoa.

Naturalmente existe um perigo no outro lado, que as pessoas achem que ela é um tipo de fantasma. Efetivamente, para a mente primitiva, ela é um fantasma. Ela é uma entidade definida e, se você estiver com um senso de humor bem primitivo, talvez a veja na forma de um fantasma ou uma figura de fumaça até mesmo uma figura de respiração. Ela pode se tornar uma alucinação. É possível observar, por exemplo, em lunáticos quando eles estão possuídos pela *anima*. Não muito tempo atrás eu fui chamado como médico consultor para analisar um menino insano em uma clínica em Zurique. Quando entrei no quarto, ele me cumprimentou muito educadamente e disse: "Você provavelmente não acreditará, mas eu sou minha irmã e eu sou budista". Ele realmente tem uma irmã casada, mas ela não tem nenhum papel na vida dele. Ele disse que foi apenas um erro que as pessoas o tomavam como um homem, e até declarou que foi uma invenção mal-intencionada por parte de sua mãe. Para ele aquela irmã *anima* era absolutamente real, mais real do que ele mesmo, ele era idêntico a ela. Ela era budista, portanto tinha conhecimento sobre os mistérios do Oriente, e também tinha um nome indiano, o que foi algo espertamente fabricado. Eu não me lembro do nome exatamente, mas tinha três sílabas e a sílaba do meio era *dava*, uma palavra hindu para divino. Era meio italiano meio hindu, ou sânscrito e um pouco grego. Era uma designação típica, e o significado era *divina-amante-irmã*. Eu conheço vários outros casos nos quais homens sentiram a *anima* como uma realidade extraordinária. Eu estou quase certo de que Rider Haggard não poderia ter escrito uma série infindável de romances se a *anima* não tivesse sido extremamente real para ele. Esta é a razão pela qual eu enfatizo o caráter pessoal. Nós temos que lidar com a figura em uma forma que é inteiramente diferente do usual porque isso mostra um fator de vida, a despeito do fato de que, sob certas condições de desenvolvimento, este fator pode perder todo o caráter pessoal e se transformar em uma mera função. Mas este pode apenas ser o caso em que a atitude consciente é tão abundante que perde a qualidade e características de um ser humano – isso é uma psicologia mandala.

Srta. Howells: É comum para ela ter a qualidade do Oriente ou uma civilização mais antiga? Aqui ela é judaica.

Dr. Jung: Parece que sim. Em *She* a *anima* é um ser oriental, e em *Atlantide*[160], de Pierre Bênoit. O *animus* tam-

---

160. O romance *L'Atlantide* (1919), um outro trabalho frequentemente citado por Jung, como em março 1920. Cf. carta citada em *C.G. Jung: Word and Image*, 1979, p. 151.

bém. É melhor não falarmos sobre o *animus* agora. Ele me dá medo, é muito mais difícil de lidar. A ânima é definida, e o ânimus é indefinido.

Pergunta: A anima é definitivamente parte de todo homem e de toda mulher?

Dr. Jung: Não, ela é a parte feminina da psicologia de um homem, então ela não existiria em uma mulher. Quando ela existe, ela é absolutamente idêntica ao princípio consciente da mulher, e então eu a chamaria de Eros. O mesmo é verdade com um homem. *Animus* em um homem não é uma pessoa, é o seu princípio consciente, então o chamaria de Logos.

Na filosofia chinesa, eles falam das almas masculinas e femininas de um homem. Portanto Wilhelm usa *animus* e anima exatamente como eu faço. Os termos animus e *anima* correspondem ao *hun* e *kwei*[161] chinês, porém sempre se aplicam a um homem. Os chineses não estavam preocupados com a psicologia da mulher – como eu infelizmente estou! Mesmo na Idade Média se dizia que as mulheres não possuíam almas que valessem ser mencionadas, ou tinham apenas "pequenas almas", como a história dos pinguins em *L'île des pingouins*, de Anatole France[162]. Desde que St. Maël as batizou se tornou uma questão se elas tinham almas ou não, e por fim chamaram Santa Catarina de Alexandria para

---

161. No debate de Wilhelm do texto chinês (*Golden Flower*, ed. de 1962, p. 14s.) e no comentário de Jung (ibid., p. 115ss. OC 13, § 57-60), a palavra chinesa para *anima* é *p'o*; *kwei* significa "demônio" ou "espírito do que já partiu". Nota de rodapé de Cary Baynes para Wilhelm (op. cit.) visa esclarecer o uso desses termos.

162. Jung relata a história em *Mysterium coniunctionis* (1955. OC 14/1, § 221) e brevemente em seu comentário ao *Livro tibetano dos mortos* (1935. OC 11/5, § 835). Com relação ao romance *Penguin Island* de Anatole France, cf. 23 de janeiro de 1929, n. 2.

decidir. "Bem", ela disse, dando a palavra final à discussão celestial, *Donnez-leur une âme immortelle, mais petite!** Portanto, na Idade Média, a psicologia da mulher era *chose inconnue*, e de maneira similar os antigos filósofos chineses tinham o conceito de que o *animus* masculino foi feito no paraíso, enquanto a alma feminina se tornaria apenas um espectro, um fantasma, que se afunda na terra após a morte. Um segue para a eternidade, e o outro se torna um tipo de fantasma vagante, um demônio. Sendo assim, os chineses queriam dizer por *animus* no homem o que nós queremos pelo princípio de Logos, ou princípio consciente.

Já que tenho de lidar com a psicologia das mulheres tanto quanto a dos homens, eu achei melhor chamar o princípio consciente no homem de Logos e o mesmo princípio na mulher, de Eros. O Eros inferior no homem eu designei de anima; e o Logos inferior na mulher, de *animus*. Estes conceitos, Logos e Eros, correspondem grosseiramente com a ideia cristã de alma. E aquilo que não se encaixa, que está fora de sintonia, seria no homem a *anima* representando o princípio de Eros, e na mulher o *animus* representando o princípio de Logos, mas num tipo de forma inferior, uma posição menor. A razão pela qual a *anima* está aqui fazendo o papel de *diabolos in musica* é que o princípio exclusivo de Logos no homem não permite o princípio de Eros. Ele deve saber diferenciar, ver cada coisa em separado, senão ele fica incapaz de reconhecê-los. Mas isso vai contra o princípio de relatividade. A mulher não deseja ter as coisas segregadas, ela as quer ver praticamente sincronizadas. Um homem que está possuído por sua anima encara as mais terríveis dificuldades por não conseguir descriminar, especialmente entre as mulheres. Enquanto uma mulher sob a lei do *animus*

---

* "Dê-lhes uma alma imortal, mas pequena" [N.T.].

não consegue se associar, ela se torna nada além que descriminações, envolvida por uma parede de cactos. Ela diz ao homem o que ele está prestes a fazer, e isso o aterroriza e ele não consegue entendê-la.

Contudo, sobre o papel particular da *anima* neste sonho, o fato de ela ser feminina está provavelmente bem claro para vocês, mas por que ela é masculina também? Isto é um caso muito incomum. E pensem, depois ela se torna um homem, um judeu. O que vocês pensam sobre as condições sob as quais a *anima* do homem seria ou masculino ou hermafrodita?

Resposta: Homossexualidade

Dr. Jung: Isso é verdade. Frequentemente se encontram figuras da *anima* de sexo bem duvidoso, ou sem dúvida bastante masculino quando a mente consciente é feminina. Mas no caso de nosso sonhador não há a questão de homossexualidade. Ele talvez não seja totalmente livre de perversões; todos temos a parcela estatística; todos temos uma parcela de criminosos em nós mesmos, a população inteira. Mas nele não há traços de nada parecido com homossexualidade reprimida. Então por que ele tem uma *anima* masculino?

Sra. Fierz: A *anima* é tão incapaz de fazer o homem aceitá-la que ela tem que fazer este papel, usar um tipo de mímica, para fazê-lo entender isso. É o inconsciente se aproximando do consciente.

Sra. Sawyer: Não estaria ele identificado com ela e então ela é masculina?

Dr. Jung: Você quer dizer, já que ele não consegue se aproximar dela, ele tem que se identificar? A Sra. Fierz leva isso pelo lado inconsciente, que o inconsciente está tentando se fazer ouvir. Sra. Sawyer analisa isso como o consciente tentando se conectar com o inconsciente – seu consciente possuído pela *anima* e hermafrodita. Em ambos os pontos de vista devemos separá-la para estabelecer a conexão.

Sra. Henley: Talvez neste caso possa simplesmente expressar a falta de desenvolvimento, porque a homossexualidade é um atributo da juventude?

Dr. Jung: Isso também é verdade, já que ele é pouco desenvolvido no lado da religião; desse ponto de vista ele poderia ser entendido como um tipo de menino homossexual com cerca de dez ou doze anos de idade. Isso seria a homossexualidade simbólica. É fato que certas aparentes perversões sexuais são meramente simbólicas; expressam apenas um estado não desenvolvido. Nesse caso, não houve nenhuma manifestação consciente de homossexualidade que pudesse ser apontada, portanto nós talvez possamos assumir que isto é homossexualidade simbólica e não um distúrbio do normal. Apareceram traços deste sentimento em alguns de seus sonhos passados, no sonho do *puer aeternus*, por exemplo, quando ele chama o menino Eros e teve um sentimento claro de ternura por ele[163]. E novamente em um sonho que ele teve durante nosso último seminário, aquele caso de sincronicidade, em que ele adorava o menino Telésforo[164] e teve dúvidas também se havia algo homossexual nisso. Todavia foi meramente simbólico, uma certa imaturidade, como a condição de ter doze anos de idade. Tal imaturidade mental pode ser muito específica, e se referir a uma expressão específica disto, ou até mesmo pode ir tão longe que o homem é capaz de acreditar que ele realmente é homossexual, mesmo sem nunca ter tido a experiência. Eu tenho tido homens que vieram a mim reclamando que eram homossexuais, mas quando eu digo para tal homem:

---

163. 13 de março de 1929, p. 174.
164. 11 de dezembro de 1929, p. 414.

"Como foi? Você teve problemas com meninos", ele exclama indignadamente que não tocaria um menino. "Homens então?" "Não." "Então por que você se chama de homossexual?" Assim ele explica que um doutor disse que ele era, pois tinha tido sonhos em que algo homossexual aconteceu. Isto simplesmente significa que o homem em certos assuntos não é maduro, e sua imaturidade talvez se expresse de maneiras diferentes – que ele não está interessado em mulheres, ou na vida ou em coisas espirituais. Este deve ser o caso aqui: ele é definitivamente imaturo em certos aspectos e isso é expresso no sonho por ele ter sido levado de volta à sua infância. Agora, me digam, em qual âmbito ele é imaturo? Onde ele é inconsciente?

Sra. Deady: Ele não pode dominar sua sexualidade.

Dr. Jung: Contudo você deve se lembrar de que ele é um homem que se permitiu todos os tipos de coisas com mulheres fáceis e que não é um desconhecedor da sexualidade. O seu sexo é errado, mas não concretamente. Agora, qual é o problema com ele?

Dr. Deady: Ele tem o sexo de um menino de dezesseis anos sem sentimentos.

Dr. Jung: Este é o ponto, nenhum sentimento. Seu sexo é perfeitamente normal, mas é sexo sem relação, um tipo de autoerotismo, um tipo de masturbação. Não há relação com o objeto, esta é provavelmente a razão da frigidez de sua mulher e a razão de suas outras aventuras. O Eros é maldesenvolvido, não a sexualidade dele. Esta não é de maneira alguma pouco desenvolvida, mas seu relacionamento com a sexualidade está errado. No último sonho ele colocaria sua máquina em movimento, e a pergunta que surgiu foi se as partes da máquina estavam propriamente relacionadas com a parte central. Todas as funções, particularmente sua sexualidade, tiveram de ser trabalhadas no mecanismo total. Se não relacionadas, ele naturalmente não funcionaria como uma personalidade total. Sua sexualidade deve ser completamente levada em consideração, e ele deve ter sentimentos sobre isso. Em outras palavras, o princípio de Eros deve ser reconhecido. A razão pela qual a *anima* aparece é que ela *é* a Eros. E quando ele tem o ponto de vista antigo, que canta a velha canção, a Eros é reprimida para sempre e o próprio demônio também. Portanto, ela aparece na igreja e atrapalha a cantoria. Sua imaturidade é expressa pelo fato de que ele volta à sua infância e também por sua homossexualidade simbólica. Se a *anima* de um homem é masculina, ele está absolutamente possuído – obcecado – por ela, ele não consegue estabelecer uma relação com ela até que ela seja feminina. Dizer que ele é afeminado significa a mesma coisa – que ela tem poder sobre ele. O fato que o sonho expressa é: você é afeminado, você está possuído por sua *anima*.

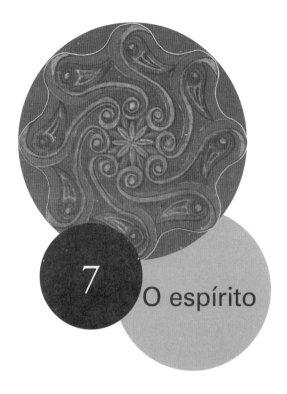

7 O espírito

A fenomenologia do espírito no conto de fadas[165]

O velho sábio, tema dos trechos a seguir, é um dos arquétipos mais fáceis de reconhecer. Nas histórias, ele vem frequentemente em ajuda do *puer aeternus*, que obtém apoio e conselho de sua aparente maturidade. Quando a sabedoria é uma figura masculina em vez de feminina, sugere-se uma sagacidade preexistente no inconsciente, em vez da sabedoria arquetípica que só pode ser conquistada através da experiência amarga. Os sistemas divinatórios utilizam esta faculdade de onisciência na psique, que é um atributo do si-mesmo arquetípico. Em cada sonho pode ser encontrado este aspecto de "sábio" do si-mesmo, explicando com clareza cada experiência da vida, atribuindo-lhe um significado. Ester guia interior pode ser sedutor. Existe no indivíduo que entra em contato com esta fonte masculina de sabedoria uma tendência a tornar-se isolado, identificado e inflado com ele. Frequentemente esta inflação leva a atos insensatos e irresponsáveis. O ensaio de Jung sobre Mercurius, do qual seguem alguns extratos, dissolve qualquer noção simples do inconsciente como um pai sábio, enfatizando a ambivalência da espiritualidade psíquica.

---

[165]. Excertos retirados de C.G. Jung. *Os arquétipos e o inconsciente coletivo* [OC, 9/1] – 7. ed. Petrópolis: Vozes, 2011. § 401-409, tradução Maria Luiza Appy e Dora Mariana Ribeiro Ferreira da Silva.

[401]   A frequência com que aparece o Velho como arquétipo do espírito no sonho é mais ou menos a mesma do que no conto de fadas[166]. O Velho sempre aparece quando o herói se encontra numa situação desesperadora e sem saída, da qual só pode salvá-lo uma reflexão profunda ou uma ideia feliz, isto é, uma função espiritual ou um automatismo endopsíquico. Uma vez que o herói não pode resolver a situação por motivos externos ou internos, o conhecimento necessário que compense a carência, surge sob a forma de um pensamento personificado, isto é, do velho portador de bom conselho e ajuda. Num conto de fadas da Estônia[167], conta-se, por exemplo, que um menino órfão e maltratado deixara escapar uma vaca no pasto, e por isso não queria voltar para casa, com medo do castigo. Fugiu então, às cegas, sem saber para onde. Encontrou-se assim numa situação desesperada, sem qualquer perspectiva possível. Exausto, caiu num sono profundo. Ao acordar "pareceu-lhe que algo líquido estivera em sua boca e viu um velhinho com uma longa barba grisalha, de pé, à sua frente, o qual estava recolocando a tampa na vasilha de leite. O menino pediu: 'dá-me de beber'. O Velho retrucou: 'Chega por hoje. Se meu caminho não tivesse passado por aqui ocasionalmente com certeza este teria sido teu último sono, pois quando te encontrei já estavas semimorto'. Então o Velho perguntou ao menino quem era e para onde se dirigia. O menino contou tudo o que vivera conforme se lembrava, até a surra da véspera. O Velho disse então: 'Meu querido menino! Passaste por algo que não é melhor nem pior do que muitos passam

---

166. O material dos contos de fada que utilizo aqui, devo-o à colaboração amiga da Dra. Marie-Louise von Franz.

167. *Wie ein Waisenknabe unverhofft sein Glück fand* [como uma criança órfã inesperadamente encontrou sua felicidade] (Finnische und Estnische Volksmärchen n. 68).

com seus queridos responsáveis e consoladores, que repousam em caixões debaixo da terra. Já não podes mais voltar. Como escapaste, tens que procurar um novo caminho no mundo. Eu não tenho casa, nem quintal, nem mulher, nem filho e por isso não posso cuidar de ti. Quero dar-te, porém, de graça um bom conselho".

O que o Velho disse até então poderia ter pensado o próprio menino, o herói do conto. Seguindo o ímpeto de sua emoção e fugindo assim a esmo, ele devia pelo menos ter pensado na necessidade de alimento. Teria sido necessário também refletir sobre sua situação num tal momento. Se o tivesse feito, toda a história de sua vida, até o passado mais recente, ter-lhe-ia ocorrido, como costuma acontecer. Trata-se, numa anamnese desse tipo, de procedimento útil, cuja meta é reunir todas as virtualidades do indivíduo no momento crítico, que exige a totalidade de suas forças físicas e espirituais, a fim de forçar a porta que se abre para o futuro. Ninguém vai ajudá-lo nessa tarefa e ele deverá contar apenas consigo mesmo. Não há recuo possível, este entendimento dará a necessária determinação ao seu comportamento. Na medida em que o Velho o leva a tomar consciência disso, este poupa-lhe o trabalho de pensar por si mesmo. Na realidade o Velho representa essa reflexão útil e a concentração das forças morais e físicas que se realiza espontaneamente no espaço psíquico extraconsciente, quando um pensamento consciente não é possível ou já não o é mais. No que diz respeito à concentração e tensão das forças psíquicas, há sempre algo que se nos afigura como magia; o fato é que elas desenvolvem uma força inesperada de penetração, a qual frequentemente supera o esforço consciente da vontade. Pode-se observar tal efeito experimentalmente no estado de concentração artificial induzido pela hipnose:

[402]

em meus cursos eu costumava hipnotizar uma histérica de frágil compleição, que mergulhava num sono profundo, e a deixava deitada quase um minuto com a cabeça apoiada numa cadeira e os calcanhares em outra, rígida como uma tábua. Seu pulso subia pouco a pouco até 90. Entre os estudantes havia um atleta que tentou em vão imitar esse experimento mediante um esforço voluntário e consciente. Logo ele fraquejou e não conseguia manter a posição. Seu pulso subira a 120.

[403]   O menino estava apto então a receber o bom conselho do Velho, isto é, a situação já não parecia desesperadora. O Velho aconselhou-o a continuar caminhando tranquilamente, sempre em direção leste onde, depois de sete anos, alcançaria a grande montanha cujo significado é a sua boa sorte. Tamanho e altura da montanha aludem à personalidade adulta[168]. Da força concentrada surge a segurança e, com ela, a melhor garantia do sucesso[169]. Nada mais lhe faltará. "Toma meu bornal e meu cantil de água", disse o Velho, "neles encontrarás diariamente todo o alimento e bebida que necessitares". Deu-lhe também uma folha de bardana, que podia transformar-se numa canoa, caso o menino tivesse que atravessar as águas.

---

168. A montanha representa a meta da caminhada e da ascensão, razão pela qual tem frequentemente o significado psicológico do si-mesmo. O *I Ching* descreve-o como meta: "O rei o apresenta à Montanha do Oeste" (Hexagrama n. 17, *Sui*, Seguir). Em Honório De Autun (*Speculum de mysteriis ecclesiae*, in: MIGNE, P.L. CLXXII, p. 345) lê-se: "*Montes patriarchae et prophetae sunt*" [As montanhas são patriarcas e profetas]. Ricardo De São Vítor diz: "*Vis videre Christum transfiguratum? Ascende in montem istum, disce cognoscere te ipsum*" [Queres ver o Cristo transfigurado? Sobe esta montanha, aprende a conhecer-te a ti mesmo]. *(Benjamin Minor* in: MIGNE, P.L. CXCVI col. 53-56).
169. Há de se ressaltar especialmente a fenomenologia da ioga, neste aspecto.

Muitas vezes pergunta o Velho, no conto de fadas, *por que, quem, de onde vem, aonde vai*[170], a fim de encaminhar a autorreflexão e favorecer a reunião das forças morais e, mais frequentemente ainda, fornece os talismãs mágicos necessários[171], isto é, a possibilidade inesperada e improvável do êxito peculiar à personalidade unificada no bem e no mal. No entanto a intervenção do Velho, ou melhor, a objetivação espontânea do arquétipo, parece igualmente indispensável, uma vez que a vontade consciente por si mesma quase nunca é capaz de unificar a personalidade, a ponto de alcançar uma extraordinária possibilidade de êxito. Para tanto é necessária – não só no conto de fadas, mas na vida em geral – a intervenção objetiva do arquétipo que neutraliza a reação puramente emocional através de uma cadeia de confrontações e conscientizações internas. Estas conferem clareza no tocante ao *quem, onde, como, para que*, possibilitando assim o conhecimento da situação momentânea e da meta. O esclarecimento e o desembaraçar do novelo do destino têm um aspecto verdadeiramente mágico, experiência que não é ignorada pelo psicoterapeuta.

[404]

---

170. Existem numerosos exemplos a respeito dessa questão: Spanische und Protugiesische Volksmärchen [n. 34: *Der weisse Papagei*; n. 45: *Königin Rose und der kleine Thomas*]; Russische Volksmärchen [n. 26: *Das Mädchen ohne Hände*]; Märchen aus dem Balkan [n. 15: *Das Hirt und die drei Samovilen*]; Märchen aus Iran [*Das Geheimnis des Bades Bâdgerd*]; Nordische Volksmärchen I [Schweden, n. 11: *Der Werwolf*], p. 231.

171. Ele dá um novelo à menina que procura seus irmãos, o qual rola até eles (Finnische und Estnische Volksmärchen n. 83 [*Die kämpfenden Brüder*, p. 280]). Ao príncipe que busca o Reino do Céu é dada uma canoa, que anda por si só (Deutsche Märchen seit Grimm [*Die eisernen Stiefel*], p. 381). Outro presente é uma flauta, que faz tudo dançar (Märchen aus dem Balkan [*Die zwölf Brocken*], p. 173), ou a esfera indicadora de caminho e a vara que torna invisível (Nordische Volksmärchen [n. 18 Dänemark: *Die Prinzessin mit den zwölf Paar Goldschuhen*], p. 97) ou cachorros milagrosos (op. cit., p. 287 [n. 20 Schweden: *Die drei Hunde*]) ou um livro de sabedoria secreta (Chinesische Volksmärchen, p. 248 [n. 86: *Tchang Liang*]).

[405]   A tendência do Velho de provocar a reflexão também é expressa no modo de convidar as pessoas a "dormir sobre o assunto". Deste modo ele diz à menina que procure seu irmão desaparecido: "Deita e dorme; a manhã é mais inteligente que a noite"[172]. Ele também enxerga através da situação obscura em que se encontra o herói em apuros, ou pelo menos sabe obter as informações que o ajudam a prosseguir. Para isso gosta de recorrer à ajuda dos animais, especialmente dos pássaros. O eremita diz ao príncipe que está à procura do caminho que leva ao céu: "Moro aqui há 300 anos, mas nunca me perguntaram acerca desse caminho; não posso responder-te, mas lá em cima, no outro andar da casa, moram os pássaros mais diversos; estes com certeza poderão dizer-te algo a respeito"[173]. O Velho sabe que caminhos conduzem à meta, e os mostra ao herói[174]. Avisa acerca dos futuros perigos e dá os meios de enfrentá-los eficazmente. Ensina, por exemplo, ao menino que deseja buscar água de prata na fonte, onde um leão monta guarda. O animal tem a peculiaridade enganosa de dormir de olhos abertos e vigiar de olhos fechados[175], ou então aconselha o menino, desejoso de cavalgar até uma fonte mágica, a fim de buscar a poção curativa para o rei, a apanhar a água durante o trote, sem apear-se, pois as bruxas espreitam para laçar todos os que da fonte se aproximam[176]. O Velho ordena à princesa, que busca o amante transformado num lobisomem,

---

172. Finnische und Estnische Volksmärchen n. 83 [Estland: *Die kämpfenden Brüder*], p. 280.

173. Deutsche Märchen seit Grimm [*Die eisernen Stiefel*], p. 382. Em um conto dos Bálcãs [15: *Der Hirt und die drei Samovilen*], o velho é o "Czar de todos os pássaros". Nesse lugar a pega está a par de tudo. Cf. o misterioso "Senhor do Pombal". In: MEYRINK. *Der weisse Dominikaner* (novela).

174. Märchen aus Iran [*Das Geheimnis des Bades Bâdgerd*], p. 152.

175. Spanische Märchen n. 34 [*Der weisse Papagei*], p. 158.

176. Op. cit. [n. 41: *Königin Rose oder der kleine Thomas*, p. 199].

a acender o fogo, colocando sobre ele uma grande panela cheia de alcatrão. Em seguida, ela deve jogar no alcatrão fervente seu querido lírio branco e, ao chegar o animal, deverá despejar o caldeirão sobre a cabeça do lobisomem, libertando assim seu amante do feitiço[177]. Ocasionalmente, o Velho tem espírito crítico, como no conto caucasiano do príncipe caçula que desejava construir uma igreja perfeita para o pai, a fim de herdar o reino. Ele a constrói e ninguém consegue achar uma falha sequer nessa obra. No entanto, um Velho aparece e diz: "Oh, que bela igreja você construiu! Mas é pena que o alicerce esteja um pouco torto!" O príncipe manda destruir a igreja e constrói uma outra, mas nessa também o Velho encontra uma falha, e isso por três vezes[178].

[406] O Velho representa, por um lado, o saber, o conhecimento, a reflexão, a sabedoria, a inteligência e a intuição e, por outro, também qualidades morais como benevolência e solicitude, as quais tornam explícito seu caráter "espiritual". Uma vez que o arquétipo é um conteúdo autônomo do inconsciente, o conto de fadas, concretizando o arquétipo, dá ao Velho uma aparência onírica, do mesmo modo que nos sonhos modernos. Num conto dos Bálcãs, o Velho aparece ao herói em apuros num sonho e dá-lhe o bom conselho de como poderia superar as tarefas impossíveis que lhe foram impostas[179]. Sua relação (do Velho) com o inconsciente é claramente manifesta em um conto russo, onde é designado "rei da floresta"[180]. Quando o camponês cansado se sentou num toco de árvore, deste saiu um velhinho de baixa estatura, "todo enrugado, e com uma barba verde que pendia até

---

177. Nordische Volksmärchen I, n. 11 [Schweden: *Der Werwolf*], p. 231s.
178. Kaukasische Märchen, p. 35s. [*Der Sprosser und die Nachtigall*], p. 35s. [*Die Nachtigall Gisar*: Balkan n. 51].
179. Balkanmärchen [n. 49: *Die Lubi und die Schöne der Erde*], p. 217.
180. Russische Märchen [n. 6: *Och*], p. 30s.

os joelhos". "Quem és tu?" perguntou o camponês. "Eu sou Och, o rei da floresta", disse o homenzinho. O camponês ofereceu-lhe o serviço de seu filho, que era desmazelado. "E quando o rei da floresta partiu com ele, conduziu-o a um outro mundo debaixo da terra, a uma cabana verde... Nela, tudo era verde: as paredes, os bancos, sua mulher e seus filhos também eram verdes. Enfim, tudo, tudo era verde. E as mulherzinhas de água que o serviam eram tão verdes como a arruda". Até a comida era verde. O rei da floresta é aqui descrito como um nume da vegetação ou da árvore, o qual, por um lado, reina na floresta e, por outro, também tem relação com o reino da água – através das sereias – o que nos faz reconhecer de modo claro sua conexão com o inconsciente, na medida em que este é frequentemente expresso pela floresta e pela água.

[407] A conexão com o inconsciente também é clara quando o Velho aparece como anão. No conto da princesa que procura o amante lê-se: "Chegou a noite, a escuridão e as estrelas nasciam e se punham; a princesa continuava sentada no mesmo lugar e chorava. Estando assim, imersa em seus pensamentos, ouviu uma voz saudando-a: 'Boa noite, bela jovem! Por que estás sentada aí, tão só e triste?' Ela ergueu-se de um salto, perplexa, o que não era de estranhar. Mas, ao olhar à sua volta, só viu um velhinho minúsculo, que lhe acenava a cabeça com ar gentil e humilde". Num conto suíço, um homenzinho de ferro (*"es chlis isigs Manndle..."*) vem ao encontro do filho do camponês (que quer levar uma cesta cheia de maçãs para a filha do rei) e lhe pergunta: "o que leva na cesta?" (*"...das frogtene, was er do e dem Chratte häig?"*). Em outra passagem o homenzinho (*"Manndle"*) veste uma roupa de ferro (*"es isigs Chlaidle"*)[181]. A palavra

---

181. Trata-se do conto *Der Vogel Greif*, n. 84 dos Kinder-und Hausmärchen, coletados pelos irmãos Grimm II, p. 29s. O texto está repleto de erros fonéticos.

"*isig*" (de gelo, gelado) deve ser entendida como "*eisern*" (de ferro, férreo), o que parece mais verossímil do que "*eisig* ou *isig*" (de gelo, gelado). Neste último caso a forma correta seria "*es Chlaidle vo Is*" (uma roupinha de gelo). De fato existem os "*Eismännchen*" (homenzinhos de gelo), mas também os "*Erzmännchen*" (homenzinhos de metal), e em um sonho moderno até encontrei um homenzinho de ferro preto, o qual surgira num momento decisivo de uma mudança da vida, tal como nesse conto do João bobo, e estava a ponto de casar-se com uma princesa.

Numa série moderna de visões, em que o arquétipo do velho sábio aparecia várias vezes, ora com estatura normal (ao aparecer no fundo de uma cratera ladeado de paredões íngremes de rocha), ora minúsculo e encontrando-se no topo de uma montanha, dentro de uma mureta baixa de pedra. O mesmo tema encontra-se também no conto de Goethe acerca da princesa anã, cuja morada era um cofre[182]. Neste contexto se inserem o *anthroparion*, o homenzinho de chumbo da visão de Zósimo[183], bem como o homenzinho de metal das minas, os hábeis dáctilos da Antiguidade, os *homunculi* dos alquimistas, os duendes, os *brownies* escoceses etc. A realidade de tais representações tornou-se clara para mim por ocasião de um grave acidente na montanha, quando após a catástrofe dois dos participantes tiveram a visão conjunta, em plena luz do dia, de um homenzinho de capuz que saía das fendas inacessíveis da geleira; atravessou-a em seguida, o que desencadeou nos dois homens um verdadeiro pânico. Muitas vezes encontrei temas que me davam a impressão de que o inconsciente era o mundo

[408]

---

182. *Die neue Melusine*. Conto de fada.
183. Cf. meu artigo Einige Bemerkungen zu den Visionen des Zozimos. In: *Eranos-Jahrbuch* 1937.

do infinitamente pequeno. Do ponto de vista da razão, poder-se-ia deduzir que isso acontece porque se tem o obscuro sentimento de que se trata de realidades endopsíquicas, as quais deveriam ser muito pequenas para caber dentro da cabeça. Não sou amigo de tais conjeturas "racionais", embora não pretenda afirmar que todas elas não sejam cabíveis. Parece-me mais provável que a tendência ao diminuto, por um lado, e a ampliação exagerada (gigante!), por outro, têm a ver com a estranha incerteza do conceito de tempo-espaço no inconsciente[184]. O sentido humano de medida, isto é, nosso conceito racional de grande e pequeno é um antropomorfismo manifesto, que perde sua validade, não só no âmbito dos fenômenos físicos, mas também no do inconsciente coletivo, os quais se situam além do alcance do especificamente humano. O atmã é "menor do que o pequeno" e maior que o grande. É do tamanho de um polegar e no entanto "cobre o mundo inteiro por todos os lados, numa altura de dois palmos"[185]. Goethe fala acerca dos cabiros: "pequeno de estatura mas grande na envergadura do poder"[186]. Do mesmo modo, o arquétipo do Sábio é minúsculo, quase imperceptível, e, no entanto, uma força do destino capaz de determiná-lo, quando se vai ao fundo das coisas. Os arquétipos têm esta peculiaridade em comum com o mundo atômico, o qual demonstra em nossos dias que quanto mais se aprofunda o experimento do pesquisador no universo da microfísica, tanto mais devastadoras são as energias que lá encontra comprimidas. Tornou-se claro que não é só no âmbito físico, mas também na investigação

---

184. Em um conto de fadas siberiano (n. 13, p. 62 [*Der in Stein verwandelte Mann*]), o velho aparece como uma figura branca erguendo-se até o céu.
185. [Cf. § 289 do presente volume.]
186. *Fausto*, segunda parte, cena dos cabiros. Cf. *Psicologia e alquimia*, § 203.

psicológica, que o maior efeito provém no menor. Quantas vezes, num momento crítico da vida, tudo depende de um nada aparente!

Em certos contos de fada primitivos a natureza esclarecedora de nosso arquétipo se expressa pelo fato de que o Velho é identificado com o Sol. Ele acarreta um incêndio que utiliza para assar uma abóbora. Depois de comê-la, afasta-se levando consigo o fogo, fazendo com que os homens tentem roubá-lo[187]. Num conto norte-americano, o Velho é um xamã que possui o fogo[188]. O espírito tem o aspecto do fogo, conforme sabemos através da linguagem do *Antigo Testamento* e da história do milagre de Pentecostes.

[409]

---

187. Indianermärchen aus Südamerika, p. 285 [*Das Ende der Welt und der Feuerdiebstahl*].

188. Indianermärchen aus Südamerika, p. 74 [*Geschichten von Mänäbusch: Der Feuerdiebstahl*].

O espírito Mercurius[189]

Parte I

A. O conto do espírito na garrafa

[239]   A minha contribuição ao simpósio sobre Hermes consiste numa tentativa[190] de provar que o deus mutável e dado a intrigas não morreu de modo algum com o declínio da Antiguidade; continuou vivo com disfarces estranhos através dos séculos, até tempos recentes, mantendo o homem perplexo diante de suas artes enganadoras e de seus dons curativos. Sim, ainda é narrado às crianças aquele conto de Grimm, "O espírito na garrafa", eternamente vivo como todos os contos de fada, e que contém a quintessência e o sentido mais profundo do mistério hermético, tal como chegou a nossos dias.

Era uma vez um pobre camponês. Tinha um filho único e desejava que ele fizesse estudos superiores. Como só pudesse enviá-lo à universidade com uma quantia diminuta, o dinheiro foi consumido muito tempo antes da época dos exames. Então o rapaz voltou para casa e começou a ajudar

---

189. Excertos retirados de C.G. Jung. *Estudos alquímicos* [OC, 13] – 2. ed. Petrópolis: Vozes, 2011, § 239-303, tradução de Dora Mariana Ribeiro Ferreira da Silva e Maria Luiza Appy.

190. Dou a seguir apenas uma visão geral acerca do conceito do *Mercurius* da alquimia, e de modo algum uma representação exaustiva do mesmo. Consequentemente, trata-se de comprovações apenas de exemplos, que não pretendem esgotar o assunto.

o pai a trabalhar na floresta. Certo dia, na hora de repouso após o almoço, pôs-se a perambular pela floresta até chegar a um antiquíssimo carvalho de grande porte. Ouviu então uma voz que saía do chão, chamando: "Me solta, me solta!" O menino cavou entre as raízes da árvore e encontrou uma garrafa bem fechada; sem dúvida era dela que saíra a voz. Ele tirou a rolha e um espírito saiu da garrafa, logo atingindo a metade da altura do carvalho. O espírito dirigiu-se ao menino e disse: "Eu fui trancado por castigo. Sou o poderosíssimo Mercurius; e agora devo quebrar o pescoço de quem me soltou". O rapaz ficou apavorado e num instante urdiu um estratagema. "Qualquer pessoa – disse ele a Mercurius – poderia afirmar que estivera preso na garrafa. Mas teria que provar isso". O espírito então entrou de novo na garrafa. O rapaz mais que depressa fechou-a, e o espírito ficou de novo aprisionado. Prometeu então ao rapaz uma recompensa se este o soltasse de novo. O rapaz concordou e soltou-o, ganhando um pedaço de pano. Passou-o em seu machado trincado, e este transformou-se em pura prata. Pôde assim ser vendido por quatrocentos taler (moedas). Desse modo, pai e filho ficaram livres de todas as preocupações. O rapaz continuou seus estudos e graças ao pano acabou por tornar-se um médico famoso[191].

B. Esclarecimentos sobre a floresta e a árvore

Que intuição nos desperta esta história? É sabido que podemos tratar os contos de fada como produtos da fantasia, tal como os sonhos, concebendo-os a modo de expressões espontâneas do inconsciente acerca de si próprio.

[240]

---

191. [N. 167: *O espírito na garrafa* (Resumo)].

[241]   Tal como no início de muitos sonhos, algo é mencionado no tocante ao lugar da ação onírica; o conto refere-se à floresta, como o lugar do acontecimento misterioso. A floresta escura e impenetrável como a profundeza da água e do mar é o continente do desconhecido e do mistério. É uma metáfora apropriada para o inconsciente. Entre as inúmeras árvores, seres vivos que constituem a floresta, há *uma* árvore que devido a suas proporções se destaca de um modo especial. As árvores são, como os peixes na água, conteúdos vivos do inconsciente. Entre estes, há um conteúdo singularmente significativo que é o "carvalho". As árvores têm individualidade. Por isso são frequentemente um sinônimo da personalidade[192]. Parece que Luís II da Baviera venerava algumas árvores imponentes de seu parque, chegando mesmo a ordenar que elas fossem saudadas. O carvalho velho e poderoso é de certo modo o rei da floresta. Por isso, ele representa uma figura central entre os conteúdos do inconsciente, caracterizando-se por sua personalidade marcante. É o protótipo do *si-mesmo*, um símbolo da origem e da meta do processo de individuação[193]. O carvalho exprime o núcleo ainda desconhecido da personalidade, cujo simbolismo vegetal indica um estado profundamente inconsciente. Disso se poderia concluir que o herói do conto é profundamente inconsciente de si mesmo. Ele pertence aos "adormecidos", aos "cegos", ou então aos "olhos vendados", tal como encontramos nas

---

192. No tocante à árvore dotada de alma, cf. FRAZER. *The Magic Art*, II, cap. 9. As árvores são também a morada dos espíritos dos mortos, ou idênticas à vida de um recém-nascido (quanto ao último, Op. cit., I, p. 184).

193. Cf. a este respeito "Símbolos oníricos do processo de individuação". In: *Psicologia e alquimia*, II. O tipo mais conhecido é a árvore do paraíso.

ilustrações de certos tratados alquímicos[194]. São os que ainda não despertaram, inconscientes de si mesmos, isto é, os que ainda não integraram à sua personalidade futura mais ampla, sua "totalidade"; na linguagem dos místicos são os ainda "não iluminados". Para o nosso herói, a árvore abriga um grande segredo.

O segredo não está oculto na copa, mas nas raízes da árvore[195]. E uma vez que tem, ou melhor, é uma personalidade, possui um de seus sinais mais notáveis: a voz, a linguagem, um propósito consciente, e exige ser libertado pelo herói. Algo está encarcerado, preso contra a sua vontade na terra, entre as raízes da árvore. Estas se estendem ao mundo do inanimado, ao reino mineral. Em linguagem psicológica isto significa que o si-mesmo é enraizado no corpo (terra), isto é, em seus elementos químicos. Qualquer que seja o significado da importante afirmação do conto, ela não é de modo algum mais estranha do que o milagre da planta viva que tem suas raízes no reino inanimado da terra. A alquimia descreve os elementos (isto é, os quatro elementos) como radices (raízes), de acordo com as ῥιζώματα (raízes) de Empédocles, onde ela vê os componentes do mais significativo

[242]

---

194. *Mutus liber* (1677). Frontispício: Um anjo desperta um adormecido com a trombeta. – MICHELSPACHER. *Cabala, speculum artis et naturae* (1616). [*Psicologia e alquimia*, fig. 93]: Diante de uma montanha, com o Templo dos Adeptos há um homem, no primeiro plano, com os olhos vendados, enquanto mais ao fundo outro homem persegue uma raposa que desaparece num buraco da montanha. O "animal prestativo" indica o caminho que leva ao templo. A raposa ou a lebre corresponde ao Mercurius "evasivo" como condutor (ὁδηγός).

195. Este motivo já se encontra nos gnósticos, com o mesmo significado. V. HIPÓLITO. *Elenchos*, V, 9, 15, p. 101. A "Palavra de Deus" dotada de múltiplos nomes e de mil olhos está "oculta na raiz do Todo".

e central de seus símbolos, a *lapis philosophorum*, que representa a meta do processo de individuação[196].

C. O espírito na garrafa

[243] O segredo escondido nas raízes é um espírito que foi preso numa garrafa. Naturalmente ele não está escondido inicialmente nas raízes, mas foi confinado e escondido por alguém numa garrafa. É possível que tenha sido um mágico, isto é, um alquimista quem o apanhou e encarcerou. Como veremos a seguir, o espírito tem algo a ver com o numen da árvore, é seu *spiritus vegetativus*, o que já o define como Mercurius. Enquanto princípio de vida da árvore, ele é de certa forma a quintessência espiritual abstraída da mesma, ou seu *principium individuationis*. A árvore seria então o sinal externo visível da realização do si-mesmo. Parece que os alquimistas têm uma concepção parecida. Assim diz a *Aurelia occulta*: "Os filósofos investigaram... com maior afinco o centro da árvore que se encontra no centro do paraíso terrestre"[197]. Segundo a mesma fonte, o próprio Cristo é esta árvore[198]. A comparação com a árvore já se encontra aliás em Eulógio de Alexandria (cerca de 600), o qual diz: "Vê no Pai a raiz, no Filho o ramo, no Espírito, o fruto: pois uma só é a οὐσία nos três"[199]. Mercurius é igualmente *trinus et unus* (trino e uno).

[244] Traduzida em linguagem psicológica, a mensagem do conto seria a seguinte: A essência mercurial, isto é, o *prin-*

---

196. Cf. *Psicologia e alquimia*, segunda parte [OC, 13].

197. *Theatr. chem.*, 1613, IV, p. 568.

198. Op. cit., p. 543: "(Christus) qui est arbor vitae et spiritualis ac corporalis" (Cristo, que é a árvore da vida espiritual e corporal).

199. KRÜGER. *Das Dogma von der Dreieinigkeit und Gottmenschheit*, p. 207.

cipium individuationis desenvolver-se-ia livremente em condições naturais, mas privada de sua liberdade e deliberadamente presa por uma intervenção externa, ficou confinada de modo artificial como um mau espírito (apenas os maus espíritos são presos! A malignidade do espírito se revela em sua intenção assassina). Supondo que essa malignidade pressuposta pelo conto fosse justificada, deveríamos concluir que o mestre, ao confinar o *principium individuationis*, o fez movido por uma boa intenção. Mas qual é o mestre bem-intencionado que tem o poder de proscrever e confinar o princípio de individuação do homem? Só um soberano das almas poderia assumir tal poder no âmbito espiritual. Em Schopenhauer, o *principium individuationis* é a fonte do mal e este também é o ponto de vista do budismo. No cristianismo igualmente, a natureza humana é maculada pelo pecado original e só pelo autossacrifício de Cristo foi redimida. O homem "natural", do modo pelo qual se apresenta, não é bom nem puro; se acaso se desenvolvesse *per vias naturales* redundaria numa excrescência pouco diversa de um animal. A mera instintividade e a inconsciência ingênua do ser natural, não perturbada pelo sentimento de culpa, prevaleceria se o "mestre" não pusesse fim a essa conduta, interrompendo o seu livre-desenvolvimento, ao introduzir uma distinção entre o "bem" e o "mal" e, além disso, proscrevendo e confinando o "mal". Uma vez que não há consciência moral sem culpa e que sem uma percepção da diferenciação não haveria consciência alguma, devemos reconhecer o acerto da estranha intervenção do mestre das almas, posto que ele promove o desenvolvimento de qualquer tipo de consciência. De acordo com nossa confissão religiosa, o próprio Deus é esse Mestre – e o alquimista, no sentido restrito, compete com o Criador do mundo, pois se esforça por realizar sua obra de modo análogo à obra da criação e por isso compara constantemente seu trabalho microcósmico com a *opus* do criador do mundo[200].

[245]   No conto em questão, o mal natural está banido nas "raízes", isto é, na terra, ou seja, no *corpo*. Esta constatação coincide com o fato histórico do desprezo pelo corpo na concepção cristã, que pouco se importa, como se sabe, com as distinções dogmáticas mais sutis[201]. De acordo com estas últimas, corpo e natureza não são maus em si; como obra de Deus, ou mesmo como modos de sua manifestação, a natureza não pode ser o mal. Portanto, o espírito mau não é atribuído simplesmente à terra, mas apenas está escondido nela, dentro de um recipiente especial e seguro; desse modo, não pode mover-se livremente pela terra, manifestando-se em outro lugar, a não ser sob o carvalho. A garrafa é um artefato humano e significa a intencionalidade intelectual e a artificialidade do processo, o qual obviamente produz um isolamento do espírito em relação ao meio circundante. A garrafa, como um *vas hermeticum* da alquimia, se achava "hermeticamente" fechada (isto é, selada com o sinal de Hermes[202]); devia ser um *vitrum* (de vidro) e, além disso, o mais redonda possível, pois representava o universo onde a terra fora criada[203]. O vidro transparente é como a água sólida ou o ar firme, ambos sinônimos do "espírito": a retor-

---

200. Nos *Dicta Bellini*, Mercurius declara mesmo que: "Ex me... fit panis ex quo venit totus mundus et fabricator orbis terrae ex misericordia mea, nec deficit, quia donum Dei est" [De mim se faz o pão, do qual é feito o mundo inteiro e o círculo do mundo é produzido por minha misericórdia, e ela não falha porque é um dom de Deus] (Allegoriae sapientum supra librum Turbae, Distinctio XXVIII. In: *Theatr. chem.*, 1622, V, p. 97s.).
201. Cf. com a doutrina do "status iustitiae originalis" (estado da justiça original) e do "status naturae integrae" (estado da natureza íntegra).
202. Cf. com Ap 20,3: "[...] et signavit super illum" [e selou por fora].
203. "The *Fift* is of *Concord* and of *Love*, / Betweene your Warkes and the Spheare above" [A quinta é da concórdia e do amor, / Entre tuas obras e a

ta alquímica corresponde à *anima mundi*, a qual envolve o universo[204]. Cesário de Heisterbach (século XIII) menciona uma visão da alma, na qual esta aparecia como um recipiente esférico de vidro[205]. Da mesma forma, a pedra filosofal, "espiritual" (*spiritualis*) ou "etérica" (*aethereus*) é um vitrum precioso, às vezes designado como *vitrum malleabile* (vidro maleável), que era relacionado com o vidro de ouro (*aurum vitreum*) da Jerusalém celeste[206].

É digno de nota que o conto germânico de fadas dê ao espírito confinado na garrafa o nome de um deus pagão, Mercurius, considerado idêntico ao deus nacional germânico Wotan. A menção de Mercurius marca o conto de fadas como timbre de uma lenda popular alquímica estreitamente relacionada com os contos alegóricos adequados ao ensino da alquimia, por um lado, e por outro, com o conhecido conjunto de contos populares que mais se aproxima do tema do "espírito aprisionado". Nosso conto de fadas interpreta então o espírito mau como um deus pagão, forçado pela influência do cristianismo a descer ao submundo obscuro, sendo portanto moralmente desqualificado. Hermes torna-se o demônio dos mistérios celebrados por todos os tenebriones (obscurantistas), e Wotan, o demônio da floresta e da tempestade; Mercurius torna-se a alma dos metais, o homem metálico (*homunculus*), o dragão (*serpens mercurialis*), o leão ígneo que ruge, o corvo noturno (*nycticorax*) e a águia negra – os quatro últimos sendo sinônimos do demônio. De fato, o espírito na garrafa comporta-se

[246]

---

esfera superior (NORTON. Ordinall of Alchemy. In: *Theatr. Chem. Britannicum*, cap. VI, p. 92).

204. Esta é a antiga concepção alquímica.

205. *Dialogus miraculorum*, Dist. I, cap. 32.

206. Ap 21,21 "[...] aurum mundum tamquam vitrum perlucidum" [o ouro do mundo como vidro transparente].

como o diabo em muitas outras histórias de fadas: ele dá riqueza, transformando o metal vulgar em ouro; e como o diabo, também é enganado.

D. A relação entre o espírito e a árvore

[247] Antes de prosseguir nossa discussão sobre o espírito Mercurius, gostaria de ressaltar um fato que não pode passar despercebido: o lugar em que ele está confinado não é indiferente, mas um lugar muito importante – isto é, debaixo de um carvalho, o rei da floresta. Em termos psicológicos, isto significa que o espírito mau está aprisionado nas raízes do si-mesmo, como o segredo no *principium individuationis*. Ele não é idêntico à árvore, ou melhor, às suas raízes, mas foi colocado lá artificialmente. O conto não nos leva a pensar de modo algum que o carvalho, representante do si--mesmo, tenha se desenvolvido a partir do espírito na garrafa. Seria muito mais plausível que o carvalho já estivesse lá, como lugar adequado para ocultar um segredo. Um tesouro, por exemplo, é enterrado preferentemente num lugar onde existe um marco indicativo, que também pode ser colocado depois. A árvore do paraíso serve de protótipo para tais representações, mas ela não é identificada com a voz da serpente do paraíso. A voz sai da árvore[207]. Observa-se o fato de que tais motivos míticos têm uma importante relação com certos fenômenos anímicos dos primitivos. Em tais casos há uma analogia flagrante com o animismo primitivo que atribui a certas árvores uma alma viva, com um caráter que poderíamos considerar pessoal, pelo fato de possuírem

---

207. Sob a forma de lilith ou melusina, Mercurius aparece na árvore, por exemplo, no *Ripley Scrowle*. A este contexto também pertence a hamadríade na interpretação do "Aenigma bononiense", que eu expus sob o título de *Enigma de Bologna*, na homenagem ao Dr. Alberto Oeri, em 1945.

uma voz que dá ordens aos seres humanos. Amaury Talbot se refere a um caso desse tipo, ocorrido na Nigéria[208], onde uma árvore *oji* chamou um *askari* (soldado nativo), que procurou desesperadamente fugir da caserna em direção à árvore. Num interrogatório, ele alegou que todos aqueles que tinham o nome da árvore ouviam de vez em quando a sua voz. Aqui, a voz se identifica indubitavelmente com a árvore. Considerando tais fenômenos anímicos, podemos presumir que originalmente árvore e demônio pudessem ser a mesma coisa, e que portanto a separação dos mesmos representa um fenômeno secundário, correspondente a um nível mais alto de cultura ou de consciência. O fenômeno originário era o de uma divindade natural, simplesmente um *tremendum*, moralmente indiferente; o fenômeno secundário, porém, faz uma *distinção* que cinde o natural, revelando-se como uma consciência mais diferenciada. A isto se acrescenta talvez, à guisa de um fenômeno terciário e como um grau ainda mais elevado de consciência, uma qualificação moral que considera a voz pertencente a um espírito mau e aprisionado. Obviamente este terceiro nível é caracterizado pela fé em um Deus "superior", "bom", o qual não destrói completamente seu adversário, mas o torna inofensivo durante algum tempo através do cativeiro[209].

Como no atual nível de consciência não podemos supor que existam demônios-árvores, somos obrigados a afirmar que o primitivo alucina, isto é, que ele *ouve* seu inconsciente projetado na árvore. Se esta afirmação for verdadeira – e eu não saberia formulá-la de outro modo – o segundo nível acima mencionado teria conseguido chegar à distinção entre o objeto "árvore" indiferente e o conteúdo

[248]

---

208. *In the Shadow of the Bush*, p. 31s.
209. Ap 20,1-3.

inconsciente nela projetado. Assim ter-se-ia cumprido um ato de elucidação. O terceiro nível vai mais longe e atribui o "mal" ao conteúdo psíquico separado do objeto. Finalmente um quarto nível, ou seja, o nível de nossa consciência atual, leva a elucidação ainda mais longe ao negar a existência objetiva do "espírito", afirmando que o primitivo, no caso citado, nada ouvira e apenas tivera uma alucinação auditiva. Assim, pois, o fenômeno total se evapora e a grande vantagem é que o espírito "mau" é considerado como não existente, desaparecendo numa ridícula insignificância. No entanto, um quinto nível do desenvolvimento da consciência que, *nolens volens*, se afigura uma quintessência, se admira com este transcurso cíclico, que vai do prodígio inicial até a autoilusão absurda, a modo de uma serpente mordendo a própria cauda; ela é semelhante à indagação do menino ao pai que o ludibriara com a história dos sessenta veados na floresta: mas, afinal de contas, o que fizera aquele ruído na floresta? Pois o quinto nível acha que algo aconteceu, mesmo que o conteúdo psíquico não seja a árvore, nem o espírito na árvore, e nem mesmo algum espírito. Trata-se de um fenômeno que força a passagem do inconsciente, e cuja existência não pode ser negada, se quisermos conferir alguma realidade à psique. Se não o fizermos, teremos que estender muito mais a *creatio ex nihilo* divina que tanto escandaliza a razão moderna, incluindo as máquinas a vapor, os motores a explosão, o rádio e todas as bibliotecas da terra, que teriam surgido do conglomerado de átomos, de um modo inacreditavelmente casual. Afinal de contas, tratar-se-ia simplesmente de mudar o nome do criador pelo de "*conglomeratio*".

[249]   O quinto nível supõe que o inconsciente é um dado e sua realidade se equipara à dos demais existentes. Deste modo, por mais odioso que isso seja, o "espírito" também

se torna uma realidade, inclusive o espírito "mau". Mas o que é pior ainda: a diferença entre bom e mau subitamente deixa de ser antiquada e se torna atual e necessária. O cúmulo porém é que enquanto não pudermos provar que o espírito mau se encontra no âmbito da vivência psíquica subjetiva, até as árvores e outros objetos devem ser de novo seriamente questionados.

E. O problema da libertação de Mercurius

Não é nosso intento ocupar-nos aqui com o problema da existência paradoxal do inconsciente, mas sim o de retornar ao conto de fadas do espírito na garrafa. Vimos acima que o espírito Mercurius se assemelha ao motivo do "diabo enganado". A analogia porém é apenas superficial, pois à diferença dos dons do demônio, o ouro do Mercurius não se transforma em excremento de cavalo, mas é de fato um bom metal e o trapo mágico não se transforma em cinzas na manhã seguinte, conservando seu poder curativo. Da mesma forma, Mercurius não foi enganado por causa de uma alma que ele desejava roubar. Ele apenas foi "enganado" ou de certa forma harmonizado em sua própria natureza benigna, no momento em que o rapaz consegue prendê-lo de novo na garrafa, a fim de curá-lo de seu mau humor, amansando-o. Mercurius tornou-se polido, deu ao rapaz um resgate útil, para ser posto de novo em liberdade. Ouvimos falar da boa sorte do estudante, de como se tornou um curandeiro, mas, estranhamente, nada soubemos acerca dos feitos ulteriores do espírito libertado; no entanto, isto nos interessaria de algum modo, devido à rede de significados na qual Mercurius nos introduz, por causa de suas associações multifacetadas. O que acontece quando este espírito ou deus pagão Hermes-Mercurius-Wotan é libertado? Sen-

[250]

do um deus dos mágicos, um *spiritus vegetativus* (espírito da vida) e um demônio da tempestade, provavelmente não retornou ao cativeiro. O conto não nos dá motivo algum para acreditar que o espírito prisioneiro tenha modificado definitivamente sua natureza, voltando-se totalmente para o bem. A *avis Hermetis* (a ave de Hermes) fugiu da prisão de vidro, acontecendo assim algo que o alquimista habilitado gostaria de evitar a todo custo. Por esse motivo ela selara a rolha da garrafa com sinais mágicos, colocando-a bastante tempo em fogo brando, a fim de que "não saísse voando aquele que está lá dentro". Se isto acontecesse, toda a *opus* trabalhosa fracassaria e teria que ser recomeçada desde o início. Nosso rapaz era uma criança nascida num domingo e talvez um pobre de espírito, ao qual coube um pedaço do reino dos céus, sob a forma da tintura que se renova constantemente a si mesma. Por causa disso se diz que a *opus* tem que ser "completada apenas uma vez"[210]. Mas se ele tivesse perdido o trapo, não teria sido capaz de produzi-lo uma segunda vez. Deste ponto de vista, pode parecer que um mestre tenha conseguido capturar o *spiritus mercurialis* (espírito mercurial), escondendo-o num lugar seguro como um tesouro, guardando-o talvez para uma utilização futura. Quem sabe também inventou um cativeiro para amansar o "selvagem" Mercurius, de tal forma que este o servisse como um *familiaris* dócil (espírito serviçal, como Mefisto)? (Tais elucubrações não são estranhas à alquimia.) Talvez (o Mestre) teve a desagradabilíssima surpresa de constatar, voltando de novo ao pé do carvalho, que o pássaro se evolara. Neste caso, teria sido melhor sem dúvida que não tivesse deixado a garrafa entregue ao acaso.

---

210. "For he that shall end it once for certeyne, / Shall never have neede to begin againe" (Pois quem o concluiu uma vez por todas, jamais precisará começar de novo) [NORTON. Ordinall, cap. IV. Op. cit., p. 48].

De qualquer forma, o comportamento do jovem – por mais bem-sucedido que tenha sido – deve ser considerado como *alquimicamente incorreto*. Além de ter lesado talvez as pretensões legítimas de um Mestre desconhecido, libertando o Mercurius, ele também estava totalmente inconsciente das eventuais consequências de soltar no mundo aquele espírito turbulento. A idade de ouro da alquimia foi o século XVI e a primeira metade do século XVII. Nessa época, um pássaro da tempestade escapou de fato de um recipiente espiritual que os demônios sentiam como uma prisão. Como dissemos, os alquimistas não eram a favor da fuga de Mercurius. Queriam mantê-lo na garrafa a fim de transformá-lo interiormente: pois acreditavam que o "chumbo" (como o Mercurius, uma substância arcana) era de tal modo possesso (δαιμονιοπληξία) e atrevido, que todos aqueles que pretendessem investigá-lo enlouqueceriam, por ignorância[211], com o "teria dito Petásio, o filósofo grego". O mesmo era afirmado no tocante a Mercurius fugidio, sempre escapando à mão que o tentava segurar, um verdadeiro Trickster que levava o alquimista ao desespero[212].

Parte II

A. Observações preliminares

Nesta altura, o leitor interessado sentirá comigo a necessidade de saber algo mais acerca de Mercurius e particularmente o que nossos antepassados pensavam e diziam acerca desse espírito. Desejo, portanto, respondendo a essa necessidade, esboçar uma imagem desse deus versátil

---

211. Em Olimpiodoro (BERTHELOT. *Alch. grecs*, II, IV, 43, p. 95-104).
212. Cf. com o delicioso *Dialogus Mercurii, alchymistae et naturae* (*Theatr. chem.*, 1613, IV, p. 509s.).

e brilhante, recorrendo à citação de textos, como faziam os mestres da arte régia. Nesse sentido, devemos aconselhar-nos junto àquela literatura abstrusa que até hoje não foi adequadamente compreendida pelos pósteros. Como é natural, os primeiros a se interessar pela história da alquimia foram os químicos. O fato de que pudessem encontrar nesta área uma história do conhecimento de muitas drogas e elementos químicos não bastou para reconciliá-los com o que achavam uma lamentável indigência de conhecimento. Não se achavam na situação vantajosa de autores mais antigos, como por exemplo Schmieder, para confrontar-se com a possibilidade da arte áurea, em simpatia e com uma atenção cheia de esperança. Limitavam-se a irritar-se com a futilidade das receitas e, de um modo geral, com a fraudulência da especulação alquímica. Assim, a alquimia se lhes afigurava um gigantesco engano que se prolongara através de mais de dois mil anos. Se pelo menos uma vez questionassem se a química poderia pertencer ao campo da alquimia, ou melhor, se os alquimistas poderiam ser uma espécie de químicos ou então apenas se limitavam a um jargão químico, haveria nos textos oportunidade para outro modo de considerar o assunto. Realmente, o repertório científico do químico não basta para outra linha de consideração, pois esta atravessa domínios da história das religiões. É a um filólogo, Reitzenstein, que devemos um trabalho preliminar, extremamente valioso e elucidativo, reconhecendo ideias mitológicas e gnósticas na alquimia. Assim foi dado a esse campo (à alquimia) um novo enfoque, o qual promete ser fecundo. A alquimia configurou originariamente, segundo provam seus textos mais antigos, gregos e chineses, um fragmento da especulação gnóstica da filosofia natural, que também incorporou os conhecimentos práticos específicos dos ourives, falsificadores de pedras preciosas, fundidores de metais, mineradores, comerciantes de drogas e farmacêuticos. Tanto no Oriente como no Ocidente, a alquimia contém em seu âmago *a teoria do anthropos da gnose* que, por sua própria natureza, é uma teoria da redenção. Este fato escapou aos químicos, embora tenha sido expresso muitas vezes com bastante clareza nos textos gregos, latinos e chineses, aproximadamente do mesmo período histórico.

Para nossas mentes imbuídas pelas ciências naturais e pela crítica do conhecimento é quase impossível conceber e vivenciar o estado de espírito primitivo da *participation mystique*, da identidade entre fenômenos subjetivos e objetivos. Os conhecimentos da psicologia moderna no tocante a isto me foram muito oportunos. Nossas experiências práticas com o ser humano mostram reiteradamente que toda preocupação insistente com um objeto desconhecido provoca uma atração quase irresistível do inconsciente para *projetar-se* no caráter desconhecido do objeto, considerando objetiva a percepção (preconceituosa) daí resultante e a interpretação que dela decorre. Este fenômeno habitual na psicologia prática e sobretudo na psicoterapia é, sem dúvida, um fragmento da primitividade que não foi completamente superada. É que no nível primitivo, a vida inteira é dominada por "pressupostos" animistas, isto é, por projeções de conteúdos subjetivos em situações objetivas (como, por exemplo, o que Karl von den Steinen nos relata acerca dos bororos: eles consideram-se araras vermelhas, apesar de reconhecerem que não têm plumas)[213]. Neste nível, a afirmação alquímica de que uma determinada substância possui virtudes secretas, ou de que em alguma parte há uma *prima materia* que opera milagres, torna-se óbvia. Na realidade,

[253]

---

213. *Unter den Naturvölkern Zentralbrasiliens* (Entre as populações naturais do Brasil Central), p. 352s. e 512.

não se trata de um fato quimicamente palpável ou mesmo compreensível, mas de um fenômeno psicológico. Assim, pois, a psicologia contribui valiosamente para a elucidação da mentalidade alquímica. Todas as fantasias absurdas produzidas pela alquimia – segundo os químicos – são compreendidas sem maiores dificuldades pelo psicólogo, como matéria psíquica contaminada por corpos químicos. Esta matéria provém originariamente do inconsciente, por isso é idêntica àquelas fantasias que ainda hoje podemos encontrar em pessoas sadias ou doentes, que nunca ouviram falar da alquimia. O inconsciente coletivo é a fonte originária que mais precisamente as caracteriza. Por seu caráter de projeção primitiva, a alquimia, que para o químico se afigura tão estéril, para nós é uma fonte de materiais que delineiam uma imagem instrutiva da estrutura do inconsciente.

[254]   Como naquilo que se segue referir-me-ei frequentemente a textos originais, conviria entremear algumas palavras acerca da literatura utilizada e, em geral, de difícil acesso. Não levarei em conta os raros textos chineses traduzidos, apenas mencionando que o texto publicado por Richard Wilhelm e por mim mesmo, *O segredo da flor de ouro*, é representativo desta espécie de literatura. Não levamos também em consideração "o sistema mercurial" indiano[214]. A literatura ocidental por mim utilizada é dividida em quatro partes:

a) *Os autores antigos.* Trata-se principalmente de textos publicados por Berthelot e portanto de textos que nos fo-

---

214. Cf. DEUSSEN. *Allgemeine Geschichte der Philosophie* I/3, p. 336s. Esta filosofia indubitavelmente alquímica pertence aos upa-purãnas relativamente tardios (medievais), em particular ao maheshvarapurãna, doutrina que trata principalmente de Shiva. "Pãra-da" (outra margem) significa o mercúrio (metal).

ram transmitidos pelos árabes. Berthelot também os publicou. Eles provêm mais ou menos do período que medeia entre os séculos I e VIII.

b) *Os antigos latinos*. Entre estes figuram em primeiro lugar traduções latinas antigas do árabe (ou do hebraico?). Segundo pesquisas mais recentes, a maioria dos textos deste tipo parece provir da escola dos filósofos de Harran, que floresceu até cerca de 1050 e da qual provavelmente também proveio o *Corpus hermeticum*. A este grupo pertencem ainda os chamados textos arabizantes, isto é, aqueles cuja origem árabe é duvidosa, mas parecem pelo menos influenciados por ela. Assim, por exemplo, o *Summa perfectionis* de Geber ou os tratados de Aristóteles e Avicena. O período que lhes corresponde vai mais ou menos dos séculos IX ao XIII.

c) *Os latinos mais recentes*. Eles representam o contingente principal e se estendem do século XIV ao XVII.

d) *Textos em línguas europeias*. Séculos XVI e XVII. Após o século XVII, a decadência da alquimia torna-se evidente, razão pela qual só utilizo com parcimônia textos do século XVIII.

B. O Mercurius como mercúrio, ou seja, água

O Mercurius é por assim dizer compreendido de início como *hydrargyrum* (Hg), o mercury inglês, mercúrio ou *argentum vivum* (em francês, *vif-argent* ou *argentvive*); como tal, ele é designado por *vulgaris* (vulgar). Em geral, destaca-se expressamente o mercurius philosophicus, a substância arcana evidente, concebida ora como presente no "mercurius crudus", ora como substância *toto genere* (completamente) diversa. Ela é o próprio objeto do processo e não o Hg vulgar. Devido a seu estado fluido e à

[255]

sua propriedade de evaporação, o Hg também é designado por água[215]. Uma frase apreciada é: "aqua... tangentem non madefaciens" (água que não molha quem a toca)[216]. Outras designações são "aqua vitae" (água de vida)[217], "aqua alba" (água branca)[218] a "aqua sicca" (água seca)[219]. Esta última designação é paradoxal, razão pela qual quero ressaltá-la como sendo característica do objeto designado. "Aqua septies distillata" (água sete vezes destilada) e "aqueum subtile" (sutilmente aquoso)[220] já indicam claramente o mercúrio filosófico e sua essência sublimada ("espiritual"). Muitos tratados designam o mercúrio simplesmente como água[221]. As designações "humidum album" (umidade branca)[222], "humiditas maximè permanens, incombustibilis et unctuosa" (umidade mais do que permanente, incombustível e untuosa)[223], "humiditas radicalis"[224] remetem à doutrina do "humidum radicale" (umidade radical); outras vezes se diz que o Mercurius é produzido pela umidade como um vapor (o que indica de novo sua natureza "espiritual")[225], ou

---

215. De ὕδωρ (água) e ἄργυρος (prata).

216. Por exemplo, em HOGHELANDE. *De alchemiae difficultatibus* (*Theatr. chem.*, 1602, I, p. 181).

217. Aquarium sapientum. In: *Musaeum hermeticum*, p. 84 e 93.

218. Cf. Op. cit. Portanto, também "lac virginis, nivis, terra alba foliata, magnesia etc." [leite de virgem, neve, terra branca folheada, magnésia].

219. HOGHELANDE. Op. cit., p. 181.

220. MYLIUS. *Philosophia reformata*, p. 176.

221. Por exemplo: Novum lumen. In: *Mus. herm.*, p. 581. • Tractatus aureus. Op. cit., p. 34. • Gloria mundi. Op. cit., p. 250. • KHUNRATH. *Von hylealischen Chaos*, p. 214. • Etc.

222. Rosarium philosophorum. In: *Artis auriferae*, II, p. 376.

223. Tractatus aureus. In: *Mus. herm.*, p. 39.

224. MYLIUS. Op. cit., p. 31.

225. Gloria mundi. Op. cit., p. 244.

então que ele reina sobre a água[226]. Nos textos gregos nós encontramos muitas vezes o termo ὕδωρ θεῖον (água divina) que corresponde ao *hydra*rgyrum[227]. O Mercurius como substância arcana e tinctura de ouro é indicado pelo nome de "aqua aurea", ou a designação da água como "Mercurii caduceus" (bastão de Hermes)[228].

C. Mercurius como fogo

Muitos tratados designam o Mercurius simplesmente como fogo[229]. Ele é um fogo "elementar" (ignis elementaris)[230], ou "nosso fogo natural e certíssimo" (noster naturalis ignis certissimus)[231], aludindo assim à sua natureza "filosófica". A aqua mercurialis é até mesmo considerada um fogo "divino"[232]. Este fogo produz um "forte vapor" (vaporosus)[233]. O Mercurius é aliás o único fogo no processo completo[234]. É um fogo "invisível, que age em segredo"[235].

[256]

---

226. "Mercurius tenet aquam" (Aurora consurgens II. In: *Art. aurif.*, I, p. 189), este texto observa que a água é fogo (Op. cit., p. 212).

227. BERTHELOT. *Alch. grecs*, IV, VII, 2, p. 276.

228. VALENTINUS, Basilius. Practica. In: *Mus. herm.*, p. 404. • PHILALETHA. Metallorum metamorphosis. Op. cit., p. 771. • Introitus apertus. Op. cit., p. 654.

229. Aurora consurgens. In: *Art. aurif.*, I, p. 212. • DORNEO. Congeries Paracelsicae. In: *Theatr. chem.*, 1602, I, p. 578. • MYLIUS. *Phil. ref.*, p. 245. • Etc.

230. Via veritatis. In: *Mus. herm.*, p. 200.

231. Tractatus aureus. In: *Mus. herm.*, p. 39.

232. Aquarium sapientum. Op. cit., p. 91.

233. Cf. Op. cit., p. 90.

234.. "[...] nullus est ignis in toto opere nisi Mercurius" (nada é fogo em toda a obra a não ser Mercurius) [Fons chemicae philosophiae. In: *Mus. herm.*, p. 803].

235.. "[...] ignis... invisibilis, secretò agens" (fogo... invisível, atua em segredo) [PHILALETHA. Metall. Metamorph. In: *Mus. herm.*, p. 766].

Um texto diz: o "coração" de Mercurius encontra-se no Polo Norte, e ele (Mercurius) seria como fogo (a luz do Norte!)[236]. O Mercurius é na realidade, como explica outro texto, "o fogo universal e vibrante da luz natural que o espírito celeste traz dentro de si"[237]. Esta passagem é importante para o significado de Mercurius na medida em que o conecta com o conceito da lumen naturae, aquela segunda fonte de conhecimento místico, ao lado da revelação sagrada das Escrituras. Com isto, reaparece o antigo papel de Hermes como deus da revelação. Apesar de que a *lumen naturae*, dada originalmente por Deus à criatura, não ser de natureza contrária ao divino, sua essência é considerada como algo de insondável. O *ignis mercurialis*, por outro lado, está em conexão com o fogo do inferno. No entanto, parece que os nossos filósofos não consideravam o inferno, ou melhor, o seu fogo, como absolutamente exterior ou contrário ao divino; concebiam-no, isto sim, como uma disposição interior para o divino, o que é compreensível se Deus for considerado como uma "coincidentia oppositorum"; em outras palavras, o conceito de um Deus que tudo abarca tem de incluir necessariamente o seu oposto. A coincidência, no entanto, não pode ser muito radical, porque senão Deus se anularia[238]. A ideia da coincidência dos opostos tem que ser

---

236. "In polo est Cor Mercurii, qui velut est Ignis, in quo requies est Domini sui, navigans per mare hoc magnum" (No polo está o coração de Mercurius, que é como fogo, e no qual seu Senhor descansa, quando atravessa este grande mar) [Introitus apertus. In: *Mus. herm.*, p. 633]. Trata-se de um simbolismo um tanto obscuro!

237. "[...] universalis ac scintillans Luminis naturae Ignis est, qui Coelestem Spiritum in se habet" (o fogo universal e faiscante da luz da natureza, que o Espírito celeste tem em si) [Aquarium sap. In: *Mus. herm.*, p. 84].

238. Trata-se aqui de uma confrontação puramente psicológica, relacionada com concepções e afirmações humanas e não com o ser impenetrável.

completada ainda por seu contrário, a fim de alcançar o pleno paradoxo e, consequentemente, a validade psicológica.

O fogo mercurial encontra-se "no centro da terra", no ventre do dragão, em estado líquido. Benedito Fígulo exprime isto num verso:

[250]

> Visitar o centro da terra
> Será para ti o fogo no globo[239].

Num outro tratado podemos ler que este fogo é o "fogo secreto do inferno, o prodígio do mundo, a composição das forças superiores na inferior"[240]. Mercurius, a luz da natureza que se manifesta, também é o fogo do inferno, o qual, prodigiosamente, nada mais é do que uma composição ou um sistema do superior, isto é, das forças celestes no inferior, ou seja, no âmbito ctônico deste mundo material que, desde São Paulo, é considerado como o domínio do diabo. O fogo do inferno, a energia própria do mal aparece aqui nitidamente como a correspondência oposta ao superior, espiritual e ao bem; de certa forma suas substâncias são idênticas em sua essência. Então não devemos escandalizar-nos ao ler em outro tratado que o fogo mercurial é "aquilo em que o próprio Deus arde em amor divino"[241]. Não é um engano sentir em tais observações esparsas o alento da mística mais pura.

---

239. *Rosarium novum olympicum*, I, p. 71. Este é o "domus ignis idem, Enoch" (a morada do próprio fogo, Enoch) (Op. cit.). Cf. tb. § 171, 186 e 203 deste volume.

240. "[...] ignis infernalis, secretus... mundi miraculum virtutum superiorum in inferioribus systema" (fogo secreto, infernal... maravilha do mundo, sistema das virtudes superiores e inferiores) [Introitus ap. In: *Mus. herm.*, p. 654].

241. "[...] in quo (igne) Deus ipse ardet amore divino" (em cujo (fogo) o próprio Deus arde no amor divino) [Gloria mundi. Op. cit., p. 246].

[258]   O Mercurius não é afetado pelo fogo, pois tem a mesma natureza deste. Permanece inalterado no fogo "em sua substância total"[242], o que é importante para o simbolismo da salamandra[243]. É supérfluo observar que Hg não se comporta desse modo, mas se evapora com o calor, fato este que os alquimistas há muito conheciam.

D. Mercurius como espírito e alma

[259]   O conteúdo dos dois capítulos anteriores deveria deixar claro que, se Mercurius fosse apenas compreendido como Hg, não necessitaria de quaisquer outras denominações. O fato porém de tal necessidade existir, conforme vimos nos dois exemplos já citados, indica indubitavelmente que uma designação simples e inequívoca não bastava de modo algum para designar aquilo que os alquimistas tinham em vista ao referir-se ao Mercurius. Sem dúvida, já se tratava do metal mercúrio, mas de um mercúrio muito especial, o "nosso" Mercurius, algo que está por detrás ou dentro, algo úmido ou a essência ou princípio do mercúrio – o inapreensível, fascinante, irritante e fugidio, inerente a uma projeção inconsciente. O mercúrio "filosófico" este "servus fugitivus" (escravo fugitivo), ou então "cervus fugitivus" (cervo fugitivo) é um conteúdo inconsciente pleno de significado, o que, tal como mostramos nos capítulos B e C, em poucas alusões, ameaça ramificar-se numa problemática psicoló-

---

242. "Ipsum enim est, quod ignem superat, et ab igne non superatur: sed in illo amicabiliter requiescit, eo gaudens" (É ele que supera o fogo e não é vencido por este, mas nele descansa em amizade e se regozija) [GEBER. Summa perfectionis, cap. LXIII. In: *De alchemia*, p. 139].

243. No tocante ao simbolismo da salamandra, cf. tb. JAFFÉ, A. *Bilder und Symbole aus E.T.A. Hoffmanns Märchen "Der Goldne Topf"*, especialmente p. 542s.

gica abrangente. O conceito expande-se perigosamente e começamos a pressentir que estamos longe de alcançar o fim dessa expansão. Não queremos portanto estabelecer prematuramente um determinado sentido para o conceito, baseados nas poucas alusões já feitas. Em vez disso, vamos contentar-nos primeiramente com o fato de que o "mercúrio filosófico", tão caro aos alquimistas como substância arcana de transformação, representa evidentemente a projeção do inconsciente, que ocorre sempre que a inteligência investigadora se ocupa com autocrítica insuficiente de uma grandeza desconhecida.

Como já verificamos, a natureza "psíquica" de sua substância arcana não era ignorada pelos alquimistas. Estes a designavam diretamente por "espírito" e "alma". Mas como esses conceitos possuíam múltiplos significados – e isso de modo especial nos tempos mais remotos – temos de lidar com eles criteriosamente e com cautela, a fim de constatar com suficiente segurança o que os termos "spiritus e "anima" significam, no que se refere ao seu uso alquímico. [260]

a) Mercurius como espírito do ar

Hermes, como deus originário do vento, e o Thot egípcio a ele correspondente, que "faz respirar"[244] as almas, são os modelos para o Mercurius alquímico em sua forma aérea. Os textos utilizam frequentemente o termo πνεῦμα e spiritus no sentido concreto originário de "ar em movimento". Assim, quando Mercurius é designado no *Rosarium philoso*- [261]

---

244. Esta qualidade de Mercurius é salientada em Aurora consurgens. In: *Art. aurif.*, I, p. 190: "Quinto mense... spiracula facit" (No quinto mês, ele faz (no feto) as vias respiratórias).

phorum (século XV)[245] por "spiritus aëreus" (espírito aéreo) e por "volans" (alado), isto mostra em primeiro lugar um estado de agregação gasosa, o mesmo acontecendo com a denominação de Hoghelande (século XVI) "totus aëreus et spiritualis" (totalmente aéreo e espiritual)[246]. A expressão poética "serenitas aërea" (serenidade aérea) no assim chamado *Ripley Scrowle*[247], significa algo semelhante, bem como a afirmação do mesmo autor de que Mercurius se transforma em vento[248]. Ele é a "lapis elevatus cum vento" (a pedra erguida pelo vento)[249]. A designação de "spirituale corpus" (corpo espiritual) não significa mais do que "ar"[250], bem como a denominação "spiritus visibilis..., tamem impalpabilis" (um espírito visível, porém impalpável)[251], quando se pensa na natureza vaporosa do Mercurius, já mencionada. Assim também "spiritus prae cunctis valde purus" (o mais puro de todos os espíritos)[252] significa apenas isso. Algo incerto é a designação "incombustibilis" (incombustível)[253], uma vez que ela é muito usada como sinônimo de "incorruptibilis" (incorruptível), significando então "eterno", conforme veremos adiante. O discípulo de Paracelso, Penotus (século XVI) ressalta simplesmente a corporalidade, ao dizer que Mercurius "nada mais é do que o espírito do

---

245. *Ros. Phil.* In: *Art. aurif.*, II, p. 252 e 271.
246. De alch. diff. In: *Theatr. chem.*, 1602, I, p. 183.
247. Século XVI, British Museum, Ms. Additional 10302.
248. RIPLEY. *Opera*, p. 35.
249. Tract. Aureus. In: *Mus. herm.*, p. 39.
250. Ros. phil. In: *Art. aurif.*, II, p. 282s.
251. VALENTINUS, Basilius. Practica. In: *Mus. herm.*, p. 404.
252. Introitus ap. Op. cit., p. 654.
253. Ros. phil. In: *Art. aurif.*, II, p. 252.

mundo que se fez corpo na terra"[254]. Esta expressão mostra, como nenhuma outra, a contaminação de dois mundos separados, inconcebível ao pensamento moderno, a saber, a de espírito e matéria, pois *spiritus mundi* é também para o homem medieval "o espírito do mundo", que governa a natureza e não somente um gás penetrante. Encontramos a mesma dificuldade quando outro autor, Mylius, em sua *Philosophia reformata*, designa Mercurius por "media substantia" (substância média)[255], sinônimo evidente de seu conceito de "anima media natura" (alma como natureza intermédia), pois para ele Mercurius é "spiritus et anima corporum"[256] (espírito e alma dos corpos).

b. Mercurius como alma

"Alma" (anima) representa um conceito superior a "espírito" como ar ou gás. Também como "subtle body" (corpo sutil) ou "Hauchseele" (alma-alento), ela significa algo de imaterial ou "mais sutil" do que o ar. Além disso, sua qualidade essencial é a de vivificar e de ser viva. Por isso é apreciável sua representação como *princípio de vida*. O Mercurius é frequentemente designado por "anima" (e portanto é feminino como por exemplo "foemina" ou "virgo"), algo como "nostra anima"[257], em que o "nossa" não significa "nossa" psique mas indica a substância arcana, à semelhança

[262]

---

254. Século XVI. "Nihil aliud est quam spiritus mundi corporeus in ventre terrae factus" (Nada mais do que o espírito do mundo feito corpo no ventre da terra) [Additio. In: *Theatr. chem.*, 1602, I, p. 681].
255. P. 183.
256. P. 19 e 308 [reproduzido por analogia].
257. Tract. Aureus. In: *Mus. herm.*, p. 39.

de "aqua nostra, Mercurius noster, corpus nostrum" (nossa água, nosso Mercúrio, nosso corpo).

[263]   Anima aparece não raro ligada e equiparada a spiritus[258]. O espírito também tem a qualidade vital da alma; por isso, o Mercurius é chamado "spiritus vegetativus" (espírito da vida)[259] ou "spiritus seminalis" (espírito da semente)[260]. Encontramos uma designação singular numa obra falsificada do século XVIII, que deve reproduzir o livro secreto de Abraham le Juif, mencionado por Nicolas Flamel (século XIV): a saber, "spiritus Phytonis" (de φύτωρ gerar, φντόν criatura, φύτωρ gerador, e píton, serpente délfica) escrito com Ω, o sinal da serpente[261]. Beirando fortemente o elemento material, temos a definição de Mercurius como a "força vivificadora", semelhante a uma cola que une o mundo, ocupando o ponto mediano entre espírito e corpo[262]. Esta concepção corresponde à definição do Mercurius em Mylius, como "anima media natura". Esta definição está a um passo da equiparação do Mercurius à "anima mundi" (alma do mundo)[263], tal como Avicena (texto do século XII-XIII?) já o teria designado. "Este seria o espírito do Senhor que preencheria o círculo da terra e no início pairava sobre

---

258. Por exemplo: MYLIUS. *Phil. ref.*, p. 308: "(Mercurius est) spiritus et anima corporis" (Mercurius é o espírito e a alma do corpo) [reproduzido por analogia]. Encontramos a mesma coisa em: VENTURA, Laurentius. In: *Theatr. chem.*, 1602, II, p. 332; e no Tractatus Micreris. In: *Theatr. chem.*, 1622, V, p. 104.

259. EGÍDIO DE VADIS. Dialogus inter naturam et filium philosophiae. In: *Theatr. chem.*, 1602, II, p. 119.

260. PHILALETHA. Metall. metamorph. In: *Mus. herm.*, p. 766.

261. ELEAZAR, Abraham. *Uraltes chymisches Werk*, p. 29s. A píton (serpente) é a "vida de todas as coisas" (p. 34).

262. HAPELIUS. Aphorismi Basiliani. In: *Theatr. chem.*, 1613, IV, p. 368, 3.

263. *Verus Hermes*.

as águas (supernatarit). Chamam-no também o espírito da verdade, que é oculto ao mundo"[264]. Outro texto diz que Mercurius seria o "espírito supraceleste" (supracoelestis) ligado à luz (maritatus!), podendo com razão ser designado como "anima mundi"[265]. Tal como se depreende de uma série de textos, os alquimistas referem-se, com o seu conceito de *anima mundi*, à alma do mundo no *Timeu* de Platão, por um lado, mas, por outro, o Espírito Santo (*spiritus veritatis*), já presente na criação, que preenche o papel de φύτωρ em relação à fecundação das águas com germes de vida, tal como mais tarde, em nível superior, se daria a *obumbratio Mariae*[266]. Em outra passagem vimos que uma força vital habita o mercúrio não vulgar (*non vulgaris*), o qual voaria como a neve branca e consistente. Ele seria um certo espírito do mundo macrocósmico e microcósmico, do qual dependeria, em segundo lugar, depois da *anima rationalis*, a própria mobilidade e fluidez da natureza humana[267]. A neve indica o *Mercurius depuratus*, no estado de "albedo" (do alvor, ou seja, da pureza, isto é, da "espiritualidade"); aqui deparamos novamente com a identidade de espírito e matéria. É digna de nota a dualidade da alma, condicionada pela presença do Mercurius: por um lado, a alma racional (*anima rationalis*) e imortal dada por Deus Pai ao homem, distinguindo-o dos animais e, por outro, a alma da vida (mercurial), que, ao que tudo indica, está ligada à *inflatio* ou *inspiratio* do Espírito Santo: o fundamento psicológico dos dois tipos de fontes de iluminação.

---

264. Aquarium Sap. In: *Mus. herm.*, p. 85.
265. STEEBUS. *Coelum Sephiroticum*, p. 33.
266. Op. cit., p. 39.
267. HAPELIUS. Op. cit., p. 368, 2.

c. Mercurius como espírito em sentido incorpóreo, metafísico

[264] Em muitas passagens é incerto se *spiritus* (ou *esprit*, tal como Berthelot traduziu do árabe) significa espírito no sentido abstrato[268] da palavra. Isto ocorre com alguma certeza em Dorneo (século XVI), pois este diz que Mercurius possui em si mesmo a qualidade de um espírito incorruptível, semelhante à alma; por sua incorruptibilidade é designado *intellectualis* (pertencente portanto ao mundus intelligibilis!)[269]. Um texto denomina-o expressamente como spiritualis (espiritual) e *hyperphysicus*[270] (hiperfísico) e outro texto diz ainda: "o espírito (de Mercurius) viria do céu"[271]. Laurentius Ventura poderia filiar-se ao "Livro das tetralogias" (*Platonis liber quartorum*) e portanto às linhas do pensamento neoplatônico da Escola de Harran, ao definir o espírito de Mercurius como "sibi omnino similis" (idêntico a si mesmo) e como "simplex" (simples)[272], pois esse livro harranítico declara a substância arcana como sendo "res simplex" (coisa simples), identificando-a com Deus[273].

[265] A menção mais antiga ao πνεῦμα (espírito) mercurial, encontramo-la numa citação de Ostanes, de considerável antiguidade (datá-la antes de Cristo não é impossível!), a

---

268. Por exemplo, em DJABIR. In: BERTHELOT. *La Chimie au moyen âge*, III, p. 169 [Texto: alma em lugar de espírito]. • Ros. phil. In: *Art. aurif.*, II, p. 339. • HOGHELANDE. De alch. diff. In: *Theatr. chem.*, 1602, I, p. 153 e 183.

269. Philosophia chemical. In: *Theatr. chem.*, 1602, I, p. 474. O mesmo em RIPLEY. *Axiomata philosophica*, Op. cit., 1602, II, p. 139.

270. Tract. Aureus. In: *Mus. herm.*, p. 11. Esta citação é de Basilius Valentinus.

271. STEEBUS, Op. cit., p. 137.

272. *Theatr. chem.*, 1602, II, p. 263.

273. Op. cit., 1622, V, p. 145.

qual diz: "Vai às correntezas do Nilo e lá encontrarás uma pedra dotada de espírito"[274]. Mercurius é considerado por Zósimo como sendo incorpóreo (ἀσώματον)[275], e por outro autor como etérico (αἰθερῶδες πνεῦμα) e como tendo se "tornado razoável e sábio" (σώφρωι γενομένη)[276]. No antiquíssimo tratado sobre *Ísis a Hórus* (século I), a água divina é trazida por um anjo; logo, é manifestamente de origem celeste ou demoníaca, uma vez que o "anjo" (ἄγγελος) Amnaël é uma figura moralmente ambígua, como o texto denota[277]. O fato de que a substância arcana mercurial tem, segundo os alquimistas, uma relação (mais ou menos secreta) com a deusa do amor, era algo conhecido não só pelos antigos, como também por autores recentes. No livro de Crates (um alexandrino que teria chegado até nós através dos árabes?), Afrodite aparece como um recipiente, cuja boca verte incessantemente mercúrio[278], e o mistério básico da *Chymischen Hochzeit* de Rosencreutz[279] é sua visita aos aposentos secretos da Vênus adormecida.

O significado de Mercurius como "espírito" e "alma" aponta incontestavelmente – apesar do dilema corpo-espírito – para o fato de que os próprios alquimistas sentiam sua substância arcana como algo que hoje denominamos *fenômeno psíquico*. Independentemente do que "espírito" e "alma" possam ser, fenomenologicamente podemos considerá-los como configurações "psíquicas". Os alquimistas não se cansam de apontar sempre de novo e ressaltar a na-

[266]

---

274. BERTHELOT. *Alch. grecs*, III, VI, 5, p. 129.
275. Op. cit., XXVI, 5, p. 194.
276. Op. cit., IV, VII, 2, p. 276.
277. Op. cit., I, XIII, 3, p. 29-32 [v. acerca disto § 97s. deste volume].
278. BERTHELOT. *Chimie au moyen age*, III, p. 63.
279. [Quinto dia, p. 78].

tureza psíquica do seu Mercurius. Nossas reflexões até aqui versaram sobre os sinônimos de Mercurius estatisticamente mais frequentes, a saber, água, fogo, espírito-alma, donde se pode concluir que deve tratar-se de um fato psíquico, o qual possui, ou melhor, reclama a particularidade de uma denominação antinômica. Água e fogo são os opostos clássicos e só podem servir como definição de uma e mesma coisa, quando esta última reúne em si as propriedades contrárias da água e do fogo. O psicologema "Mercurius" tem que ser constituído essencialmente de uma dupla natureza antinômica.

E. Mercurius como natureza dupla

[267]   Segundo a tradição de Hermes, Mercurius tem muitas faces: é mutável e mistificador; "varius ille Mercurius" (esse inconstante Mercurius), diz Dorneo[280], e outro autor o denomina "versipellis" (aquele que muda de forma como um trapaceiro)[281]. Geralmente é considerado como dúplice (duplex)[282]. Diz-se que ele anda sobre o círculo da terra e aprecia igualmente a companhia de bons e maus"[283]. É os "dois dragões"[284], o "gêmeo" (geminis)[285], provindo de "duas naturezas"[286] ou "substâncias"[287]. É o "Gigas geminae

---

280. Congeries Paracelsicae chemicae. In: *Theatr. chem.*, 1602, I, p. 533.
281. VADIS, E. Dialogus. In: *Theatr. chem.*, 1602, II, p. 118.
282. Por exemplo: Aquarium Sap. In: *Mus. herm.*, p. 84. • TREVISO, B. De alchemia. In: *Theatr. chem.*, 1602, I, p. 787. • MYLIUS. *Phil. ref.*, p. 176. • Etc.
283. Aurelia occulta. In: *Theatr. chem.*, 1613, IV, p. 574.
284. Brevis manuductio. In: *Mus. herm.*, p. 788.
285. VALENTINUS. Practica. In: *Mus. herm.*, p. 425.
286. MYLIUS. *Phil. ref.*, p. 18; e Exercitationes in Turbam. In: *Art. aurif.*, I, p. 159 e 161.
287. DORNEO. Duellum animi cum corpora. In: *Theatr. chem.*, 1602, I, p. 475.

substantiae" (gigante de substâncias gêmeas) e, à guisa de esclarecimento, o texto remete a *Mateus* 26[288]. Esse capítulo contém a instituição da Eucaristia, tornando clara a analogia com Cristo. As duas substâncias de Mercurius são desiguais, ou melhor, opostas. Como o dragão, ele é "alado e aptero"[289]. Uma parábola o define do seguinte modo: "Sobre esta montanha está pousado um dragão, sempre vigilante, chamado παντόφθαλμος (coberto de olhos), pois os dois lados de seu corpo, a parte dianteira e a traseira são cobertas de olhos. Ao dormir, alguns olhos permanecem fechados e outros, abertos"[290]. Distingue-se o Mercurius "comum" do "filosófico"[291], ele é constituído de uma "substância terrestre, seca e de um líquido espesso, úmido"[292]. Nele há dois elementos passivos, isto é, terra e água e dois elementos ativos, isto é, ar e fogo[293]. Ele é bom e mau[294]. A *Aurelia occulta* faz sua descrição de um modo vívido[295]:

> Eu sou o dragão impregnado de veneno, que está por toda parte e pode ser comprado por pouco dinheiro. Aquilo sobre o que repouso e que repousa sobre mim será encontrado em mim por aquele que fizer sua investigação segundo as regras da arte. Minha água e fogo destroem e reúnem; do meu corpo extrairás o leão verde e o vermelho. Mas se não tiveres um conhecimento exato de mim, teus cinco sentidos serão destruídos em meu fogo. Mi-

---

288. Aquarium sap. In: *Mus. herm.*, p. 111.
289. FLAMELLUS. Summarium philosophicum. In: *Mus. herm.*, p. 172s.
290. Cf. visão da serpente de Inácio de Loyola e o tema da pluralidade de olhos, do qual tratei em *Der Geist der Psychologie*.
291. Tract. Aureus. In: *Mus. herm.*, p. 25.
292. Consilium coniugii. In: *Ars. chem.* [século XII-XIV, 1566], p. 59.
293. Ros. phil. In: *Art. aurif*, II, p. 208.
294. KHUNRATH. *Von hyl. Chaos*, p. 218.
295. *Theatr. chem.*, 1613, IV, p. 569.

nhas narinas exalam um veneno que se expande cada vez mais e que já causou a morte de muitos. Por isso deves separar com arte o grosseiro do fino, se não quiseres conhecer a mais extrema pobreza. Eu te faço o dom das forças do masculino e do feminino e também as do céu e da terra. Os mistérios de minha arte devem ser manejados com coragem e grandeza de espírito, se quiseres superar-me pela força do fogo[296], pois muitos já causaram dano a seus bens e trabalho por essa falta. Sou o ovo da natureza, que só os sábios conhecem; eles criam a partir de mim, piedosa e humildemente, o microcosmo, preparado por Deus para o homem, por Deus, o Altíssimo. A maioria aspira em vão, pois a pouquíssimos é dado: que os afortunados façam bem aos pobres com meu tesouro e não prendam sua alma ao ouro perecível. Os filósofos me designam pelo nome de Mercurius; meu esposo é o "ouro filosófico"; eu sou o velho dragão que pode ser encontrado no mundo inteiro: pai e mãe, jovem e ancião, muito forte e fraco, morte e ressurreição, visível e invisível, duro e mole; desço à terra e subo ao céu, sou o mais alto e o mais baixo, o mais leve e o mais pesado; frequentemente, a ordem da natureza se inverte em mim no que se refere à cor, medida, ao peso e número; contenho a luz da natureza (*naturale lumen*); sou escuro e claro, provenho do céu e da terra; sou conhecido e ao mesmo tempo não tenho existência alguma[297]; graças aos raios do sol, todas as cores e metais brilham em mim. Sou o carbúnculo do sol, a terra pura e mais nobre através da qual podes transformar cobre, ferro, estanho e chumbo em ouro.

---

296. No texto, eu li "vi" em lugar de "vim".

297. "[...] nihil omnino existens" (absolutamente nada do que existe). Este paradoxo lembra o correspondente *asat* (não sendo) hindu. Cf. *Khândogya--Upanishad* [*Livros sagrados do Oriente*, I, p. 54 e 93].

Devido à sua dupla natureza unificada, Mercurius é considerado hermafrodita. Ora se diz que seu corpo é feminino e seu espírito masculino, ora o inverso. O *Rosarium philosophorum* por exemplo apresenta as duas versões[298]. Como "vulgaris" (vulgar) ele é um corpo masculino morto e como "nosso" Mercurius, ele é feminino, espiritual, vivo e vivificante[299]. Também é designado como esposo e esposa[300], ou como noiva e noivo, ou amada e amado[301]. As naturezas opostas do Mecurius são frequentemente chamadas Mercurius sensu strictiori (Mercurius no sentido estrito) e sulphur (enxofre), sendo que o primeiro é feminino, terra e Eva, e o segundo masculino, água e Adão[302]. Em Dorneo, ele é o "verdadeiro Adão hermafrodita"[303] e em Khunrath ele é gerado do sêmen do macrocosmo como elemento casto da matéria hermafrodita[304] (= caos, isto é, *prima materia*). Mylius denomina-o "monstro hermafrodita"[305]. Como Adão, ele é também simplesmente o microcosmo, ou o "coração do microcosmo"[306], ou ainda o microcosmo o tem "em si, onde também estão os quatro elementos e a quinta essência que chamam de céu"[307]. A designação "coelum" (céu) do Mercurius não provém do "firmamentum" (firmamento) de Paracelso, mas já se encontra em Johannes de Rupescis-

[268]

---

298. *Art. aurif.*, II, p. 239 e 249.
299. Introitus ap. In: *Mus. herm.*, p. 653.
300. Gloria mundi. Op. cit., p. 250.
301. *Aurora consurgens*, I, cap. XII, Parábola VII [org. por Marie-Louise von Franz].
302. RULANDUS, *Lex. alch.*, p. 47.
303. De genealogia mineralium. In: *Theatr. chem.*, 1602, I, p. 578.
304. *Von hyl. Chaos*, p. 62.
305. *Phil. ref.*, p. 19.
306. HAPELIUS. Op. cit., p. 368.
307. MYLIUS. Op. cit., p. 5.

sa (século XIV)[308]. Para Mercurius, a expressão "homo" é usada como sinônimo de "microcosmo", por exemplo, "o homem filosófico de sexo ambíguo" (ambigui sexus)[309]. Na antiquíssima *Dicta Beliini* (Belinus, ou Balinus é uma corruptela de Apolônio de Tiana), ele é o homem que surge do rio"[310], referência provável à visão de Esdras[311]. No *Splendor Solis* (século XVI) encontramos uma ilustração que corresponde a isto[312]. Tal ideia poderia remontar ao mestre de sabedoria babilônica, Oannes. A designação de Mercurius como o "homem alto"[313] não contradiz essa ascendência. Os termos Adão e microcosmo encontram-se em muitos textos[314], mas o falsificador que se faz tomar por Abraham le Juif o chama sem mais nem menos de Adão Cadmão[315]. Como já expus em outra parte, esta incontestável continuação da doutrina gnóstica do anthropos na alquimia[316] me dispensa de abordar novamente aqui este aspecto particular do Mercurius[317]. Não obstante, tenho de salientar mais uma

---

308. Quintessência = céu. RUPESCISSA. *La Vertu et la propriété de la quinte essence*, p. 15. O "minério dos filósofos" torna-se como o "céu", lê-se no Tractatus Micreris. In: *Theatr. Chem.*, 1622, V, p. 112.

309. Khunrath, *Von hyl. Chaos*, p. 195.

310. MANGETUS. *Bibliotheca chemica curiosa*, I, p. 478 b.

311. KAUTZSCH. *Apokryphen und Pseudoepigraphen des Alten Testaments*, II, 4 Esdras 13, 25.51, p. 396 e 397.

312. TRISMOSIN. In: *Aureum vellus*, Die vierte Gleichnus, p. 23.

313. RULANDUS. *Lex. alch.*, p. 47.

314. Por exemplo: DEE. Monas hieroglyphica. In: *Theatr. chem.*, 1602, II, p. 222; e *Ros. phil.* In: *Art. aurif.*, II, p. 309.

315. ELEAZAR. *Uraltes chymisches Werk*, p. 51. Adão Cadmão significa "homem originário" [cf. *Mysterium coniunctionis*, V].

316. Paracelso, um fenômeno espiritual [§ 165s. deste volume e *Psicologia e alquimia*, índice analítico, ver verbete].

317. Gayomard é também uma espécie de nume da vegetação, como Mercurius, e, do mesmo modo que este, fertiliza sua mãe, a Terra. O chão, onde sua vida chega ao termo, torna-se de ouro e os lugares em que seus membros

vez que a ideia do anthropos coincide com o conceito psicológico do si-mesmo. A doutrina do atmã e do purusha o comprova com clareza.

Outro aspecto da natureza polar de Mercurius é sua caracterização como "senex" (ancião)[318] e como "puer" (criança)[319]. A figura de ancião no tocante a Hermes, arqueologicamente comprovada, o aproxima de Saturno, relação esta que desempenha um papel importante na alquimia[320]. Mercurius é realmente constituído pelos opostos mais extremos; por um lado, é indubitavelmente aparentado à divindade; por outro, é encontrado nas cloacas. O arabizante Rosinus (= Zósimo) chama-o de "terminus ani" (parte terminal do ânus)[321]. No *Grande Bundahisn* lê-se que o traseiro do Garodman é como "o inferno sobre a terra"[322].

[269]

---

se desfazem dão nascimento aos diversos metais. V. CHRISTENSEN. *Les Types du premier homme et du premier roi dans l'histoire légendaire des Iraniens*, p. 26 e 29.

318. Em Valentinus, como "senex Draco": Practica. In: *Mus. herm.*, p. 425. *Verus Hermes*, p. 15, 16. Mercurius é também designado aqui com o nome gnóstico de "Paimãe".

319. De arte chemical. In: *Art. aurif*, I, p. 582. Como "regius puellus": Introitus ap. In: *Mus. herm.*, p. 658 e 655) etc.

320. Cf. § 274s. deste ensaio.

321. Ad Sarratantam episcopum. In: *Art. aurif.*, IV, p. 310. Aqui, ele é idêntico à *lapis Mercurius* e toma sua designação. O contexto manifesta-se contra a versão dos "anni" (anos). Quase em seguida a esta passagem "nascitur in duobus montibus" [ele nasceu entre dois montes] indica o Tractatus Aristotelis. In: *Theatr. chem.*, 1622, V, p. 880s., onde o ato da defecação é descrito. Cf. as ilustrações correspondentes no Cod. Rhenovacensis para *Aurora consurgens* II.

322. Cap. XXVII. REITZENSTEIN & SCHAEDER. *Studien zum antiken Synkretismus aus Iran und Griechenland*, p. 119.

F. Mercurius como unidade e trindade

[270]   Apesar da duplicidade evidente de Mercurius, sua unidade é acentuada principalmente em sua forma de *lapis* (pedra). Ele é o "Um no mundo inteiro"[323]. Em geral, a unidade é também uma trindade, numa clara alusão à Santíssima Trindade, apesar de que a trindade de Mercurius não tenha se originado do dogma cristão, sendo anterior a ele. As tríades já se encontram no tratado περὶ ἀρετῆς (*Sobre a arte*) de Zósimo[324]. Martial denomina Hermes "omnia solus et ter unus" (Tudo é só e triplicimente um)[325]. Em Monakris (Arcádia) venerava-se um Hermes tricéfalo. Há também um Mercurius gálico tricéfalo[326]. Este deus gálico também era um psicopompo. O caráter triádico de Mercurius o aparenta às divindades do mundo subterrâneo, como por exemplo Tifão τρισώματος (Tifão de três corpos), Hécate τρισώματος e τριπρόσωτος (Hécate de três corpos e de três faces)[327] e os τριτοπάτορες (ancestrais) com seus corpos de serpente. Os ancestrais são para Cícero[328] os três filhos de Zeus βασιλεύς, o "rex antiquissimus" (o rei antiquíssimo)[329]. São chamados "avós originários", deuses do ven-

---

323. Ros. phil. In: *Art. aurif.*, II, p. 253.
324. BERTHELOT. *Alch. grecs.*, III, VI, 18, p. 136. "A mônada (natureza) da composição (conduz) a uma tríade indestrutível e novamente leva a tríade composta a uma tríade desfeita e cria o cosmos pela premeditação (προνοίᾳ) das causas criadoras originárias e do demiurgo da criação; e é por isto que este último também é chamado de τρισμέγιστος (três vezes grande), porquanto ele criou e concebeu a criação e o criado de modo triádico".
325. REITZENSTEIN. *Hellenistische Mysterienreligionen*, p. 14.
326. REINACH. *Cultes, Mythes et religions*, III, p. 160s.
327. SCHWEITZER. *Herakles*, p. 84s.
328. *De natura deorum*, 3, 21, 53.
329. Há também um Zeus *triops* (triplo).

to[330], obviamente dentro da mesma lógica dos índios hopi, para os quais as serpentes "ctônicas" eram ao mesmo tempo relâmpagos celestes anunciadores da chuva. Khunrath chama o Mercurius de "triunus" (triuno)[331], e "ternarius" (ternário)[332]. Mylius representa-o como serpente tricéfala[333]. A "aquarium sapientum" (sabedoria aquariana) diz que ele é uma "essência triuna universal chamada Jeová[334]. Ele é ao mesmo tempo divino e humano"[335].

Destas considerações podemos concluir que Mercurius não só corresponde a Cristo, como também à divindade triuna em geral. A *Aurelia occulta* o chama de "Azoth", explicando este nome do seguinte modo: "Ele (Mercurius) é o A e O onipresente. Os filósofos o adornaram com o nome de Azoth, de A e Z latinos, do α e ω gregos e do aleph e tau dos hebreus, nomes estes que, somados, dão o seguinte:

$$A \begin{Bmatrix} z \\ \omega \\ ת \end{Bmatrix} \text{Azoth"}$$ [336]

Este paralelismo deixa a desejar quanto à clareza. O comentarista anônimo do *Tractatus aureus* se exprime de modo inequívoco: todas as coisas procedem do "coelum philosophicum, infinita astrorum multitudine mirifice exor-

---

330. ROSCHER (org.). *Lexicon der griech. und röm. Mythologie*, V, Colônia 1208 e 1209.
331. *Von hyl. Chaos*, Biij V e p. 199.
332. Op. cit., p. 203.
333. *Phil. ref.*, p. 96.
334. Esta designação particular significa o demiurgo, o jaldabaoth saturnino, que se relaciona com o "Deus dos judeus".
335. In: *Mus. herm.*, p. 112.
336. *Theatr. chem.*, 1613, IV, p. 575.

natum" (céu filosófico ornado maravilhosamente de uma multidão infinita de estrelas)[337]; é a palavra criadora corporificada, o Logos de João, sem o qual "nada teria sido criado daquilo que foi criado". O autor diz textualmente: "a palavra da redenção é invisivelmente inerente a todas as coisas, mas isto não é manifesto nos corpos elementares e densos, se estes não forem reconduzidos à quinta essência celeste e astral. Assim, pois, esta palavra de regeneração é aquela semente da promessa, ou o céu dos filósofos que brilha com grande nitidez nas luzes infinitas das estrelas"[338]. O Mercurius é o Logos tornado mundo. A representação poderia estar indicando que, no fundo, ele é idêntico ao inconsciente coletivo, pois como tentei mostrar em meu ensaio *Sobre a natureza da psique*[339], o céu estrelado parece ser uma visualização da natureza peculiar do inconsciente. Como Mercurius é muitas vezes designado como "filius" (filho), sua qualidade de filho é inquestionável[340]. Ele se comporta

---

337. (com um céu filosófico adornado de maravilhosos e inúmeros astros). Op. cit., p. 696 [cit. da Bíblia: Jo 1,3 (Bíblia de Lutero)].

338. "[...] sic omnibus rebus Verbum regenerationis invisibiliter quidem inhaeret; quod tamen in elementaribus et crassis corporibus non manifestatur, nisi reducantur in essentiam quintam sive naturam coelestem et astralem. Hoc itaque regenerationis verbum, est semen istud pro missionis sive coelum philosophorum, infinitis astrorum luminibus nitidissimum" (a palavra da redenção é inerente de um modo invisível a todas as coisas, mas isto não é manifesto nos corpos elementares e densos, se estes não forem reconduzidos à quinta essência celeste e astral. Assim, pois, esta palavra de regeneração é aquela semente da promessa, ou o céu dos filósofos que brilha com grande nitidez nas luzes infinitas das estrelas) [Tract. aureus cum scholiis. In: *Theatr. chem.*, 1613, IV p. 697].

339. Cf. referências bibliográficas.

340. Cf., por exemplo: Ros phil. In: *Art. aurif.*, II, p. 248: "[...] filius... coloris coelici" (o filho... da cor celeste) [Apud *Secretum*, de Hali]. • KHUNRATH. *Von hyl. Chaos*: "filius macrocosmi", indistintamente; "unigenitus", p. 59. • PENOTUS. De medicamentis chemicis. In: *Theatr. chem.*, 1602, I, p. 681: "[...] filius hominis frutus et virginis" (filho do homem e fruto da virgem).

como um irmão de Cristo e segundo filho de Deus; mas na ordem do tempo seria o mais velho e portanto o primogênito. Esta ideia remete às representações dos euquetas em Michael Psellus (1050)[341], segundo os quais o primeiro filho de Deus seria Satanael[342] e Cristo, o segundo[343]. De qualquer modo, Mercurius se comporta não apenas como a contraparte de Cristo (na medida em que é "filho"), mas também como contraparte da Trindade de um modo geral, na medida em que é interpretado como triunidade (ctônica). Segundo este modo de pensar, ele seria uma das metades da divindade. De fato, ele é a metade escura, ctônica, mas não simplesmente o mal, pois é chamado "bom e mau", ou um "sistema das forças superiores no inferior". Ele indica aquela dupla figura que parece estar atrás da figura do Cristo e do diabolus (diabo), ou seja, o Lúcifer enigmático que é ao mesmo tempo um atributo do diabo e de Cristo. No *Apocalipse* 22,16, Jesus diz acerca de si mesmo: "Ego sum radix et genus David, stella splendida et matutina" (Eu sou a raiz e descendência de David, a estrela esplêndida da manhã).

Uma particularidade de Mercurius, frequentemente assinalada, e que sem dúvida o aproxima da divindade e em particular do primitivo Deus criador, é sua capacidade de gerar-se a si mesmo. No tratado das *Alegorias sobre a turba* lê-se acerca de Mercurius: "A mãe deu-me à luz e ela mesma é gerada por mim"[344]. Como o dragão uróboro, ele engravi-

[272]

---

341. *De daemonibus* (trad. de Marsílio Ficino), fol. N V^{vo}.
342. Cf. o relato sobre os bogomilos, em EUTÍMIO ZIGADENOS. Panoplia dogmatica. In: MIGNE. *P.G.*, CXXX, col. 129s.
343. A filiação dupla do Filho já é anunciada pelos ebionitas de Epifânio: "São dois, eles afirmam, os filhos gerados por Deus, um deles (é) o Cristo, o outro, o diabo" (*Panarium*, XXX, 16, 2).
344. In: *Art aurif.*, I, p. 151, Aenigma V. Nos *Contes del Graal* de Chretien de Troyes encontramos igualmente esta afirmação acerca de Deus: "Ce doint

da, gera, dá à luz, devora e mata a si mesmo e também "se enaltece a si mesmo", como diz o *Rosarium*[345]; desse modo é parafraseado o mistério da morte sacrifical divina. Neste caso, como numa série de alusões semelhantes, não se pode supor sem mais nem menos que os alquimistas medievais tivessem consciência de suas conclusões na medida em que nós a temos. Mas o homem e, através dele, o inconsciente, declara muitas coisas que não são necessariamente conscientes em todas as suas implicações. No entanto, apesar desta restrição, não pretendo dar a impressão de que os alquimistas tenham sido absolutamente inconscientes de seu pensamento. As situações acima mostram suficientemente quão pouco era este o caso. Embora Mercurius seja considerado *trinus et unus* (trino e uno) em muitos textos, isto impede que ele tenha uma participação intensa na *quaternidade* da *lapis*, com a qual se identifica essencialmente. Ele exemplifica, pois, o estranho dilema representado pelo problema do três e do quatro. Trata-se do conhecido e enigmático *Axioma de Maria profetisa*. Há um Hermes clássico tetracéfalo[346], assim como outro, tricéfalo. A planta do templo sabeu de Mercurius era um triângulo dentro de um retângulo.[347] Nos escólios do *Tractatus aureus*, o símbolo de Mercurius é um quadrado dentro de um triângulo e este é envolto por um círculo (= a totalidade)[348].

---

icil glorïeus pere / Qui de sa fille fist sa mere" (Este glorioso pai que de sua filha fez sua mãe) [HILKA. *Der Percevalroman*, Z. 8299s., p. 372].

345. *Art. aurif.* II, p. 339: "[...] sublimatur per se" (que se sublima por si mesmo).

346. SCHWEITZER. *Herakles*, p. 84 [quadricéfalo – tricéfalo].

347. CHWOLSOHN. *Die Ssabier und der Ssabismus*, II, p. 367.

348. MANGETUS. *Bibl. chem. Curiosa*, I, p. 409 a.

G. As relações de Mercurius com a astrologia e com a doutrina dos arcontes

[273] Uma das raízes da filosofia de Mercurius propriamente dita se encontra sem dúvida na antiga astrologia e na doutrina gnóstica dos arcontes e aions dela derivada. Entre Mercurius e o Planeta Mercúrio há uma relação de identidade mística, devido a uma contaminação ou identidade espiritual. No primeiro caso, o mercúrio (Hg) é apenas o Planeta Mercúrio, tal como aparece na Terra (assim como o ouro é simplesmente o Sol na Terra)[349]; no segundo caso, ele é o "espírito" do mercúrio (Hg), idêntico ao espírito do planeta correspondente. Ambos os espíritos, ou melhor, o citado espírito foi personificado e invocado, por exemplo, como auxiliador, ou conjurado magicamente para prestar serviço a modo de um paredros (*spiritus familiaris*). Dentro da tradição alquímica, dispomos ainda de orientações para os procedimentos mencionados no tratado harrânico *Clavis maioris sapientiae*, de Artephius[350], as quais coincidem com as descrições das invocações referidas por Dozy-de-Goeje[351]. Há também orientações para tais procedimentos no *Liber quartorum*[352]. Paralelamente a isto sabemos que Demócrito obteve do gênio do Planeta Mercúrio o segredo dos hieróglifos[353]. O espírito Mercurius aparece neste contexto no papel de mistagogo, tal como no *Corpus hermeticum*, ou nos sonhos de Zósimo. Este mesmo papel é por ele desempenhado na importante visão onírica da *Aurelia occulta*, na

---

349. MAIER. *De circulo physico quadrato*, p. 3.
350. In: *Theatr.chem.*, 1613, IV, p. 221s.
351. *Nouveaux documents pour l'étude de la religion des Harraniens*, p. 341.
352. In: *Theatr. chem.*, 1622, V, p. 114s.
353. BERTHELOT. *Alch. grecs*, Introduction, p. 236.

qual ele aparece como anthropos com a coroa de estrelas[354]. Como pequeno astro na proximidade do Sol, ele é o filho do Sol e da Lua[355]. Mas inversamente ele também é o genitor de seus pais, Sol e Lua[356], ou, como observa o tratado de Wei po-Yang (cerca de 142 d.C.), o ouro obtém suas propriedades do Mercurius[357]. (Devido à contaminação, o mito astrológico também é sempre associado ao aspecto químico.) Graças à sua natureza meio feminina, Mercurius é frequentemente identificado com a Lua[358] e com Vênus[359].

---

354. *Theatr. chem.*, 1613, IV, p. 579. Ele corresponde a "stella septemplex" (estrela de sete raios), que aparece no final da obra (Op. cit., p. 576: "[...] coquito, donec stella septemplex appareat, per sphaeram circumcursitando" etc. [deixe ferver até que apareça a estrela de sete raios, circunscrevendo a esfera]. Cf. a respeito da antiga representação cristã do Cristo como condutor do movimento circular das estrelas.

355. Tabula smaragdina, Ros. phil. In: *Art. aurif.*, II, p. 253; e MYLIUS. *Phil. ref.*, p. 101.

356. Allegoriae super librum Turbae. In: *Art. aurif.*, I, p. 155: "origo Solis" (origem do Sol). VENTURA. De ratione conficiendi lapidis. In: *Theatr. chem.*, 1602, II, p. 337: "[...] oritur simul sol cum luna in ventre Mercurii" (o Sol nasce ao mesmo tempo que a Lua, no ventre de Mercúrio).

357. *An Ancient Chinese Treatise*, p. 241.

358. Epistola ad Hermannum. In: *Theatr. chem.*, 1622, V, p. 893; Gloria mundi. In: *Mus. herm.*, p. 224 e 244. Como substância arcana a magnésia é designada como "Luna plena" [lua cheia] em Ros. phil. (*Art. aurif.*, II, p. 231), e "succus lunariae" [suco da lua] (Op. cit., p. 211). Ele caiu da Lua. BERTHELOT. *Alch. grecs.* III, VI, 9, p. 133. O sinal de Mercurius é de ☾ no *Livro de Crates* (BERTHELOT. *La Chimie au moyen age*, III, p. 48). Nos papiros mágicos da Grécia, Hermes é chamado o "círculo da Lua" (PREISENDANZ. *Papyri Graecae magicae*, V, p. 401).

359. Visão do Crates: BERTHELOT. *La Chimie au moyen age*, III, p. 63. Como Adão e Vênus [sic!] no banho [VALENTINUS. Practica. In: *Mus herm.*, p. 425]. Na qualidade de sal de Vênus, leão verde e vermelho = Vênus [KHUNRATH. *Von hyl. Chaos*, p. 91 e 93]. Mercúrio corporal = Vênus [Ros phil. In: *Art. Aurif.*, II, p. 239]. A substância de Mercurius subsiste em Vênus [MYLIUS. *Phil. ref.*, p. 17]. Como sua mãe Vênus é a "matrix corrupta", ele é, como filho, o "puer leprosus" [Rosinus ad Sarratantam. In: *Art. aurif.*, I, p. 318]. No papiro mágico é mencionado que o dia de Afrodite é ligado a Hermes [PREISENDANZ. Op. cit., II, p. 120]. Os atributos de Vênus

Como sua própria *consors* (consorte) divina, ele se transforma com facilidade na deusa do amor, ou em seu papel próprio de Hermes ictifálico. É também designado como "virgo castissima" (virgem castíssima)[360]. A relação do mercúrio (Hg) com a Lua, isto é, com a prata, é evidente. Mercurius como στίλβων (cintilante ou brilhante), que aparece como Vênus no céu matutino ou vespertino, muito perto do Sol é, como a primeira, um φωσφόρος lúcifer, um portador de luz. Ele anuncia, como a estrela matutina, só que de um modo muito mais direto, a luz iminente.

Para bem interpretarmos Mercurius, é importantíssimo considerar sua relação com Saturno. Mercurius como ancião é idêntico a Saturno, assim como muitas vezes – e em especial para os antigos – a *prima materia* não era representada pelo mercúrio (Hg), mas pelo chumbo ligado a Saturno. No texto árabe da *Turba*[361], o mercúrio (Hg) é idêntico à "água da Lua e de Saturno". Saturno diz nos *Dicta Belini* (Ditos de Belini): "Meu espírito é a água que desata todos os membros hirtos de meus irmãos"[362]. Trata-se da "água eterna", que é justamente mercurial. Raimundo Lúlio observa que "um determinado óleo dourado é extraído do chumbo filosófico"[363]. Para Khunrath, Mercurius é o "sal" de Saturno[364], ou Saturno é simplesmente Mercurius. Saturno "colhe a água eterna"[365]. Como o primeiro, Saturno também é

[274]

---

são idênticos aos de Mercúrio: irmã, noiva, ar, o verde, leão verde, fênix em Al-Iraqi [HOLMYARD (org.). *Kitāb al-'ilm al-muktasab*, p. 420].

360. Aurelia occulta. In: *Theatr. chem.*, 1613, IV, p. 546.

361. RUSKA (org.). *Turba philosophorum*, p. 204, nota 5.

362. *Art. aurif.*, II, p. 379. Idem DORNEUS. *De transmutatione metallorum*, p. 640.

363. Apud MYLIUS. *Phil. ref.*, p. 302.

364. *Von hyl. Chaos*, p. 197.

365. Aenigma philosophorum. In: *Theatr. chem.*, 1613, IV, p. 520.

hermafrodita[366]. Saturno é "um ancião sobre a montanha; nele, as naturezas estão ligadas a seu complemento [a saber, os quatro elementos]... a tudo isso, em Saturno"[367]. O mesmo é afirmado acerca de Mercúrio. Saturno é o pai e a origem de Mercúrio; por isso, este último é chamado "Saturnia proles" (prole de Saturno)[368]. O mercúrio (Hg) provém do "coração de Saturno, ou é Saturno"[369], ou "uma água clara" extraída da planta satúrnia: "a água mais perfeita e a flor do mundo"[370]. Esta afirmação do cônego de Brindlington, Sir George Ripley, estabelece um nítido paralelo com a doutrina gnóstica de Cronos (Saturno), como uma "força da cor da água (ὑδᾷτᾴχρους)", que tudo destrói, pois "água é destruição"[371].

[275] Tal como o espírito planetário de Mercúrio, o espírito de Saturno também é "muito adequado a esta obra"[372]. Como se sabe, uma das formas nas quais Mercúrio se transforma no processo alquímico é na do leão, ora verde, ora vermelho. Khunrath designa esta transformação como o modo de atrair o leão para fora da toca da montanha saturnina[373]. Na Antiguidade, a primeira associação do leão é com Sa-

---

366. KHUNRATH. *Von hyl. Chaos*, p. 195.
367. "Rhasis Epistola". In: MAIER. *Simbola aureae mensae*, p. 211. Assim como Saturno reúne em si todos os metais, o mesmo ocorre com Mercúrio [Op. cit., p. 531].
368. MYLIUS. *Phil. ref.*, p. 305. "Saturn's Chyld". In: RIPLEY. *"Medulla"* [*Theatr. chem. Brit.*, 1652, p. 391].
369. PANTHEUS. *Ars transmutationis metallicae*, fol. 9rº.
370. RIPLAEUS. *Opera*, p. 317.
371. HIPÓLITO. *Elenchos*, V, 16, 2, p. 111.
372. "Convenientior planetarum huic operi, est saturnus" [Liber Platonis quartorum. In: *Theatr. chem.*, 1622, V, p. 142 e 153].
373. Op. cit., p. 93.

turno[374]. Ele é o "Leo de tribu Catholica"[375], (paráfrase de: "leo de tribu Juda", uma alegoria de Cristo[376]!). Khunrath chama Saturno de "leão verde e vermelho"[377]. No gnosticismo, Saturno é o arconte supremo, o jaldabaoth de cabeça leonina[378] (em português: o "filho do caos"). Literalmente, o filho do caos, na linguagem alquímica, é Mercúrio[379].

A relação e identidade dele com Saturno é por isso importante, porquanto este último não é apenas um *maleficus* (maléfico), mas o próprio domicílio do diabo. Também como primeiro arconte e demiurgo, sua reputação não é das melhores no gnosticismo. Segundo uma fonte cabalística, Belzebu é associado a ele[380]. O *Liber quartorum* o considera mau (*malus*)[381], e o próprio Mylius acrescenta: quando se purifica o Mercurius, Lúcifer cai do céu[382]. Uma nota manuscrita da mesma época (começo do séc. XVII) à margem do termo *sulphur* (o princípio masculino de Mercurius[383]) é assinalado em um de meus tratados como "diabolus" (dia-

[276]

---

374. PRELLER. *Griechische Mythologie*, I, p. 43.

375. KHUNRATH. Op. cit., p. 93.

376. Cristo como leão em *Ancoratus* de Epifânio e como "filhote de leão" em GREGÓRIO. *In septem Psalmos penitentiales expositio*, Salmo 5, 10 [MIGNE, P.L. XXXIX, col. 609].

377. *Von hyl. Chaos*, p. 196.

378. Cf. para isso BOUSSET. *Hauptprobleme der Gnosis*, p. 10, 321, 352.

379. Em relação ao dia de Saturno como fim da obra da criação, v. § 301 desta pesquisa.

380. *Codex Parisiensis* 2419, fol. 277ʳ, apud REITZENSTEIN. *Poimandres*, p. 75.

381. *Theatr. chem.*, 1622, V, p. 155.

382. *Phil. ref.*, p. 18.

383. Sulphur é "ignis occultus in Mercurio" (fogo oculto no Mercúrio) [TREVISO, B. De chemico miraculo. In: *Theatr. chem.*, 1602, I, p. 793]. Sulphur é idêntico ao Mercurius: "Mercuriale hoc sulphur Sulphureusque (☿)" (Sulfur é mercurial e o mercúrio sulfúrico) [Brevis manuductio. In: *Mus. herm.*, p. 788].

bo). Ainda que Mercurius não seja o próprio mal, pelo menos o contém, isto é, ele é moralmente indiferente, bom e mau, ou nas palavras de Khunrath, "beneficus cum bonis, maleficus cum malis"[384] (bom com os bons, mau com os maus). Seu ser, porém, só é parafraseado mais exatamente quando o concebemos como um *processo*, que tem início com o mal e termina com o bem. Um poema medíocre, porém ilustrativo, no *Verus Hermes,* de 1620, resume o processo do seguinte modo:

> Um nascimento frágil, um velho ancião, /
> Cujo apelido costuma ser Draco.
> Esse o motivo da minha prisão, /
> Que me fará nascer como Rei.
> ....
> A espada de fogo cruelmente me fere.
> A morte corrói-me ossos e carne.
> ....
> Alma / espírito / escapam de mim /
> Veneno de escuro odor / fealdade, horror.
> A um corvo negro eu me assemelho /
> Eis o prêmio de toda maldade.
> Deitado no pó do vale profundo /
> Para que três se tornem unidade.
> Ó alma / Ó espírito, não me abandonem /
> Quero ver novamente a luz do dia.
> Do meu íntimo vem o herói da Paz /
> Que o mundo inteiro deseja ver[385].

[277] Nesse poema, Mercurius descreve sua metamorfose que ao mesmo tempo significa a transformação mística do artifex

---

384. Por isso deveríamos pedir a Deus que nos desse o "Spiritus Discretionis", reflete Khunrath, a fim de que Ele nos ensine a distinguir o bem do mal (*Hyl. Chaos,* p. 186).

385. Cf. p. 16s.

(adepto)[386], pois não só a forma ou o símbolo de Mercurius, como também o que ocorre com Mercurius são projeções do inconsciente coletivo. Como se vê facilmente pelo que já foi dito, trata-se da projeção do processo de individuação, que transcorre a modo de um processo psíquico natural, mesmo sem a participação da consciência. No entanto, se esta participa do processo com uma certa compreensão, o mesmo se dá com todas as emoções de uma vivência religiosa ou de um processo de iluminação. Desta experiência se origina a identificação do Mercurius com a *sapientia* e com o Espírito Santo. Por isso, é bem provável que as heresias – representadas pelos euquitas, paulicianos, bogomilos e cátaros em direção ao Paráclito, dando prosseguimento ao cristianismo num sentido vizinho ao de seu fundador – encontraram na alquimia sua continuação, de modo ora inconsciente, ora camuflado[387].

H. Mercurius e o deus Hermes

Já encontramos uma série de asserções alquímicas que mostram de modo claro que o caráter do Hermes clássico reaparece fielmente na versão mais tardia de Mercurius. Em parte isto se deve a uma repetição inconsciente, em parte a uma experiência espontânea novamente vivenciada, e enfim a uma referência consciente ao deus pagão. Assim, há

[278]

---

386. Cf. com minhas explanações em *Psicologia e alquimia* [OC, 13].
387. Por exemplo, não seria impossível que a estranha designação dos alquimistas como "les poures hommes evangelisans" (os pobres evangelistas) em Johannes de Rupescissa remontasse aos perfeitos e pobres de Cristo entre os cátaros [*La Vertu et la propriété de la quinte essence*. Lyon, 1581, p. 31]. Jean de la Roquetaillade viveu aproximadamente em meados do século XIV. Ele criticava a Igreja e o clero [FERGUSON. *Biblioteca chemica*, II, p. 305]. Os processos contra os cátaros estenderam-se até meados do século XIV.

um Michael Maier que indubitavelmente tem consciência de estar aludindo a um αδηγας (o Hermes que mostra o caminho), ao afirmar que em sua *peregrinatio* (viagem mística da alma) encontrou uma estátua de Mercúrio, o qual indica o caminho do paraíso[388]; a um Hermes mistagogo, que põe nos lábios da Sibila de Eritreia as seguintes palavras (acerca de Mercúrio): "Ele fará de ti um espectador dos mistérios de Deus (magnalium Dei) e dos segredos da natureza"[389]. Mercurius, como "divinus ternarius" (ternário divino), torna-se assim a fonte de revelação dos segredos divinos[390], ou então sob a forma do ouro é concebido como a alma da substância arcana magnesia)[391], ou como fecundador da *arbor sapientiae* (árvore da sabedoria)[392]. Em um *epigramma Mercurio philosophico dicatum* (epigrama dedicado ao Mercúrio filosófico)[393], Mercurius é designado como mensageiro dos deuses, como hermeneuta (intérprete) e como o Thot egípcio. Sim, Michael Maier ousa relacioná-lo com o Hermes cilênio ao chamá-lo: "Arcadium hunc iuvenem infidum, nimiumque fugacem" (esse jovem infiel e demasiado leviano da Arcádia)[394]. Na Arcádia ficava o santuário de Cilênio, o Hermes ictifálico. Os escólios do *Tractatus aureus* chamam Mercúrio diretamente de "Cyllenius heros" (herói Cilênio)[395]. O "infidus nimiusque fugax" (o infiel e demasiadamente leviano) também poderia ser uma caracte-

---

388. *Symbola aureae mensae*, p. 592s.
389. Op. cit., p. 600.
390. DORNEO. De transmut. met. In: *Theatr. chem.*, 1602, I, p. 621.
391. KHUNRATH. *Hyl. Chaos*, p. 233.
392. RIPLAEUS. *Duodecim portarum*, p. 124s.
393. *Mus. herm.*, p. 738.
394. *Symbola aureae mensae*, p. 386.
395. Tract. aureus cum scholiis. In: *Theatr. chem.*, 1613, IV, p. 761.

rização de Eros. De fato, Mercurius aparece na *Chymische Hochzeit* de Rosencreutz sob a forma de Cupido[396], que castiga a curiosidade do adepto Christian com sua flecha, por ocasião da visita da senhora Vênus, ferindo-o na mão. A flecha é o "telum passionis" (dardo da paixão) atribuído a Mercúrio[397]. Mercurius é um "sagittarius" (sagitário), isto é, alguém que "atira com o arco sem corda" e que "não pode ser encontrado em parte alguma da Terra"[398], devendo ser obviamente concebido como demônio. Segundo a tabela simbólica de Penotus[399], as ninfas lhe são subordinadas, o que lembra o deus pastor Pã. Sua lascívia torna-se explícita através de uma ilustração no *Tripus Sendivogianus*[400], onde ele aparece num carro de triunfo puxado por um galo e uma galinha e atrás dele há um par de amantes nus e enlaçados. Podemos mencionar neste contexto as numerosas estampas de conjunções obscenas que as antigas edições conservavam frequentemente como algo de meramente pornográfico. Da mesma forma, a representação dos atos de excreção, inclusive o vômito, presentes nos manuscritos, pertencem a essa área do χθάνιος (Hermes subterrâneo)[401]. Mercurius é também a "coabitação constante"[402], como na mais clara representação de Shiva-shakti do tantrismo. As relações da alquimia grega e árabe com a Índia não são improváveis. Reitzenstein[403] refere-se ao canto de padmanaba, extraído do livro

---

396. Ele está simultaneamente presente sob a forma do menino (indicador do caminho) e do "filho antiquíssimo da mãe".
397. Na *Cantilena Ripley*, Opera.
398. Introitus ap. In: *Mus. herm.*, p. 653.
399. *Theatr. chem.*, 1602, II, p. 123.
400. SENDIVOGIUS. *Tripus chemicus:* Conversa de Mercurius, p. 67.
401. Por exemplo, Codex Rhenoviensis, Zurique; e Codex Vossianus, Leyden.
402. Cf. *Símbolos da transformação* [OC, 5, § 306, 308 e 318, nota 16].
403. *Alchemistische Lehrschriften und Märchen bei den Arabern*, p. 77s.

popular turco dos quarenta vizires, que poderia remontar à época mogul. Mas nos primeiros séculos da era cristã já havia influências religiosas na Índia, no sul da Mesopotâmia e no segundo século a.C. havia mosteiros budistas na Pérsia. No templo real (cerca do século XV) de Padmanabhapura, em Travancore encontrei dois relevos representando um senex ictifálico alado, que não era de modo algum hindu. Numa das figuras, metade do corpo é representado na taça da Lua (pensa-se aqui espontaneamente no ancião ictifálico alado, perseguindo a mulher "azul" ou de "forma canina"[404], segundo a representação dos gnósticos de Hipólito). O cilênio também aparece em Hipólito[405], identificado por um lado ao Logos e por outro lado ao perverso Korybas, ao falo e ao princípio demiúrgico de um modo geral[406]. A este Mercurius obscuro pertence o incesto mãe-filho[407], o qual poderia remontar historicamente a influências de mandeus. Nelas, Nabu (Mercurius) e Istar (Astarte) formam uma sizígia. Astarte é a deusa-mãe do amor em todo o Oriente Próximo, e é sempre contaminada pelo motivo do incesto. Nabu é o "falso Messias" castigado por sua perversidade e que o Sol mantém prisioneiro[408]. Não admira, pois, que os textos sempre lembrem de novo que Mercurius foi "in sterquilinio invenitur" (encontrado na latrina), acrescentando

---

404. κυανοειδῆ ou κυνοειδῆ HIPÓLITO. *Elenchos*, V, 20, 6, nota e 7, p. 122. Wendland (org.) utiliza a segunda versão. Os equivalentes desse estranho mitologema na alquimia confirmam as duas possibilidades: cão como Logos, psicopompo e "filius canis coelici coloris" (filho do cão de cor azul celeste) = Mercurius.

405. *Elenchos*, V, 7, 29, p. 85.

406. No sincretismo da visão dos naassenos, aparece uma tentativa de capturar e expressar o paradoxo animicamente vivenciado do fundamento último, semelhante ao conceito de Mercurius. Restrinjo-me aqui a esta indicação.

407. Cf. *Psicologia e alquimia*. [OC, 13].

408. Cf. BOUSSET. *Hauptprobleme der Gnosis*, p. 43, 55 e 142.

a seguinte observação irônica: "muitos remexeram a latrina, mas nada retiraram dela"[409].

O Mercurius obscuro deve ser compreendido como um estágio inicial, em que o nível mais baixo do começo deve ser apreendido como um símbolo do mais elevado e – de qualquer modo – o mais elevado é também símbolo do mais baixo: "Começo e fim se dão as mãos". É o uróboro, ἕν τὸ πᾶν (o um e tudo), a união dos opostos realizada durante o processo. Penotus comenta o processo:

[279]

> Mercurius á gerado pela natureza como filho da natureza e como fruto do elemento líquido. Mas, assim como o Filho do Homem é gerado pelo filósofo e criado como fruto da Virgem, ele também deve elevar-se da terra e ser purificado de todo elemento terrestre. Depois, como um todo, ele ascende ao ar que é transformado em espírito. Assim se cumpre a palavra do filósofo: "ele ascende da terra ao céu e adquire a força do superior e do inferior e assim se despe da natureza terrestre e impura, revestindo a natureza celeste"[410].

Como Penotus se refere aqui à *Tabula smaragdina*, é preciso salientar que ele se desvia do espírito da *Tabula* num ponto essencial. Ele representa uma ascensão de Mercurius que corresponde inteiramente à transformação cristã do homem hílico em pneumático. Na *Tabula* lê-se em vez disto[411]: "Ele se eleva da terra ao céu e de novo desce à terra e adquire a força do superior e do inferior". Do mesmo modo lê-se: "Sua força é perfeita quando ela se volta para a terra". Não se trata aqui absolutamente de uma ascensão

[280]

---

409. Ros. Phil. In: *Art. aurif.*, II, p. 243.
410. De medicamentis chemicis. In: *Theatr. Chem.*, 1602, I, p. 681.
411. RUSKA (org.), p. 2 [aqui, na trad.de Jung].

num só sentido em direção ao céu, mas ao contrário do caminho do Redentor – Cristo – o qual vem do alto para baixo, e de novo se eleva, o *filius macrocosmi* inicia sua trajetória embaixo, se eleva e volta de novo à terra, com as forças unidas do superior e do inferior. Ele fez o movimento inverso e manifesta assim a sua natureza contrária ao Cristo e aos redentores gnósticos; no entanto, há um parentesco com a representação de Basílides da terceira filiação. Mercurius tem a natureza circular do uróboro, razão pela qual é simbolizado por um círculo simples (circulus simplex), cujo centro (punctum medium) ele também é[412].

[281] Por isso ele pode afirmar acerca de si mesmo: "Unum ego sum et multi in me" (Eu sou uno e ao mesmo tempo muitos em mim)[413]. O mesmo tratado transfere o *centrum circuli* (centro do círculo) como sendo a terra dentro do homem e o chama de "sal", ao qual Cristo se referiu[414] ("Vós sois o sal da Terra")[415].

I. *O espírito mercurius como substância arcana*

[282] Como se diz geralmente, Mercurius é o *arcanum* (arcano)[416], a *prima materia*[417], o "pai de todos os metais"[418], o caos originário, a terra do paraíso, a "matéria sobre a qual a

---

412. Tract. aureus cum scholiis. In: *Theatr. chem.*, 1613, IV, p. 690s.
413. *Aurelia occulta*, Op. cit., p. 575.
414. Op. cit., p. 555 [*Mt* 5,13].
415. [O § 281 da edição anglo-americana, que corresponde ao nosso § 303, é mantido em seu lugar original. Este número de parágrafo, portanto, foi eliminado.]
416. Tractatus aureus cum scholiis. In: *Theatr. chem.*, 1613, IV, p. 689.
417. MYLIUS. *Phil. ref.*, p. 179. • Tract. Aureus. In: *Mus. herm.*, p, 25. • TREVISO, B. De chemico miraculo. In: *Theatr. chem.*, 1602, I, p. 787.
418. Exercit. in Turbam. In: *Art. aurif.*, I, p. 154.

natureza já trabalhou, mas deixou inacabada"[419]. Mas ele é também a última matéria, a meta de sua própria transformação, a pedra[420], a tintura, o ouro filosófico, o carbúnculo, o *homo philosophicus*, o segundo Adão, a analogia Christi (analogia de Cristo), o rei, a luz das luzes, o Deus terrestris, sim, a própria divindade, ou sua correspondência integral. Como já tratei dos sinônimos e significados da pedra em outro lugar, não pretendo entrar em particularidades a este respeito neste trabalho.

Além de *prima materia* como início inferior e *lapis* como meta suprema, Mercurius também é o processo entre ambos e o seu agente mediador. Ele é "começo, meio e fim da obra"[421]. Por isso, é designado como *mediator* (mediador)[422], *servator* (conservador) e *salvator* (salvador). É *mediator*, como Hermes. Como "medicina catholica" e "alexipharmakon", ele é o *servator mundi* (conservador do mundo). Por um lado, ele é o "salvator omnium imperfectorum corporum" (salvador de todos os corpos imperfeitos)[423]; por outro, o "typus... incarnationis Christi" (ima-

[283]

---

419. Ros. phil. In: *Art. aurif.*, II, p. 231.

420. VENTURA. De ratione conficiendi lapidis. In: *Theatr. chem.*, 1602, II, p. 263: "lapis benedictus". • DORNEO. De transmut. met. In: *Theatr. chem.*, 1602, I, p. 578: "Igneus perfectusque Mercurius" (O mercúrio ígneo e perfeito). • Op. cit., p. 690: "[...] lapis Adamicus fit ex Adamico Mercurio in Evena muliere" (tradução livre: A pedra adâmica surge do mercúrio adâmico em Eva mulher). • LÚLIO. Codicillus. In: MANGETUS. *Bibl. chem. curiosa*, p. 875s. "[...] quaesitum bonum est lapis noster et Mercurius" (o bem procurado é nossa pedra e Mercurius).

421. Tract. aureus cum scholiis. In: *Theatr. chem.*, 1613, IV, p. 689.

422. Exercit. in Turbam. In: *Art. aurif.*, I, p. 170. • RIPLEY. *Chym. Schriften*, p. 31. • Tract. aureus cum scholiis. In: *Theatr. chem.*, 1613, IV, p. 691: "mediator pacem faciens inter inimicos" (mediador que promove a paz entre inimigos).

423.. Aquarium sap. In: *Mus. herm*, p. 111.

gem... da encarnação de Cristo)[424], "unigenitus" (unigênito) e "consubstancialis parenti hermaphrodito" (consubstancial ὁμοούσιος, ao hermafrodita parental)[425], no macrocosmo (da natureza), de um modo geral, ele é sob todos os aspectos o que Cristo é no *mundus rationalis* (mundo racional) da revelação divina. Mas como diz a palavra: "Minha luz supera todas (as outras) luzes"[426], isto indica que a reivindicação de Mercurius vai mais longe, razão pela qual os alquimistas lhe deram a qualificação da triunidade[427], a fim de manifestar com isso sua plena correspondência a Deus. Como se sabe, em Dante, satanás é tricéfalo e por isso uma trindade na unidade. Satanás é de fato correspondente a Deus, mas como oposição. Esta porém não é a concepção dos alquimistas; eles veem em Mercurius uma emanação harmônica do ser de Deus, ou sua criação. O fato de sempre se ressaltar a capacidade de autogeração, transformação, aniquilamento

---

424. Op. cit., p. 118.

425. KHUNRATH. *Hyl. Chaos*, p. 59.

426. Septem tract. Hermet. In: *Ars chemica*, p. 22. Lê-se no *Ros. phil.* (*Art. aurif.* II, p. 381): "Ego illumino aërem lumine meo, et calefacio terram calore meo, genero et nutrio naturalia, plantas et lapides, et demo tenebras noctis cum potentia mea, et facio permanere dies seculi, et illumino omnia luminaria lumine meo, et etiam in quibus non est splendor et magnitudo: quae quidem omnia ex meo opere sunt, cum induor vestimentis meis: et qui quaerunt me, faciant pacem inter me et uxorem meam" (Eu ilumino o ar com minha luz e aqueço a terra com meu calor, eu gero e alimento as coisas naturais, as plantas e pedras, e eu expulso as trevas da noite com meu poder, e torno permanentes os dias do mundo e ilumino todas as luminárias com minha luz e também aqueles em que não há esplendor nem magnitude. Pois tudo isso é minha obra, quando me visto com minha roupagem. E que aqueles que me procuram possam promover a paz entre mim e minha esposa). Trata-se de uma citação dos *Dicta Bellini* (reproduzido em MANGETUS. *Bibl. chem. curiosa*, I, p. 478s., variações do texto). Mencionei a passagem por inteiro devido ao seu considerável interesse psicológico.

427. "Nam in Lapide sunt anima, corpus et spiritus, et tamen unus Lapis" (Pois na pedra estão alma, corpo e espírito, e no entanto é *uma* só Pedra) [Exercit. in Turbam IX. In: *Art. aurif.*, I, p. 170].

ou acasalamento consigo mesmo, está, por assim dizer, em contradição com a concepção de que ele é uma criatura. Por isso, o que foi afirmado acima só tem lógica quando Paracelso e Dorneo exprimem a ideia de que a prima materia é um "increatum" (incriado) e, portanto, um princípio coeterno a Deus. Esta negação da *creatio ex nihilo* (criação a partir do nada) coincide com o fato de que Deus (*Gênesis*, 1) encontrou o Tehom, aquele mundo materno de Tiamat, do qual Mercurius, seu filho, veio ao nosso encontro[428].

J. Sumário

a) Mercurius consiste em todos os opostos possíveis e imagináveis. Ele é uma dualidade manifesta, sempre porém designada como unidade, se bem que suas oposições internas possam apartar-se dramaticamente em figuras diversas e aparentemente autônomas. [284]

b) Ele é físico e espiritual.

c) Ele é o processo de transformação do plano físico, inferior, no plano superior e espiritual, e vice-versa.

d) Ele é o diabo, o salvador que indica o caminho, um "trickster" evasivo, a divindade tal como se configura na natureza materna.

e) Ele é a imagem especular de uma vivência mística do *artifex*, a qual coincide com a *opus alchymicum* (obra alquímica).

f) Enquanto vivência acima referida, ele representa, por um lado, o si-mesmo e, por outro, o processo de individuação e também o inconsciente coletivo, devido ao caráter ilimitado de suas determinações[429].

---

428. Cf. *Psicologia e alquimia* [OC, 12, § 26 e 430s.].
429. Daí a designação de Mercurius como "mare nostrum".

[285]   A fabricação do ouro, aliás a investigação da natureza química era sem dúvida uma grande preocupação da alquimia. Parece porém que era ainda maior e mais apaixonante não a "exploração" (não parece lícito usar tal termo), mas a *vivência do inconsciente*. Não se entendeu durante muito tempo este lado da alquimia – a μυστικά (mística) – única e exclusivamente pela circunstância de que nada se sabia acerca da psicologia, em especial do inconsciente suprapessoal e coletivo. Enquanto ignorarmos completamente uma existência psíquica, ela aparecerá de forma projetada. Assim, o primeiro conhecimento das leis anímicas ou de sua regularidade se achava a princípio nas estrelas e, em seguida, na matéria desconhecida. Ambas estas áreas de conhecimento transformaram-se em ciências: da astrologia proveio a astronomia e da alquimia, a química. A relação singular entre a cronologia astronômica e o caráter, no entanto, só recentemente está começando a tomar a forma de algo que se assemelha a um empirismo científico. Os fatos psíquicos realmente importantes não podem ser constatados pelo metro, pela balança, proveta ou pelo microscópio. Eles são portanto (aparentemente) invisíveis ou, em outras palavras, devem ser constatados pelas próprias pessoas que possuem um sentido (interior) para os mesmos, tal como se deve mostrar as cores aos que veem, e não aos cegos.

[286]   É possível que o tesouro da projeção subjacente à alquimia seja ainda mais desconhecido. Além disso, ele tem uma grande desvantagem, que dificulta uma pesquisa mais acurada. Contrariamente às disposições astrológicas do caráter, as quais, quando são negativas, mostram-se desagradáveis ao indivíduo em questão, podendo no entanto ser um deleite para o vizinho, as projeções alquímicas representam conteúdos coletivos que estão em contraste constrangedor, isto é, numa relação de compensação com os nossos maiores

valores e convicções racionais. São esses conteúdos que dão as estranhas respostas da alma natural às questões últimas e extremas da razão. Ao invés do espírito do progresso e da expectativa ansiosa de um futuro que liberte o homem do sofrimento presente, elas apontam para o arcaico, para a eterna oscilação aparentemente invariável e sem esperança, que torna este mundo em que acreditamos de um modo tão profundo numa fantasmagoria de cenários móveis. Elas (as projeções alquímicas) mostram como meta de redenção para nossa vida ativa e cheia de desejos um símbolo do inorgânico – a pedra que não vive por si mesma, mas apenas *existe* ou "vem a ser" e, nela, a vida acontece num jogo inexplicável e incalculável de oposições. A "alma", essa abstração incorpórea de nosso intelecto racional, ou o "espírito", essa metáfora bidimensional da nossa dialética filosófica, seca como a palha, aparecem (na projeção anímica) com uma plasticidade próxima do material, como corpos-alento quase tangíveis e se recusam a funcionar como componentes substituíveis da nossa consciência racional. A esperança de uma psicologia sem alma foi perdida e a ilusão de que o inconsciente acabe de ser descoberto desapareceu. Há praticamente dois mil anos ele já era conhecido de um modo peculiar. Mas não sucumbamos em nenhum momento à ilusão: assim como nunca conseguiremos separar as disposições de caráter da determinação do tempo astronômico, não conseguiremos do mesmo modo separar o Mercurius evasivo e insubmisso da autonomia da matéria. Algo do portador da projeção sempre adere à projeção e mesmo que tentemos integrar à nossa consciência o elemento reconhecidamente psíquico e que sejamos de alguma forma bem-sucedidos em nosso intento, integraremos juntamente com ele algo do universo e de sua materialidade, ou melhor, seremos assimilados pelo inorgânico, uma vez que o cosmos é infinitamente maior do que nós. "Transmutemini in vivos lapides philosophicos"[430], exclama um alquimista, sem saber quão infinitamente lento é o "vir a ser" de uma pedra, isto é, de um modo muito europeu, ele nem mesmo quer saber disso, pois se o soubesse perderia o fôlego. A pessoa para a qual a *lumen natural*e (luz da natureza) que emana das projeções da alquimia é um problema sério, concordará com o autor que fala da "immensae diuturnitas meditationis" (imensas e lentas meditações) exigidas pela obra. Nessas projeções a fenomenologia de um espírito "objetivo" vem ao nosso encontro, provindo de uma verdadeira "matrix" (matriz) da vivência anímica, cujo símbolo adequado é a matéria. Nunca e em parte alguma o homem dominou a matéria, a não ser que tenha observado atentamente o seu comportamento e auscultado suas leis. Só na medida em que o faz, ele pode dominá-la em igual proporção. Dá-se o mesmo com este espírito que hoje denominamos o inconsciente: ele é rebelde como a matéria, enigmático e evasivo como ela e obedece a "leis" que geralmente nos parecem um "crimen laesae maiestatis humanae" (crime de lesa-majestade humana), por seu caráter inumano e supra-humano. Quando o homem se aplica à *opus* (obra) repete, como diziam os alquimistas, a obra da criação de Deus. Na realidade é uma vivência originária enfrentar o caos do mundo de Tiamat.

[287]   Tal como encontramos o psíquico na experiência direta e na matéria viva e em unidade com ela, assim Mercurius é o *argentum vivum* (prata viva). A discriminação consciente realiza e significa a intervenção que separa o corpo da alma e divide o espírito Mercurius do *hydrargyrum*, de certo modo "engarrafando-o" para usarmos a expressão do conto. Mas como alma e corpo são unidos no segredo da vida apesar

---

430. (Transformai-vos em pedras filosofais vivas.)

de serem artificialmente separados, o *spiritus mercurialis* (espírito mercurial), mesmo banido no interior da garrafa, encontra-se nas raízes da árvore, sendo sua quintessência e nume vivos. Na linguagem dos *Upanixades*, ele é o atmã pessoal da árvore; isolado na garrafa corresponde ao eu e, com este, ao doloroso *principium individuationis* (princípio de individuação) (Shopenhauer), o qual, na linha da concepção hindu, conduz à ilusão da existência individual. Uma vez liberto do cativeiro, Mercurius tem o caráter do atmã suprapessoal. Assim, ele é o *spiritus vegetativus* (espírito vegetativo) uno de toda a criatura, o hiranyagarbha[431], germe de ouro, o si-mesmo suprapessoal representado pelo *filius macrocosmi* (filho do macrocosmo), a pedra una dos sábios (*lapis est unus*) (a pedra é una). O *Liber definitionum Rosini* cita uma passagem do "Malus Philosophus"[432], que procura formular a relação psicológica da *lapis* com a consciência humana: "Hic lapis est subtus te, quantum ad obedientiam: suprà te, quo ad dominium: ergo à te, quantum ad scientiam: circa te, quantum ad aequales" (Esta pedra está abaixo de ti, no que diz respeito à obediência; acima de ti, no que concerne ao domínio; portanto [depende de ti] quanto à ciência; em torno de ti, quanto aos iguais [a ti])[433]. Aplicada ao si-mesmo, esta afirmação seria a seguinte: o si-mesmo, por um lado, te é submetido; por outro, te domina. Depende do teu esforço e do teu conhecimento,

---

431. Cf. *Maitrâyana-Brâhmana-Upanishad* (*Sacred books of the East* XV, 8, p. 311). Como spiritus vegetativus (espírito vegetativo) e alma coletiva, em *Vedânta-Sûtras* [Op. cit., XXXIV, p. 173 e XLVIII, p. 578].

432. O Tratado de Rosino (Risâmus = Zósimo) é de origem árabe. "Malus" pode ser uma corruptela de "Magus". Na lista do Fihrist de Ibn Al-Nadim (987) figuram, além das obras de Rimas (Zósimo), dois escritos de Magus, um dos quais se intitula "O livro do sábio Magus (?) acerca da arte" (RUSKA. *Turba*, p. 269s.).

433. [Liber primus de lapidis interpretationibus. In: *Art. aurif.*, I, p. 310.]

mas, na medida em que te transcende, também abrange todos aqueles que são iguais a ti, ou tem o mesmo modo de pensar. Esta última formulação parece referir-se à natureza coletiva do si-mesmo, que repousa no fato de o si-mesmo representar a essência da totalidade da personalidade humana. Portanto, pertence a isso, por definição, a participação no inconsciente coletivo, o qual, como a experiência parece provar, é idêntico a si mesmo por toda parte[434].

[288]   O encontro do estudante pobre com o espírito Mercurius banido no interior da garrafa descreve aquela aventura do espírito que ocorre ao homem cego e adormecido. Este motivo também fundamenta a história do pastor de porcos que subia na árvore do mundo[435], e que constitui o *leitmotiv* da alquimia. Isto significa o próprio processo de individuação que se prepara no inconsciente e aos poucos vai alcançando a consciência. O símbolo preferido desse processo na alquimia é a árvore, a "arbor philosophica" a qual provém da árvore do conhecimento do paraíso. Nos dois casos, trata-se de uma serpente demoníaca, ou seja, de um espírito maligno que instiga e convence o homem a obter o conhecimento. Não é de admirar-se que, nesse contexto, o espírito Mercurius tenha no mínimo uma ampla relação com o lado escuro. Em um de seus aspectos, ele próprio é a serpente demoníaca, lilith ou melusina, que vive em cima da árvore da filosofia secreta. Ao mesmo tempo porém ele (o espírito Mercurius) participa não só do Espírito Santo, segundo afirma a alquimia, mas é idêntico a ele. Precisamos aceitar este paradoxo chocante, depois de haver

---

434. Cf. a respeito *Tipos psicológicos*, Definições: cf. "identidade" [e "si-mesmo"]; além disso, *O eu e o inconsciente*, § 400s., e *O segredo da flor de ouro*, § 77s. (desse volume).

435. Cf. a análise deste conto de fadas em: "A fenomenologia do espírito nos contos de fadas" [OC, 9/1].

travado conhecimento com o arquétipo ambivalente do espírito nas páginas precedentes. O nosso *Mercurius ambiguus* (Mercúrio ambíguo) simplesmente confirma a regra. Em todo caso, o paradoxo não é pior do que aquela ideia jocosa do Criador de animar o seu paraíso pacífico e inocente com a presença de uma serpente na árvore, uma serpente pelo visto bem perigosa, a qual "por acaso" se encontrava justamente na árvore em que se achavam as maçãs "proibidas".

É incontestável que tanto o conto relatado no início, como a alquimia mostram o espírito Mercurius sob um aspecto principalmente desfavorável, o que desperta a atenção, uma vez que ele tem não só o aspecto positivo de uma relação com o Espírito Santo, mas, sob a forma da *lapis* (pedra), também com Cristo, e como *triunus* até mesmo com a Santíssima Trindade. Até parece que diante dessas relações, a obscuridade e dubiedade de Mercurius são sublinhadas, o que se opõe decididamente à suposição de que os alquimistas, com sua *lapis* (pedra) se referiam a Cristo. Se for este o caso, por que então a mudança da designação para *lapis philosophorum* (pedra filosofal)? A *lapis*, na melhor das hipóteses, é uma *correspondentia* ou *analogia Christi* (correspondência ou analogia com Cristo) na natureza física. O seu simbolismo e com ele o de Mercurius, que é a substância da *lapis* (pedra), aponta para o si-mesmo, quando visto pelo enfoque psicológico, o que também acontece com a figura simbólica de Cristo[436]. Diante da pureza e do sentido inequívoco deste último, o Mercurius-Lapis se revela ambíguo, obscuro, paradoxal, e até mesmo pagão. Ele representa portanto uma parte da alma que, de qualquer modo, não é de formação cristã, e portanto não pode ser

[289]

---

436. Para isto é preciso fazer um confronto com o ensaio Jung. *Interpretação psicológica do Dogma da Trindade* [OC, 11;2].

expressa pelo símbolo de "Christus". Muito pelo contrário, as explanações acima mostram que muita coisa aponta até para o diabo, o qual, como se sabe, se disfarça de vez em quando em anjo de luz. Com isto, formula-se na realidade um lado do si-mesmo, que fica à parte, vinculado à natureza e é inadequado ao espírito cristão. A *lapis* (pedra) representa tudo aquilo que é eliminado do modelo cristão. Mas como possui realidade viva, isto se expressa justamente no obscuro simbolismo hermético. O ser paradoxal de Mercurius descreve um aspecto importante do si-mesmo, ou seja, o fato de que no fundo representa uma *complexio oppositorum* (complementação dos opostos) e nem poderia ser de outro modo em se tratando de uma totalidade. Como "deus terrestris" (deus terrestre), o Mercurius tem algo de um "deus absconditus" (deus oculto), que constitui uma parte essencial do si-mesmo psicológico, o qual não pode ser diferente de uma imagem de Deus (a não ser por credos indiscutíveis e impossíveis de serem provados). Muito embora eu tenha salientado a *lapis* como sendo um símbolo que une os opostos, não podemos presumir, a partir disto, que ela seja um símbolo mais completo do si-mesmo. Isto seria decididamente incorreto, pois na realidade ela representa uma imagem cuja forma e conteúdo são condicionados principalmente pelo inconsciente. Jamais vem ao nosso encontro nos textos que dela tratam, de uma forma completa e bem-definida, mas temos de nos dar ao trabalho de colher cuidadosamente tudo o que nesses textos se encontra esparso, sob a forma de alusões acerca de muitos tipos de substâncias arcanas, sobre Mercurius, processo de transformação e o produto final do mesmo. Muito embora quase sempre seja a questão da *lapis* nesta ou naquela forma, não se realiza nenhum real consensus omnium (consenso geral) relativamente à sua figura. Quase todos os autores têm suas alegorias, sinônimos e metáforas especiais. Nisso se reconhece claramente que a pedra não era apenas um objeto de elaboração geral, mas representava por assim dizer um parto do inconsciente, o qual ultrapassa os limites da subjetividade de forma quase imperceptível, gerando o vago conceito geral da *lapis philosophorum* (pedra filosofal).

[290] Em oposição a esta figura sempre mantida na semiobscuridade de doutrinas mais ou menos secretas, se encontra, do lado da consciência, o "Filho do Homem" e *salvator mundi* (salvador do mundo), dogmaticamente bem delineado, o Cristo, esse *sol novus* (novo sol), diante do qual os astros menores empalidecem. É a afirmação da luz do dia da consciência e, como tal, trinitário. Sua formulação é tão clara e definida em todos os aspectos, que tudo o que dele difere aparece de modo crescente não só como inferior, mas como objeto. Isto não é apenas uma consequência da própria doutrina de Cristo, como também da doutrina sobre Ele, em particular da claridade cristalina de sua figura decorrente do dogma. Por causa disso, em todo o processo da história da salvação, que se inicia com a criação, jamais ocorreu uma tal tensão entre opostos, como a que se estabeleceu entre Cristo e o anticristo ou satanás, ou ainda, o anjo decaído. No tempo de Jó, encontramos ainda satanás entre os filhos de Deus. Podemos ler no *Livro de Jó* 1,6: "Um dia aconteceu que os filhos de Deus vieram postar-se diante de Deus e entre eles veio também satanás". Esta cena de uma reunião de família celeste não deixa pressentir o Ὕπαγε, σατανᾶ (Vade, Satana)[437] do Novo Testamento e do dragão acorrentado por mil anos no mundo inferior[438]. Aparentemente é como se a plenitude de luz, excessiva de

---

437. Mt 4,10.
438. Ap 20,2.

um lado, tivesse gerado uma escuridão proporcionalmente mais negra, do outro lado. É compreensível também que com a expansão imensa da substância negra pareça como quase impossível a existência de um ente "sine maccula peccati" (sem mancha de pecado). Uma fé amorosa numa figura semelhante não consegue limpar a sua casa da negra imundície. Mas esta tem que se amontoar em alguma parte, e lá onde fica esse monturo até a natureza mais sadia e mais bela é empestiada pelo mau cheiro.

[291] O equilíbrio do mundo originário está perturbado. Não é evidentemente minha intenção constatar isto em tom de crítica ou censura. Estou plenamente convencido, não apenas da lógica implacável, mas também da conveniência deste desenvolvimento. A separação mais aguda dos opostos tem o sentido equivalente ao da discriminação mais aguda e esta representa a conditio sine qua non de toda ampliação e intensificação da consciênicia. Coloca-se porém para a biologia humana a tarefa mais significativa, que é recompensada na mesma proporção com os mais altos prêmios, a saber, a reprodução ilimitada da espécie, a difusão e o desenvolvimento do poder. Do ponto de vista filogenético, a consciência pode ser camparada à respiração pulmonar e à circulação do sangue quente. O aumento da lucidez da consciência acarreta necessariamente o obscurecimento dos aspectos da alma menos claros e menos capazes de serem conscientizados, de modo que mais cedo ou mais tarde ocorre uma cisão no sistema psíquico; o que à primeira vista não é reconhecido aparecerá numa projeção da visão do mundo, ou seja, sob forma de uma cisão entre os poderes da luz e das trevas. A possibilidade dessa projeção pode ocorrer a qualquer momento, pela presença numerosa de restos arcaicos de demônios originários da luz e das trevas. Por isso o dualismo trazido pela tradição da antiga Pérsia

provavelmente se aparenta de algum modo à tensão cristã dos opostos sem identificar-se com ela.

Não deveria haver dúvida alguma de que as consequências morais do desenvolvimento cristão representam um progresso muito significativo em relação à religião legalista e arcaica de Israel. O cristianismo dos evangelhos sinóticos não significa à primeira vista muito mais do que discussões internas no âmbito do judaísmo, podendo com razão ser comparado à reforma bem anterior do budismo dentro do politeísmo hindu. As duas reformas, do ponto de vista psicológico, resultaram num tremendo fortalecimento da consciência. Isto é particularmente evidente no método maiêutico de Sakyamuni. Mas também os "lógia Jesu" (palavras de Jesus) manifestam claramente a mesma tendência, ainda que se descarte como apócrifo aquele lógion do *Evangelho de Lucas*, o qual representa a formulação mais acentuada desta espécie, como: "Homem, se sabes o que fazes és bem-aventurado; mas se não o sabes, és maldito e um transgressor da lei"[439]. Em todo caso, a Parábola do Administrador Infiel (*Lucas* 16) não encontrou seu lugar entre os apócrifos, onde se ajustaria muito bem.

A ruptura no mundo metafísico alcança pouco a pouco a consciência como uma cisão da alma humana, e o combate da luz contra as trevas desloca o seu campo de batalha para o interior da alma. Essa transposição não é inteiramente aceitável em si mesma; por isso Inácio de Loyola considerou necessário tornar esta luta compreensível para a alma, através dos *Exercitia spiritualia* (Exercícios espirituais) especiais – e isto de um modo muito drástico[440]. Tais esforços

---

439. Este lógion encontra-se no Codex Bezae em Lc 6,4 [HENNECKE. *Neutestamentliche Apokryphen*, p. 11].

440. *Exercitia spiritualia*, secunda hebdomada: De regno Christi, p. 75s.

tinham porém um campo de aplicação muito limitado, por razões óbvias. E assim, estranhamente, no fim do século XIX, os *médicos* tiveram que intervir, a fim de pôr de novo em movimento o processo de tomada de consciência que havia estagnado. Do ponto de vista das ciências da natureza, sem a suspeita de qualquer intenção religiosa, Freud levantou o véu com o qual o otimismo dos iluministas havia recoberto a escuridão abissal da natureza humana; e a partir daí, a psicoterapia não parou de um modo ou de outro de desvendar um extenso domínio da obscuridade anímica, a qual denominei "sombra" do homem. Mas esta tentativa da ciência moderna só conseguiu abrir os olhos de um pequeno círculo de pessoas. Em compensação, os acontecimentos históricos de nosso tempo pintaram com sangue e fogo o quadro da realidade psíquica do homem; um quadro indelével e uma lição de coisas que seria inesquecível se – é esta a grande questão – o homem, tal como é hoje, já possuísse a capacidade de consciência necessária para manter o mesmo passo veloz e furioso do demônio que nele habita, ou então renunciar a ele, dando rédeas soltas à sua força criativa, que está sendo desgastada na construção do poder material! Todas as medidas nesse sentido parecem infelizmente utopias exangues.

[294] A figura do Logos Christus elevou no homem a *anima rationalis* a um nível de importância isenta de perigo enquanto ela reconhece conscientemente que o κύριος, o Senhor dos espíritos, paira acima dele, que se submete a ele. A "razão" porém libertou-se e proclamou-se literalmente a soberana. Foi entronizada em Notre-Dame como *déesse raison* (deusa razão) nessa época, anunciando acontecimentos futuros. Nossa consciência não está mais encarcerada no temenos sagrado de imagens extramundanas e escatológicas. Pôde libertar-se delas, não através de uma força que fluísse de cima – tal o *lumen de lumine* –, mas devido a um tremen-

do embate com a obscuridade, cujo poder aumentava na mesma medida em que a consciência se desprendia da escuridão, ascendendo para a luz. Segundo o princípio de complementaridade que permeia toda a natureza, qualquer desenvolvimento psíquico – seja individual ou coletivo – tem um *optimum* (ponto ótimo), o qual quando ultrapassado se transforma em seu oposto, segundo a lei da enantiodromia. Durante a ascensão até o nível crítico, já se notavam tendências compensatórias por parte do inconsciente, as quais, quando a consciência persiste em seu caminho, são recalcadas sob todos os aspectos. O ideal da espiritualização sempre tende a ver nos primeiros movimentos da obscuridade o engano diabólico. A razão tem que condenar tudo o que se lhe opõe ou se desvia de sua "lei", como algo insensato. Apesar de todas as provas em contrário, a moral não pode aceitar sua capacidade de transformação, pois tudo o que não concorda com ela é inevitavelmente imoral, devendo portanto ser reprimido. Não é difícil imaginar a quantidade de energias que devem desaparecer no inconsciente devido ao primado da consciência.

De modo vacilante, como no sonho, a elucubração introspectiva de séculos foi compondo pouco a pouco a figura de Mercurius e assim criou um símbolo que, segundo todas as regras da ciência psicológica, se comporta compensatoriamente em relação a Cristo. Não deve usurpar-lhe o lugar; também não é idêntico a ele, caso contrário poderia substituí-lo. O símbolo surge, cumprindo a lei de complementaridade e através da mais sutil sintonia compensatória com a imagem de Cristo, tenta lançar a ponte sobre o abismo que separa os dois mundos anímicos. No *Fausto*, aparece como figura compensatória um *familiaris*, o qual, como seu nome indica, provém dos depósitos de lixo da magia medieval e não é um mensageiro divino sagaz, como se poderia esperar

[295]

devido às predileções clássicas do autor. Isto prova, se é que o faz, o processo de cristificação da consciência de Goethe. O antagonista desta postura é sempre e em toda a parte o diabo. Como revelam minhas reflexões acima, o Mercurius escapa disto por um fio de cabelo, graças à circunstância de que ele desdenha entrar em oposição a algo à *tout prix*. Seu nome confere-lhe magicamente a possibilidade de manter-se fora da cisão apesar de sua ambiguidade e duplicidade, pois sendo um deus antigo e pagão, ainda possui a unidade natural, anterior à divisão; este último estado é impermeável à lógica e às contradições morais. Isto lhe confere invulnerabilidade e incorruptibilidade, qualidades tão necessárias para sanar o estado de deterioração do homem.

[296] Se fizermos uma sinopse de todas as afirmações acerca do mercúrio alquímico e suas representações imagísticas, obteremos um paralelismo notável com o símbolo do si-mesmo, derivado de outras fontes às quais já me referi. Dificilmente podemos fugir à ideia de que a *lapis* (pedra) é uma expressão simbólica daquele complexo psicológico que defini como o si-mesmo. Isto redunda aparentemente numa contradição insolúvel, porque à primeira vista é difícil imaginar como o inconsciente poderia criar duas imagens completamente diferentes do mesmo conteúdo, ao qual ainda se atribuiria o caráter de totalidade. Com certeza, os séculos trabalharam espiritualmente com essas duas figuras, razão pela qual poderíamos supor que ambas foram antropomorfizadas em grande medida, através do processo de assimilação. Para os que veem as duas figuras como invenções da razão, a contradição é rapidamente resolvida; ela não passa nesse caso de um reflexo espetacular do estado psíquico subjetivo: é o homem e sua sombra.

[297] Esta solução simplista e evidente baseia-se infelizmente em premissas que não resistem à crítica. Tanto Cristo como

o diabo têm seu fundamento em modelos arquetípicos e, por isso, jamais foram *inventados* e sim *vivenciados*. Sua existência é anterior a qualquer conhecimento[441] e a razão nada poderia fazer com eles, a não ser recebê-los e incorporá-los em sua visão de mundo da melhor maneira possível. Só um intelectualismo superficial pode negligenciar esta realidade fundamental. De fato, nós nos confrontamos com duas imagens diferentes do si-mesmo, as quais, segundo todas as aparências, já se apresentam como uma dualidade em sua forma originária. Esta não é inventada, é um fenômeno autônomo.

[298] Na medida em que pensamos espontaneamente, a partir do ponto de vista da consciência, chegamos inevitavelmente à conclusão de que a causa dessa dualidade é única e exclusivamente a separação de consciente e inconsciente. Trata-se porém de uma questão da experiência de que há um funcionamento psíquico pré-consciente e seus fatores autônomos correspondentes, isto é, os arquétipos. Se conseguirmos aceitar o fato de que as vozes e delírios de um doente mental são autônomos, assim como as fobias e obsessões de um neurótico, cuja razão e vontade estão fora de controle e de que o eu não pode fabricar voluntariamente sonhos, mas apenas sonha o que deve, então podemos compreender que primeiro os deuses existiram, e depois apareceu a teologia. Sim, pelo visto devemos dar um passo além e supor que primeiro havia uma figura luminosa e outra sombria, e só depois uma clareza de consciência, a qual se destacava da noite com sua vaga cintilação estelar.

[299] Quando Cristo e a forma obscura da natureza se tornam imagens autônomas na experiência direta do indivíduo, somos obrigados a inverter a sequência causal racionalista e, em lugar de derivar tais formas de nossas premissas

---

441. Isto provém evidentemente do tema mais amplo dos dois irmãos.

psíquicas, devemos derivar estas últimas daquelas formas. Mas isto seria esperar demais da compreensão moderna, o que no entanto não altera a consistência da hipótese. Sob este ponto de vista, Cristo aparece como o arquétipo da consciência, e Mercurius como o do inconsciente; tal como Cupido e Cilênio, Mercurius é o sedutor que expande o âmbito do mundo sensorial; ele é a "benedicta viriditas" (bendito verdor) e as "multi flores" (profusão de flores) da primavera juvenil, um deus enganador que suscita ilusões do qual se afirma com toda razão: "Invenitur in vena / Sanguine plena"[442]. É simultaneamente um Hermes ctônico e um Eros, do qual, após a conclusão da senda do mundo, surge a "lumen superans omnia lumina" (a luz que supera todas as luzes), a "lux moderna" (luz moderna), pois a *lapis* nada mais é do que a forma luminosa oculta na matéria[443]. Neste sentido, há uma citação de Agostinho, *1 Tessalonicenses* 5,5: "Omnes enim vos filii lucis estis, et filii diei: non sumus noctis, neque tenebrarum" (Todos vós sois filhos da luz, e filhos do dia: não pertencemos à noite, nem às trevas) e distingue também duas espécies de conhecimento, isto é, uma "cognitio vespertina" (conhecimento vespertino) e uma "cognitio matutina" (conhecimento matutino); o primeiro, corresponde à "scientia creaturae" (ciência da criatura) e o segundo, à "scientia Creatoris" (ciência do Criador)[444]. Traduzindo "cognitio" por consciência, o pen-

---

442. "Ele será achado na veia repleta de sangue."

443. Cf. para tanto o dito de Ostanes sobre a pedra do Nilo que tem um espírito [luz que ultrapassa todas as luzes – nova luz].

444. "Quoniam scientia creaturae in comparatione scientiae Creatoris quodammodo vesperascit: itemque lucescit et mane fit, cum et ipsa refertur ad laudem dilectionemque Creatoris; nec in noctem vergitur, ubi non Creator creaturae dilectione relinquitur" (Pois o conhecimento da criatura, comparado com o conhecimento do Criador, não é mais do que uma penumbra que declina e se torna manhã, quando a criatura é impelida ao louvor e

samento de Agostinho poderia sugerir o fato de que a consciência é exclusivamente humana e natural, obscurecendo-se gradualmente como o anoitecer. Mas como a noite se transforma em manhã, da obscuridade surge uma nova luz, a *stella matutina* (estrela matutina), que é ao mesmo tempo a estrela vespertina Lúcifer, o portador de luz.

Mercurius não é de modo algum o diabo cristão; este último representa muito mais a "diabolização" de um Lúcifer, ou de um Mecurius. Mercurius é a forma primordial aludida de um modo sombrio, de um portador de luz, que jamais é a própria luz, mas um φωσφάρος, a *lumen naturae* (luz da natureza), a luz da Lua e das estrelas, que empalidecem com a nova luz da manhã. Agostinho pensa acerca desta luz, que ela não se volta para a noite, quando o criador não é abandonado pelo amor da criatura. Mas isto pertence justamente ao ciclo do dia e da noite. Hölderlin diz: [300]

> ...e vergonhosamente
> O nosso coração é arrebatado por um poder;
> Pois cada ser celeste pede um sacrifício.
> Mas se um deles for negligenciado,
> nada de bom resulta[445].

Quando todas as luzes visíveis estiverem apagadas, encontramos, segundo as palavras de Yajnavalkya, o sábio, a luz do si-mesmo: "Então ele mesmo (atmã) servirá de luz, pois ele está sentado junto à luz do si-mesmo (a alma) e circula, faz seu trabalho e volta para casa"[446]. Assim, em Agostinho, o primeiro dia da criação começa com a "cognitio [301]

---

amor daquele que a criou; e nunca é transformada em noite, a menos que o Criador seja abandonado pelo amor da criatura) [*De civitate Dei*, lib. XI, cap. VIII, col. 445].

445. *Patmos*, vol. III: Poesias, p. 354.
446. DEUSSEN. *Die Geheimlehre des Veda*, p. 54.

sui ipsius" (autoconhecimento)[447]. Essa "cognitio", se bem compreendida, não trata do conhecimento do eu, mas do si-mesmo, isto é, do fenômeno objetivo cujo sujeito é o eu[448]. Em concordância com *Gênesis* 1, os outros dias se seguem com o conhecimento do firmamento, da terra, do mar, das plantas, dos astros, dos animais aquáticos e aéreos e finalmente dos animais da terra e "ipsius hominis" (do próprio homem)[449]. Agostinho descreve como a *cognitio matutina* envelhece aos poucos, perdendo-se cada vez mais amplamente nas "dez mil coisas" e chega finalmente ao homem, o que era de se esperar que ocorresse com o autoconhecimento. Mas se assim fosse, a alegoria de Agostinho perderia o sentido por contradizer seus próprios termos. Um lapso tão grande não poderia ser atribuído a um homem genial. Ele pensou verdadeiramente que o autoconhecimento é a "scientia Creatoris" (ciência do criador)[450], uma luz matuti-

---

447. *De civitate Dei*, Op. cit., col. 446: "Et hoc cum facit in cognitione sui ipsius dies unus est" (E quando ela (a criatura) alcança o autoconhecimento, isto é um dia). Talvez seja esta a fonte da estranha designação da *lapis* como "filius unius diei" (filho de um único dia).

448. "Cum nula scientia melior sit illa qua cognoscit homo semetipsum discutiamus cogitationes, locutiones atque opera nostra. Quid enim prodest nobis, si rerum omnium naturas subtiliter investigemus, efficaciter comprehendamus, et nosmetipsos non intelligamus?" (Não há conhecimento melhor do que aquele mediante o qual o homem se conhece a si mesmo, permitindo-nos examinar pensamentos, palavras e obras. Pois o que vale investigarmos cuidadosamente e compreender corretamente a natureza de todas as coisas, se não nos compreendermos a nós mesmos?) [*De spiritu et anima*, cap. LI, col. 1.190s.] Este livro é um tratado tardio, falsamente atribuído a Agostinho.

449. "Quapropter ipsa creaturae cognitio in semetipsa vespera, in Deo erat mane: quia plus videtur ipsa creatura in Deo quam in se ipsa videatur" (Seu conhecimento (da criatura), em si mesmo, é um conhecimento vespertino, e em Deus amanhece (é manhã); pois a criatura vê em Deus mais claramente do que em si mesma) [*Dialogus quaestionum LXV*, quaest XXVI, col. 1.084].

450. O *Liber de spiritu et anima* atribui uma grande importância ao autoconhecimento, como sendo uma condição essencial para a união com Deus.

na que se revela após a noite na qual a consciência dormia envolvida na escuridão do inconsciente. O conhecimento originário, surgido da primeira luz, torna-se por fim e inevitavelmente a scientia hominis (ciência do homem), do homem que a tudo pergunta: "quem sabe e conhece tudo isso? – Ora, sou eu mesmo". Esta é a obscuridade iminente[451], da qual surge o sétimo dia, o dia do descanso: "Sed requies Dei requiem significat eorum qui requiescunt in Deo"[452] (O repouso de Deus porém significa o repouso daqueles que repousam em

---

Assim nele se lê: "Sunt alii quaerentes Deum per exteriora, deserentes interiora sua, quibus Deus interior est" (Há alguns que procuram Deus através das coisas exteriores, esquecendo o seu interior, e no mais profundo, Deus está dentro deles) (LI, col. 1.199). "Redeamus ergo ad nos, ut possimus ascendere ad nos... In primo ascendimus ab istis exterioribus et inferioribus ad nos. In secundo ascendimus ad cor altum... In tertio ascensu ascendimus ad Deum" (Voltemo-nos para nós mesmos, que ascenderemos em relação a nós... Primeiro, subiremos a nós mesmos através das coisas exteriores e interiores. Em segundo lugar ascenderemos ao coração alto. Em terceiro lugar ascenderemos a Deus) (LII, op. cit.,). Este programa algo temerário dificilmente se realizará no "contemptu nostri" (desprezo de si mesmo), tal como diz o livro; pois a falta de respeito próprio castiga somente cachorros sem dono. O "cor altum" é o mandala dividido em quatro, a imago Dei, ou o si-mesmo. O *Liber de spiritu et anima* encontra-se entre as correntes da tradição agostiniana. O próprio Agostinho diz: "Noli foras ire, in teipsum redi; in interiore homine habitat veritas: et si tuam naturam mutabilem inveneris transcende et teipsum. Sed memento cum te transcendis, ratiocinantem animam te transcendere" (Não saias fora, entra em ti mesmo; no homem interior habita a verdade; e se não encontrares o meio de mudar tua natureza, transcende-te a ti mesmo. Mas lembra-te que se te transcendes a ti mesmo é na qualidade de uma alma dotada de razão) [*De vera religione*, 72, col. 1.246].

451. "Vespera fit, quando sol occidit. Occidit sol ab homine, id est lux illa justitiae, praesentia Dei" (A noite vem, quando o sol se põe. O sol se põe para os homens, quer dizer, a luz da justiça, a presença de Deus). Estas palavras são ditas por Agostinho em suas reflexões sobre "Vespere demorabitur fletus: et in matutinum exsultatio" (De noite demora-te nas lágrimas: e de manhã no júbilo) [Bíblia de Lutero, Sl 30,6] [*Enarrationes in Psalmos*, XXIX, II, 16, col. 201].

452. *De civitate Dei*, lib. XI, cap. VIII, col. 446. • *Dialogus quaestionum LXV*, quaest. XXVI, col. 1.084.

Deus). O sábado é pois o dia em que o homem volta à casa de Deus e de novo recebe a luz da cognitio matutina. Este dia não conhece noite[453]. Do ponto de vista do simbolismo histórico não é sem razão que Agostinho tinha em mente os nomes pagãos dos dias da semana. A escuridão crescente atinge no quinto e sexto dias, no dies Veneris (sexta-feira), o ponto culminante, para, no dia do velho Saturno, transformar-se em Lúcifer. O *dies Saturni* anuncia a luz, que aparece no domingo em todo o seu esplendor. Como mostramos acima, Mercurius tem um parentesco íntimo não apenas com Vênus mas principalmente com Saturno. Como Mercurius, ele é *iuvenis* (jovem) e como Saturno, *senex* (velho).

[302]   Parece-me que o Padre da Igreja apreendeu intuitivamente uma grande verdade, isto é, a de que toda a verdade espiritual se coisifica aos poucos, tornando-se matéria ou instrumento nas mãos do homem. Consequentemente, este escapa dificilmente ao conhecimento de que ele é um conhecedor e até um criador, ao qual são oferecidas possibilidades ilimitadas. No fundo tal homem é o alquimista e, em mais alto grau, o homem moderno. Um alquimista ainda podia orar "Horridas nostrae mentis purga tenebras"[454]. O homem moderno já está tão obscurecido que nada, além da luz de seu intelecto, ilumina seu mundo. "Occasus Christi, passio Christi"[455] (crepúsculo de Cristo, paixão de Cristo). Deve ser por isso que coisas tão estranhas acontecem na nossa louvada cultura, parecendo mais um fim de mundo do que um crepúsculo comum.

---

453. "[...] septimus iste dies non habet vesperam" (aquele sétimo dia não tem noite) [*Sermo IX de decem chordis*, 6, co1. 78].
454. (Purifica as trevas horríveis de nosso entendimento.)
455. *Enarratio III in Psalmum CIII*, 21, col. 1660.

Mercurius, o deus ambíguo, vem como *lumen naturae* [303] (luz da natureza), como *servator* e *salvator* em socorro daqueles cuja razão busca a luz suprema, jamais dada ao homem que não se confia exclusivamente à sua *cognitio vespertina*. Neste caso, a *lumen naturae* torna-se algo ilusório e o psicopompo se transforma num sedutor diabólico. Lúcifer, que poderia trazer a luz, torna-se o espírito da mentira, que em nossos tempos celebra as orgias mais incríveis, apoiado pela imprensa e pelo rádio, precipitando milhões e milhões de pessoas na perdição.

Hermes é um deus dos ladrões e impostores, mas também um deus da revelação, e deu seu nome à nossa filosofia antiga: a filosofia hermética. Numa visão retrospectiva da história, o momento em que o humanista Patrício propôs ao Papa Gregório XIV que substituísse Aristóteles pela filosofia hermética na doutrina da Igreja, foi psicologicamente da maior importância. Nele, dois mundos se tocaram, os quais no futuro – mas depois de que horríveis acontecimentos – ainda terão de unir-se. Naquele momento, era obviamente impossível. Será necessária uma diferenciação psicológica das concepções religiosas, e também das científicas, para que seja viável uma unificação, mesmo que relativa.